# 靖康之变

赵建华 著

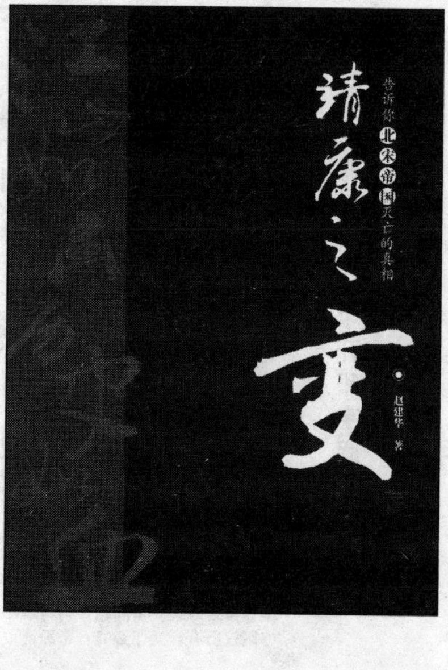


收藏书坊

当代世界出版社

**责任编辑：** 梁晓朝　任　远
**封面设计：** 蒋宏工作室

**图书在版编目（CIP）数据**

靖康之变/赵建华著．—北京：当代世界出版社，2012.7
ISBN　978-7-5090-0839-3

Ⅰ.①靖…　Ⅱ.①赵…　Ⅲ.①靖康之变　Ⅳ.①K244.05

中国版本图书馆 CIP 数据核字（2012）第 126298 号

---

**出版发行：** 当代世界出版社
**地　　址：** 北京市复兴路 4 号（100860）
**网　　址：** http：//www. worldpress. com. cn
**编务电话：** （010）83907528
**发行电话：** （010）83908410（传真）
（010）83908408
（010）83908409
**经　　销：** 全国新华书店
**印　　刷：** 北京欣睿虹彩印刷有限公司
**开　　本：** 700 毫米×960 毫米　1/16
**印　　张：** 19
**字　　数：** 282 千字
**版　　次：** 2012 年 9 月第 1 版
**印　　次：** 2012 年 9 月第 1 次
**书　　号：** ISBN 978-7-5090-0839-3
**定　　价：** 28.80 元

---

# 目　录

# 引　子

公元1126年正月初六，金人的军队第一次来到北宋都城开封的脚下。金人的军队虽然没有攻进开封城，但刚刚即位的北宋皇帝钦宗却早已吓破了胆，在众多大臣的反对下，仍然签署了割地赔款的城下之盟。孤军深入的金军在心满意足之后，撤兵北归。

然而，宋钦宗并不想切实履行与金人签下的城下之盟。当现实的威胁稍有缓和之后，立即密令所割之地的军民拒绝交割土地。金人认为自己受到了欺骗，于是，在同年11月再次来到开封。这次，他们攻陷了开封城，俘获了徽、钦二帝和几乎所有皇室成员，并押解着他们于1127年3月再次踏上北归的路。历史上的北宋王朝由此宣告灭亡。

1126年至1127年是北宋末代皇帝宋钦宗的靖康之年，所以，这两年间发生的这次沧桑巨变，就是中国历史上极为著名的“靖康之变”。

谁能想到，仅仅在6年前，宋金之间刚刚签署了联合灭辽的“海上之盟”，并于一年前刚刚灭了辽国。昔日并肩作战的盟友，为什么转眼之间就成了势不两立的仇敌？而更大的疑问是，宋朝的皇帝为什么要背弃景德年间与辽国签署的“澶渊之盟”，不与相对熟悉并安全的辽人和平共处，反而要与完全陌生的金人签订共同灭辽的“海上之盟”？

其中的秘密，就在于燕云十六州的归属。

所以，要想搞清楚靖康年间的巨变，就要从中国五代时期的后晋皇帝石敬瑭割地称帝说起。

# 第一章　生存的代价

## 当断不断　必受其乱

此话一点都不假。

故事的开端，要从更早的后唐皇帝明宗李亶说起。

应该说，明宗李亶是个不错的皇帝。他仁德宽厚，在位期间，注意与民休息，中原局势安定，百姓还是安居乐业的。

但对于百姓来说的好皇帝，对于皇子们来说却未必是好皇帝。长子李从荣鞍前马后跟随父皇南北征战几十年，屡立战功，却因残忍冷酷，得不到父皇的喜欢，反而是次子李从厚更得父皇的偏爱。李从荣心有不满，就暗中组织兵马，企图不轨。李亶对长子李从荣的行为虽有所察觉，但总是由于宽厚有余，刚严不足，念及长子李从荣的功绩，而迟迟没有明确的态度。在无形中，这就纵容了李从荣的叛逆。

长兴四年（933年）十一月，明宗李亶病危。李从厚镇守天雄军（“军”是当时的一种行政区划，近似于“州”）不在京城。李从荣认为时机已到，就带兵攻打皇宫，企图抢班夺权。明宗李亶的义子李从珂的儿子李重吉当时任控鹤指挥使，掌管着皇宫的卫队控鹤军。李重吉立即率领控鹤军击退了李从荣的攻击，守住了皇宫。混乱中，李从荣死于非命。

李重吉在这次反击宫廷政变中立了大功，按理说应当得到重奖。谁知在明宗李亶去世，次子李从厚即位之后，李重吉不仅没有被加官进爵，反而因为其父李从珂因病（估计是心病）未来祭拜明宗李亶而被降了职位，外放为亳州团练使。同时，还将李从珂的女儿召进宫中，充当人质。摆明了是对李从珂不信任。

就这样还不放心，时隔不久，皇宫中又传出要将李从珂由凤翔节度使调任为河东节度使、而将河东节度使石敬瑭调任为成德节度使的消息。

石敬瑭是明宗李亶的女婿，明宗时为河东节度使，和李从珂一样，也是手握重兵的地方大员。

李从厚的这一系列举动，其动机只有一个，就是对手握重兵、可能对自己造成威胁的地方大员的猜忌。

其实，不仅在五代时期，纵观中国封建史，几乎每一个皇帝对自己拥有重兵的兄弟们（主要是兄弟）都心存疑忌，很少有皇帝会将这些拥有重兵的亲戚们看作是对自己帝位的支持，而不是潜在的威胁，他们总是要消除这些隐患之后才能安枕，李从厚也不例外。他的如意算盘是：在没有任何证据的情况下，贸然去夺他们的兵权，实在不好下手；如果他们遵旨赴任，那么，人离乡贱，人生地不熟，实力受到削弱的他们对自己的威胁就会小许多，一旦有个风吹草动，控制起来也容易得多，不致酿成大祸；如果他们抗命不从，就说明他们企图不轨，这样，自己也就有了名正言顺的理由出兵平叛了。从理论上说，这实在是个极为严密的万全之计。

石敬瑭也是从尔虞我诈的宫廷政治中厮杀出来的高手，对这点计谋当然是心知肚明。虽然他不愿意自己的势力遭到削弱，但他也清楚自己的势力远不够强大到可以和李从厚摊牌。所以，在得到移藩的消息后，他没有明确做出任何反应，只希望能够找到一些合适的借口，拖上一段时间，再伺机而动。

但李从珂却坐不住了。因为有儿子立功受贬和女儿作为人质被扣的事情在先，他所感受到的就不是一种隐隐的潜在威胁，而是一种十分明确而急迫的现实威胁。

于是，李从珂马上召集手下将佐商议对策。

说是与众将佐商议，其实就是要试探一下众将佐的态度。

俗话说，一朝天子一朝臣。尤其是在中国的五代时期，不仅皇帝更换频繁，众臣子们的荣辱尊卑也常常就是一瞬间的事。李从珂手下的这些将佐当然懂得这些一荣俱荣、一损俱损的道理。更何况李重吉有功遭贬，李从珂无端遭忌，使李从珂的这些将佐们从道义上也十分不满李从厚的做法。于是，纷纷反对遵圣旨离镇赴任。

他们的理由很充分：新皇年少，不谙政务。如此不通情达理的旨意，并非新皇本意，全是枢密使朱弘昭和冯贇等人以诛李从荣、立李从厚为己功，专擅朝政，欺蒙圣上，无中生有，有意陷害。如果李从珂离镇赴职，恰恰是中了奸人的毒计，无疑是自投罗网，绝无生还之理，所以，万万不可接受。

李从珂本有此心，见众将支持，心中大喜，当即命人以“清君侧”（先秦时传下的老传统）的名义发出檄文，说权臣当道，专擅朝政，离间骨肉，危害朝廷，只有清除皇帝身边的小人，才能天下太平。同时，约各路兵马共同起兵讨逆。

所谓兵不行无名之师。所以，李从珂发檄文约各路兵马是虚，打出“清君侧”的大旗起兵讨逆才是目的。

因从驻地凤翔（现陕西宝鸡附近）到京城（现河南洛阳）的东进路上必须要经过西都，所以，李从珂派特使带着重金和美妓，试图从道义和利益两个方面劝西都留守王思同与自己一起举事，起码给自己提供方便，让自己的军队通过。没想到王思同不仅一口回绝了李从珂的请求，更将李从珂的特使和信函一起交到了新皇李从厚的手上。

一时间，京城里立刻炸了锅。李从厚当即命王思同为统帅，将京城的禁军和五镇的几万兵马交到王思同手上，命他率重兵讨伐凤翔。

应顺元年（934年）三月，王思同率大军把凤翔城围了个水泄不通。他志得意满，扬言要踏平凤翔城。

李从珂没想到事情会演变到如此地步。硬拼肯定是不行，情急之下，急忙派人秘密联络王思同军中的禁军指挥使杨思权，许以高官厚禄，诱其临阵反水。

杨思权早就与王思同有隙，对于在王思同手下当差十分不满。如今有重利在前，当即便答应了李从珂。就在王思同指挥大军进攻凤翔城时，杨思权阵前倒戈，王思同被杀了个猝不及防。城中守军早有准备，见城外已乱，马上乘势蜂拥而出。结果攻城军队立刻土崩瓦解，四处逃散，王思同竟头也不回一溜烟地逃跑了。

李从厚的围剿竟落了个如此结局。

李从珂的军队由此士气大震，几万大军浩浩荡荡直逼京城。一路上，各路守军纷纷开关放行，尽皆迎降。

消息传到宫中，闵帝李从厚又愁又怕，不知所措，急忙派人去找朱弘昭商议对策。哪知这个平时说话头头是道的枢密使，此时竟吓得跳井自杀了。真正成了孤家寡人的李从厚再也没有什么办法可想，只带了五十多侍卫出城逃命去了，后被李从珂派人杀死在卫州。李从厚从登基到命丧他乡，前后不到半年的时间。

## 永远的猜忌

中国的宫廷政治始终围绕着权力这个圆心在转，循环往复，周而复始，亘古不变，所变的只是具体的参与者。

闵帝李从厚死了，闵帝的旨意自然也就作废了。但对于石敬瑭来说，遭猜忌的命运并没有变，只是猜忌他的人由李从厚改成了李从珂。

也许是接受了李从厚的教训，末帝李从珂并没有马上要求石敬瑭移镇，而只是要他进京入朝理政。说是入朝理政，其实是将他调离军队，以解除后顾之忧。

石敬瑭不傻，当然懂得其中的奥妙，所以，他没做任何拖延，乖乖地遵旨来到京城，表现出一副顺从忠诚的样子。

李从珂是明宗李亶的义子，也就是说是干儿子，和明宗之间并没有血缘关系，按理说，并不具有承继大统的资格。只因为明宗的其他儿子还小，并且李从珂与曹太后的关系不错，在曹太后认可下，李从珂才坐到了皇帝的宝座上。所以，李从珂对曹太后十分感激。而石敬瑭的妻子永宁公主是曹太后的亲生女儿。恐怕也正是因为有这一层关系，末帝李从珂才没有对石敬瑭马上动手。

提心吊胆的生活打垮了石敬瑭的身体，他到京城没多久就病倒了，在床上躺了大半年也未见多大起色，整个人瘦得就剩下了一层皮。在这期间，石敬瑭以契丹军队骚扰边境为名，通过永宁公主和曹太后不断向末帝说情，希望返回河东。

由于石敬瑭一直表现得十分恭顺，又大病未愈，再加上曹太后的面子，几方面的因素加在一起，终于使李从珂放松了对石敬瑭的戒备。在石敬瑭入朝理政一年之后，李从珂终于同意他返回河东重任节度使。

不过，李从珂也不是一点防范都没有，他还是召了石敬瑭的两个儿子进京，名为重用，实际上是扣为人质。

石敬瑭重回河东之后，立刻就进行了两方面的安排。

首先是做出一副忠于职守的样子，部署兵力防御契丹，并小有斩获。同时，更不断地以契丹的威胁为借口，上奏朝廷，要求增加兵力和粮草。其实，是要增加自己的军事实力。

李从珂哪知其中奥秘，还真以为是抗契丹需要，马上下诏同意石敬瑭招兵，并调去粮草衣物等。看到末帝李从珂的诏书和大批粮草物资，石敬瑭非常得意，立刻亲自将粮草等下发到将士手中。

石敬瑭本想看到手下将士对自己的忠诚，没想到将士们见到粮草竟高呼皇帝万岁。这可惹恼了石敬瑭，认为这是将士们对自己的背叛。于是头脑一热，居然抓了三十六人斩首示众。

没多久，消息传到京城，李从珂对石敬瑭重新猜忌起来。

转眼间到了清泰三年（936 年）正月。

这一日正是末帝李从珂的生日。皇上寿诞，朝廷设宴庆贺，百官举觞祝寿。石敬瑭此时人在晋阳，不便脱身，就委派永宁公主代自己向皇上祝寿。

酒席宴上，永宁公主在举觞代石敬瑭祝寿的同时，顺便表示自己明日就要返回晋阳，动身时就不再向圣上告别了。这本是极为正常的礼节。

不知酒气醺天的末帝搭错了哪根神经，大庭广众之下竟然冲口说道："何不多留几日？这么忙着回去，是要与石郎谋反吗？"一句话，吓得永宁公主又在京城多盘桓了几日，才敢回晋阳。

## 河东将反

得知京城里发生的这一幕，石敬瑭更加快了谋反的脚步，竟以补充军用开支为名，半公开地将自己在洛阳和其他各地的财物都汇集到晋阳。于是，“河东将反”的流言开始在京城不胫而走。

流言传入宫中，李从珂连夜召近臣进宫商议对策。一开始，李从珂话说得还很委婉：“石郎是朕的至亲，本没有什么要怀疑的，但河东将反的传言又不好说就是空穴来风。万一朕与石郎失和，将如何化解？”

众大臣也早就听到了这一传言，只是他们都在心中打着自己的小算盘，权衡着皇上和石敬瑭之间谁的胜算更大些，以防站错队，所以心思根本就没放在如何防范石敬瑭可能的造反上。此时一经皇上问起，竟不知如何回答。更何况在大庭广众之下，保不齐哪个人和石敬瑭关系好，万一哪句话说得不妥，事后泄露出去，让石敬瑭知道了，难免不会遭到报复。众大臣思前想后，一时竟冷了场。

李从珂见状立刻就火了，大骂道：“你们都是朕倚重的近臣，在这紧要时刻，难道真的想不出应对的办法吗？还是想给自己留后路？”

见皇上发火了，端明殿学士吕琦急忙站出来说：“陛下莫急，河东若有异谋，必以契丹为外援。只要我与契丹交好，每年进贡礼币，契丹人得了实惠，一定不会帮助河东。到那时，河东就是有反心，也没有能力谋反了。”

李从珂一时拿不准主意，就转身又去征求宰辅张延朗的意见。张延朗当时任吏部尚书、同平章事，兼掌三司，李从珂十分信任。张延朗不仅赞同吕琦的计策，还补充道：“此计若可行，每年所需费用还不及现在每年所需边费的十分之一。如此既省钱，又可防河东谋反，实在是一举两得。”

听了张延朗的回答，李从珂大喜，立刻吩咐吕琦和张延朗着手准备国书和礼币。

贿赂契丹以预防河东谋反的消息传出去后，枢密直学士薛文遇坐不住了，马上进宫面见皇上，劝阻道："此议不妥。陛下以堂堂天子之尊，屈身夷狄，纳币求助，我天朝的颜面不都丢尽了吗？更何况契丹曾屡次要与我和亲，陛下因舍不得公主远嫁荒蛮，一直未允。若契丹趁机援引汉成帝献昭君于匈奴的故事，再提和亲一事，陛下还能拒绝吗？"

现在我们提到王昭君，总是说她如何为中原民族和匈奴的和平发展做出了极大的贡献，但在当时人的眼中，以牺牲女人换来的和平，是一种耻辱，是会被后人视为笑柄的。

李从珂本就十分疼爱自己的女儿，他也根本没想到贿赂契丹的事情有可能会牵涉到自己的女儿。听了薛文遇的话后，他猛然醒悟，立刻召来吕琦和张延朗，当面斥责道："你们都是通古博今的大臣，难道就不知道王昭君的故事吗？契丹早有和亲的要求，朕也一直在拒绝，这些你们都知道，怎么还会向朕提出向契丹求助的计策？你们究竟是在帮朕，还是在帮契丹人？"

见皇上如此上纲上线，吕琦和张延朗二人吓得扑通一声跪倒在地，叩头如捣蒜，直叩得气都快喘不上来了，李从珂的气才消。吕琦为此还被降了官，向契丹求助一事也当然作罢。

## 既然反意已定　不如逼着他早反

世上没有不透风的墙。宫中的这一场争论，全都传到了石敬瑭的耳中。

五月的一天，为了试探一下皇上的真实意图，石敬瑭决定以退为进，再行险招。

他主动上书，以自己身体不好，难以承担防御契丹入侵为名，请求解除兵权，调往其他军镇。

李从珂当然明白石敬瑭的用意，知道是在试探自己。但权衡利弊，总是拿不定主意。于是，又召近臣进宫商议。

吕琦吸取了上次的教训，没有抢着说话。倒是上次没开口的端明殿学士李崧第一个抢先发言。李崧的态度非常明确，坚决反对石敬瑭移藩；理由也很简单，就是怕逼反了石敬瑭。

李从珂听过之后没有说话，态度暧昧。其实，这也是他犹豫不决的原因，但他又不甘心于此，所以没有表态。

见皇上似有默许之意，吕琦等人便也力谏不能让石敬瑭移藩，理由也全无新意。李从珂有些失望，也没说什么，就散了。

此前，曾有术士对李从珂说："陛下今年会遇到贤人，此人有奇谋大志，定会辅佐陛下安定天下。"后来薛文遇直言上谏，深合李从珂的心意，李从珂由此认定薛文遇就是他命中的贤助。与近臣商议无果之后，想起了薛文遇，便又宣薛文遇进见。

薛文遇倒是毫无顾忌，直言道："圣人说：当道筑室，三年不成。谋反是件大事，仓促间根本做不成。群臣各为自己考虑，怎肯畅所欲言？此事只能由陛下自己裁决。依臣看来，河东反意已定，移藩是反，不移藩同样是反，只是时间早晚而已。若逼他早反，他仓促间准备不足，或许还好对付。望陛下速断！"

一番话如醍醐灌顶，惊醒局中人。李从珂大喜道："卿言甚合朕意。无论结果如何，就按卿说的去做！"

于是，立刻下旨，同意石敬瑭移藩的请求，改命石敬瑭为天平节度使，即日赴郓州。

同时，还任命张敬达为西北都部署，催促石敬瑭赴任。

## 公开摊牌

虽然早有思想准备，但在接到移藩诏书的一瞬间，石敬瑭还是感到一些突然，他怎么也没想到末帝会这么快就与他摊牌，还真让他有些措手不及。

既然已成骑虎之势，石敬瑭决定召集属下，摸一摸属下的底。

石敬瑭说："这次我来河东之时，皇上曾当面许我终身不移他镇。

而今突然变卦，莫非真与主上圣诞时与公主所言有关？”

说道这里，石敬瑭停顿了一下，想看看属下们的反应。

指责对方缺乏诚信（不管这种指责是否成立），使自己无形中站到道德的制高点上，居高临下地评判对方，是中国官场文化中的极高境界。石敬瑭在这里运用得非常娴熟。

把自己谋反的责任推给末帝之后，石敬瑭顺理成章地点破了今日的主题：“如遵旨移藩，必死无疑！我打算上书称病，暂缓移藩，再探一下主上的底线。若主上宽允，我还视之为君；若主上以兵强迫我，我们恐怕就要另做打算了。众位以为如何？”

说是要“再探一下主上的底线”，其实是要探一下众属下的底线。

节度判官赵莹没听出石敬瑭的言外之音，只是担心公然决裂的风险，就劝道：“既然还未撕破脸，还是忍耐为上，移藩也未必就全无可取。”

掌书记桑维翰见有人同意移藩当即就站出来表示反对，他说：“当今圣上是明宗的义子，以义子取代亲子承继大统，很难得到大家的拥护。主公是明宗爱婿，当今圣上一直视主公为眼中刺，非除去而后快，这绝不是认个错就可以解决的。当今圣上绝不会不懂得这个道理。他在召主公进京之后又再一次将河东交给主公，这实在是上天的意思，不可再违。”

军城都巡检使刘知远十分认同桑维翰的说法，也劝石敬瑭道：“主公常年与我们出生入死，将士们都十分敬爱主公。现在，咱们占据着险要地势，兵强马壮，只须一纸檄文，就可成就帝业，怎能仅凭一纸诏书就自投虎口？”

桑维翰和刘知远的话，令石敬瑭十分欣慰，他切切实实地感到属下和他想到一起了。但他并没有马上表态，因为他心中的疑虑还没消除。

见石敬瑭没有说话，桑维翰又进一步劝道：“契丹主与明宗皇帝当年曾结拜为异姓兄弟，主公若能诚心屈节结交契丹主，还有什么可顾虑的呢？”

桑维翰所谓“异姓兄弟”、“屈节结交”之类的话，其实是再明确不过的暗示了，就是在告诉石敬瑭如何向契丹求助。石敬瑭是何等聪明的人，更何况这也正是他一直在思虑的问题——他必须确保契丹人一定会帮他。

心中的疑虑消除了，又有众属下的齐心支持，石敬瑭立刻上书末帝，公开发难。大意是说，末帝作为明宗义子，与明宗没有血缘关系，不应承继大统，请传位许王。若贪位不去，将与诸镇同兴问罪之师，以正篡位之罪。

李从珂见到石敬瑭的奏折，顿时火冒三丈，当即把奏章撕得粉碎，掷到地上。随后，立即下诏夺去石敬瑭的一切官职，捕杀了石敬瑭在京的两个儿子。同时任命张敬达为晋阳四面兵马都部署，杨光远为副部署，率重兵征讨石敬瑭。

## 屈节结交　一石二鸟

就在向末帝发难的同时，石敬瑭专派桑维翰向契丹“屈节结交”：不仅许以重币，还割地称臣，并表示以父礼侍奉契丹皇帝，即石敬瑭决定认契丹皇帝为干爹。

石敬瑭的意思很明白：决不拿自己的身家性命开玩笑，送礼就是要将礼送得让人无法拒绝。

但无论如何，这礼也送得太重了，不仅空前，而且绝后。

于是，就有军城都巡检使刘知远劝谏道：“赠币称臣可以，自古皆如此。以父礼事之，就有点过了。现如今还要割去大片土地，实在没有必要。如果将来成了中原的大患，可就后悔莫及了。”

石敬瑭回答道：“俗话说，舍不得孩子，套不得狼。既然赠币称臣自古皆然，就难保万全。契丹皇帝与明宗皇帝本为兄弟，我以父礼事之，有何不可？至于所许的燕云十六州，本为卢龙节度使赵德钧所有。拿别人的东西送礼，既讨好契丹主，使其无法拒绝我，又削弱了潜在的对手，这不是一石二鸟之策吗？况且，割让土地不过是权宜之计，一旦我们实力足够强大，还怕收不回来吗？”

听主公如此回答，刘知远不再说话，积极备战去了。

契丹皇帝见石敬瑭许以如此大礼，十分高兴，当即答应：仲秋之时，当倾全国兵力相助。

得到契丹皇帝的承诺，石敬瑭终于大松了一口气。

李从珂可没有那么好的耐心。

刚进七月，就派张敬达率数万大军到达晋阳。安下大寨之后，便开始攻城。无奈，晋阳城墙高大坚固，又加上当时正值雨季，大雨滂沱，几次进攻都无功而返。张敬达见强攻不成，就改变战术，在晋阳四周挖沟筑垒，以为围困之计。

得知晋阳的战况，末帝李从珂十分着急。他知道契丹人已经答应帮助石敬瑭，唯恐夜长梦多，便派特使以犒军为名，去晋阳催张敬达加紧攻城。

张敬达胸有成竹地请特使转告道："请陛下放心，我这里早已备下了围点打援之计。只要契丹出兵，我就会布下陷阱，纵其深入，然后一战歼灭之。"

末帝知道张敬达早有准备，甚喜。

转眼间，九月到了，契丹皇帝约定出兵的日子也到了。随着城中粮草越来越少，石敬瑭开始有点坐不住了。几次派人求助，均不得要领。

一日，忽有契丹皇帝耶律德光派人进城报信说，契丹皇帝已率军五万，经杨武谷来到晋阳，现驻扎在虎北口。还告诉石敬瑭，契丹军将于当日发动进攻。

石敬瑭闻言大喜，随即又有些担忧，急忙遣人回信说："南军（即李从珂的军队）兵力甚厚，我军还未准备妥当，仓促间恐怕难以配合，望拖后一日再战。"

谁知信使刚刚派出，契丹军就已与南军战在一处。接到战报，石敬瑭急忙派刘知远出城助战。

契丹军派出的是轻骑三千，未披甲，直犯南军战阵。

南军的张敬达、杨光远陈兵于城西北山下。张敬达见契丹兵少，并刚刚长途跋涉而至，以为契丹军疲惫可欺，便立刻指挥大军纷纷出击。南军将士以逸待劳，士气高涨，个个奋勇争先。契丹军果是疲惫之师，一触即溃，乱哄哄退至汾水，涉水而去。南军尾随而至，哪肯舍弃？步兵涉水追击，骑兵循南岸跟进。

眼看就要追上，突然，从东北方有大批契丹军队直扑而来，将涉水而过的南军步兵拦腰一截为二。南军步兵见势不妙，再想逃跑已来不及，凡涉水到北岸的南军几乎全部被歼。还在南岸的骑兵见势不妙，立刻逃之夭夭。

此次晋阳一战，南军损失上万人，元气大伤。契丹军和石敬瑭的军队合在一处，士气大震，战场上的局势，立刻发生了根本性的逆转。张敬达的所谓诱敌深入、围点打援，竟成了契丹军的长驱直入、引君入瓮。最终南军惨败，被困在晋安大寨。

## 石敬瑭割地称帝

晋阳兵败的消息传到京城，末帝李从珂大惧。立刻下令命彰圣都指挥使符彦饶率洛阳步骑兵屯河阳然后趋潞州，天雄节度使兼中书令范延光率魏州二万兵马由青山趋榆次，卢龙节度使兼中书令赵德钧率幽州兵马出契丹军后，三路大军共解晋安之围。

谁知符彦饶虽为都指挥使，却徒有虚名。属下强悍，并不为其所用。命令发出，属下仍自行其事，符彦饶也不敢束之以法，结果终是逗留不进。

赵德钧倒是主动请战，但他意不在解晋安之围，而是想浑水摸鱼，借机扩大自己的实力。他不仅收编了易州和镇州的驻兵，还要末帝封其子赵延寿为成德节度使。因为正是用人之际，末帝不敢回绝，但许以事成之后再封。赵德钧见目的达不到，就以各种借口不出兵。气得末帝当面骂道："如果你能战败契丹，把皇位让给你朕都愿意。若你只是借机渔利，恐怕难有好下场。"

在中国，有些话是不能乱说的，即使是皇上也毫不例外。见皇上生气了，当着末帝的面，赵德钧立刻表现出一副无辜和诚惶诚恐的样子，但下去之后，不仅照样率兵逗留不进，反而更进一步开始准备贿赂契丹，以图自立。

而范延光见其他两路大军全无动静，便也同样按兵不动。急得李从珂火冒三丈，却也毫无办法。

南军这边调兵遣将毫无结果之日，却是石敬瑭与耶律德光弹冠相庆之时。

解了晋阳之围，石敬瑭摆酒庆贺。酒席宴上，当着契丹君臣和自己属下的面，立刻就要兑现自己的承诺，将所许的燕云十六州割给契丹。

契丹皇帝耶律德光则对石敬瑭说："我远涉三千里来帮你，就一定要帮到底。我看你气度胆识超人，无愧于中原之主，就立你为中原天子！"

石敬瑭闻言心中大喜，表面上却假意推脱。石敬瑭属下见状急忙上来劝进，再三再四之后，石敬瑭便顺水推舟，答应下来。

酒席过后，耶律德光亲自主持颁赐册封文书的仪式，立石敬瑭为大晋皇帝。在拜坛上，耶律德光还特地脱下自己的衣冠亲手给石敬瑭披上，以示亲密。

即位仪式后，石敬瑭当即以大晋皇帝的名义，制国书，割燕云十六州给契丹，还答允每年进贡丝绸三十万匹。

同时，进封掌书记桑维翰为翰林学士、礼部侍郎、权知枢密使事，进封军城都巡检使刘知远为侍卫军都指挥使。其余属下，也各有封赏。

于是，契丹皇帝耶律德光、石敬瑭、石敬瑭的属下，三方各得其所，皆大欢喜。

## 幸亏割地　才终称帝

耶律德光立石敬瑭为帝的消息让赵德钧大吃一惊，愤怒的同时还产生了强烈的紧迫感。叫他愤怒的是，石敬瑭居然拿自己的属地割给契丹，实在是欺人太甚；叫他产生紧迫感的是，自己再不赶紧行动的话，登基称帝的愿望就将完全落空了。

于是，他立即派人用重金贿赂耶律德光，希望耶律德光改立自己为帝。他以自己远超过石敬瑭的实力为资本，提出：如能立他为帝，他仅凭自己的兵马，就可平定洛阳。同时还允诺，仍许石敬瑭镇守河东。

虽然赵德钧开出的条件中没有割地一项，没有石敬瑭开出的条件优惠，但对于耶律德光来说，却有着更大的诱惑力。因为要想得到石敬瑭许下的好处，他必须帮着石敬瑭攻下洛阳，消灭后唐政权。而眼下的情形是：晋安还在包围之中，尚未攻克；范延光驻兵在东面，虎视眈眈；自己如果长驱直入，又怕被人切断退路；如果不答应赵德钧，则赵德钧是敌是友就是个未知数，是个潜在的大威胁。在有如此多不确定因素下的大好处和确定因素下的小好处之间，耶律德光反复权衡着。而赵德钧答应让石敬瑭仍守河东，使耶律德光感到自己对石敬瑭好歹也算有了一个不错的交代，于是，便准备答应赵德钧的要求，改立赵德钧为帝。

耶律德光要改立赵德钧为帝的消息传到石敬瑭的耳中，吓得石敬瑭几乎灵魂出窍。他无论如何也想不明白，为什么他开出了那么优厚的条件，还会落空。既然想不明白，也就不去多想，赶紧派桑维翰到契丹大寨中，去游说耶律德光。

桑维翰确实极富胆识和口才，他竟质问耶律德光道："赵德钧父子素怀异志，绝不是以死报国之人。这种无忠无信之人的鬼话，怎能相信？您怎能贪图那些蝇头小利，而放弃伟大的功业！如果晋国统一了中原，我们给您的供奉，绝非这些小利可比！"

耶律德光辩解道："不是我言而无信，这只是兵家权谋的考虑。我深入敌境，不愿过多树敌，置自己于险境当中。而石郎也不必担心，绝无后顾之忧。"

见耶律德光不肯守约，桑维翰也急了，高声劝阻道："契丹皇帝陛下以信义救人于危难之中，四海之内世人皆知。怎可一日之内二三其命，使大义不得始终？臣以为契丹皇帝陛下不该这么做！"

说罢，不等耶律德光做出反应，就径直跪倒在地，不再发一言，两眼泪如雨下。从早上一直跪到晚上。

面对桑维翰如此强硬的劝谏，耶律德光终于让步了。他指着帐前的石头对桑维翰发誓说："除非这石头烂了，否则我对石郎的承诺，绝不改变!"

耶律德光发誓之后，倒是谨守誓言，坚决拒绝了赵德钧请求，一心帮石敬瑭对付后唐。

也合该后唐亡国。

援救晋安的军队逗留不进，可害苦了晋安大营中的将士。几个月下来，不仅粮草早已消耗殆尽，更与外界完全丧失了联系，军心由此大乱，全无斗志。结果，副部署杨光远杀了都部署张敬达投降了契丹。

解决了晋安的后唐军队，契丹皇帝和石敬瑭便一同率军南下。而赵德钧父子和符彦饶等后唐将领，听说契丹军队将到，未见人影，早就望风而遁，逃之夭夭。

后唐皇帝李从珂见败局以定，回天乏术，未等契丹军队打进洛阳城，就与曹太后、刘皇后等带着传国玉玺，登上玄武楼自焚。后唐由此被后晋正式取代。

## 儿皇帝不是臣

石敬瑭将燕云十六州割给契丹，对于耶律德光来说，这是他付出血的代价所获得的合法收入，他受之无愧，心安理得。

对于石敬瑭来说，这是他获得生存并登上皇帝宝座所付出的必要成本。所以，石敬瑭终其一生，对耶律德光都十分恭谨：每次上表总是自称"儿臣"，称契丹皇帝为"父皇帝"；每次契丹使至，也总是在偏殿拜受诏书，不敢自居皇帝；除每年贡帛三十万匹外，每逢年节，还总是寻些奇珍异宝作为礼品送去；至于太后、太子、诸王和大臣们，也都有单独赠送的礼物。一年四季，运送礼品的马车就没断过。契丹的幽州留守赵思温是后唐降将，曾想内附后晋，也是出于同样的理由，被石敬瑭拒绝了。

但对于素来对四周“夷狄”民族具有优越感的中原的士大夫和历代皇帝来说，这却是一块永远无法消除的痛。当时的朝野上下，就已经为此感到耻辱，认为堂堂华夏不该屈辱于夷蛮。

为此，石敬瑭多次告戒属下，不要因小失大。还为属下算过一笔账：每年送给契丹的贡帛和礼品，不过是区区几个县的租赋而已，有时还可以受灾为名，并不全额交齐；而一旦双方失和打起仗来，那造成的损失则完全无法相比，不仅有财产损失，还会生灵涂炭。况且，数十年来，中原战事不断，国家疲弱，百姓疾苦，当前最重要的就是与民休息、养兵蓄锐、劝导农耕、训练战阵，而不是感情用事的时候。

石敬瑭的劝戒，为后晋带来了暂时的平静。

耶律德光对石敬瑭的恭谨非常满意，曾多次制止石敬瑭上表称臣，拒绝契丹国与后晋国两国之间的臣属关系，而只允许石敬瑭在家书中自称为“儿皇帝”，以表示私人关系上的亲昵。

## 忘恩负义的石重贵

天福七年（942年）六月，后晋高祖石敬瑭去世，他的侄子石重贵继位。

石重贵年轻，不懂得韬光养晦。刚登基不久，在侍卫都指挥使景延广的怂恿下，开始疏远契丹。契丹皇帝耶律德光对此十分不满，认为石重贵有背盟之意。

当时，后晋与契丹之间贸易往来十分密切。景延广认为，两国间的贸易将中原的物资源源不断地输送到了契丹，是肥了契丹，亏了自己，所以总想中断两国间的贸易。天福八年（943年）九月，景延广随便找了个借口，就将负责两国间贸易的契丹国代表乔荣抓起来关进了监狱，同时将后晋境内所有与契丹做交易的商人全都杀了，并没收了他们的全部财产。

此事一出，朝堂之上顿时掀起一场轩然大波。众大臣一致反对如此强硬地与契丹摊牌，认为中原还没有与契丹对抗的实力，如此决绝，一定会招来大祸。

迫于众大臣的压力，石重贵释放了乔荣，还特意赏了他一些礼物以示歉意。

景延广对此十分不满，认为如此示弱实在有损华夏大国的体面。于是，在乔荣回国前礼节性地向他告辞时，就声色俱厉地训斥乔荣说："回去告诉你们的主子，先帝为北朝所立，所以向北朝上表称臣。当今皇上是中原人自己立的，之所以还向北朝降低身份，自称孙辈，是因为不敢忘先帝与北朝签订的盟约。两国之间是平等的，再无称臣的道理。当爷爷的如果生气了，可以放马过来一战。当孙子的自有十万横磨剑，足以相待。假如有一天，当爷爷的被孙儿打败，为天下人耻笑，可不要后悔!"

这哪里是对一个友好国家使者该说的话，简直就是一篇国家间的宣战书。

景延广惟恐乔荣不能将他的话如实转达给契丹皇帝，还特意叫书记官将自己所说的话一字不差地记录下来，让乔荣当面交给耶律德光。景延广这么做，就是想激怒耶律德光，让耶律德光先动手，从而一了百了地解决两国间存在的盟约，并让契丹背上违约的名声。

实事求是地说，景延广的所作所为还不好简单地说是狂妄自大，不自量力。

确如景延广所设想的那样，耶律德光的确被激怒了。他决心不仅要消灭后晋，还要自己当中原的皇帝。于是，在稍做准备之后，就于第二年和第四年两次率军南下，但两次均无功而返：后晋的实力确实可与契丹相抗衡。

由此可见，景延广对双方军事实力的判断是相当准确的，他的"狂言"并非是"大话"。如果契丹就此知难而退，不再用兵，景延广还真就成了后晋的大功臣。但他对耶律德光在意志力评估上的缺失，彻底葬送了自己和后晋的命运。他没想到的是，耶率德光是个个性倔强的北方汉子，认准的事，再难也要去做。并且是越败越要战，一定要战斗到底。

不过，无论从国家的角度如何评价景延广的行为，如果从两国百姓的角度看，景延广的行为带来的却只是颠簸流离、生灵涂炭，苦不堪言。

还是女人心软。契丹太后述律有些不忍，便动了罢兵的念头。

一日，她问耶律德光："如果让汉人来当我们的君主，你能接受吗?"

耶律德光说："当然不行!"

太后又说："既然如此，你为何还非要当汉人的皇帝呢?"

答："石重贵忘恩负义，我咽不下这口气。"

太后又说："即使你能夺得一点汉地，又不能居住，有什么好处?万一有些闪失，可是后悔都来不及的。"

耶律德光没有回话，因为他不需要回话。

见劝不动耶律德光，太后叹了口气，转脸对旁边的侍从们说："自古只有汉人来和番的，没听说番人去和汉的。如果汉人能回心转意，我们还是不要吝啬与他们和好吧。"

耶律德光当然知道这话是对他说的，虽然仍然不同意这种观点，但出于对太后的尊敬，他还是保持了沉默。

述律太后和耶律德光之间的这场对话，在中国历史上具有深远意义和影响，深刻地反映出当时中国少数民族统治者对中原国家的基本态度，这影响着此后数百年间辽、金两朝统治者对中原的基本战略构想。

又经过一年多的准备，开运四年（946 年）六月，耶律德光第三次出兵后晋。

吸取了前两次的教训，为确保胜利，耶律德光特命卢龙节度使赵延寿假意投降后晋，准备诱使后晋军队北上，然后围而歼之。当时的后晋枢密使冯玉昏聩无能，只因其妹称后而得宠。他竟相信了赵延寿的鬼话，派兵北上接应赵延寿。结果全军覆没，一败涂地。

由此，从契丹到后晋都城开封之间一片坦途，再无军队阻隔。契丹大军势如破竹，后晋沿途州县望风而降。

开运五年（947 年）正月，契丹皇帝耶律德光率兵进入开封，后晋文武百官换上白服纱帽跪在路旁请罪。而石重贵则被封为负义侯，被遣送到契丹的黄龙府安置。后晋从石敬瑭称帝到石重贵被废，不过十一年。

石重贵被废后，后晋各藩镇的节度使见风使舵，除个别投降后蜀外，大多上表称臣，后晋版图从此尽属契丹。

## 竹篮打水一场空

耶律德光中原称帝，志得意满，自以为万事皆定，从此便整日饮酒作乐，不理政事。

由于天灾人祸，当时中原普遍粮食歉收，饥民遍地，军粮供应自然也捉襟见肘。军粮供应不上，契丹军队就以契丹人的传统方式四处强行征集，谓之"打谷草"，迹近抢劫，搞得民怨沸腾。

赵延寿原是后唐官员，当然知道其中利害，于是提出由其统一管理军队的粮饷供应，以免激起民变。谁知耶律德光不懂中原民情，根本不采纳赵德钧的建议，依然纵容契丹兵打谷草。饥民们被逼无奈，纷纷聚众揭竿而起，袭击契丹军队，宋州、亳州、密州等地甚至被饥民所占据。原本的降官降将，此时也纷纷反水，开始不听指挥了。

直到这时，耶律德光才意识到了问题的严重性，想起了述律太后的话，开始有了北归的想法。

进入三月，中原天气开始转暖。可能是由于水土不服加上不好的军情，郁闷的耶律德光觉得身体有些不适。

一日，在朝堂之上，耶律德光对文武百官说："天气一天天热起来了，我久居北地，对此有些不适，想暂回契丹探望太后。"

众臣劝道："京城不可一日无君，不如奉迎太后来京。"

耶律德光拒绝了众臣的劝谏，执意北归，并选定了离京的吉日。

三月中旬，耶律德光率朝中文武百官上千人北归来到白马渡口，望着滚滚东去的河水，回想起三个月的中原宫廷生活，不禁感慨万分。转过身对宣徽使高勋说："想当初我在契丹，整日以射猎为乐，何等快活。自入中原，整日被关在宫中，烦事不断，毫无乐趣可言。现在我终于回到故乡了，就是死了也没什么可遗憾的了。”

四月，耶律德光到达栾城，病势突然加重，周身像火烤一样高烧不退，找来许多冰块敷在身体各处，还喂他喝冰水，仍毫无作用。

随行的契丹诸将不想让耶律德光死在半路，便加快了行进的速度。至杀胡林，耶律德光终于挺不住了，撒手人寰。

当时，天气已经很热了，辽臣恐怕尸身腐烂，便剖开耶律德光尸体的腹部，里面塞上数斗食盐。中原人称之为“帝羓”，即皇帝肉干。

从耶律德光耀武扬威地进入开封，到灰溜溜地离开，再到命丧半路，前后不足四个月的时间，真像是一场梦。

耶律德光的死，给原后晋的地方大员们以极大的机会，他们纷纷脱离契丹的统治，收复失地，自立为帝。到后周的世宗时期，不仅被耶律德光武力征服的土地几乎全部被中原王朝收复，就是被石敬瑭正式割让给契丹的燕云十六州，也有部分土地被后周夺回。

中原王朝不承认契丹国依法律条约获得土地的合法性；契丹国不承认中原王朝凭借武力夺回传统意义上的土地的合理性，这是导致后来作为中原王朝的宋朝和作为北狄王朝的辽、金两国之间常年战祸不断的基本原因，并是最终导致靖康之变的最深远的历史背景。

# 第二章　澶渊之盟

## 一道无法迈过的坎

土地问题，古往今来都是国与国之间最大的问题。

对于双方都声称具有主权的争议地区，双方都没有退让的道理。凭实力，以武力解决争端，就成了一道谁都无法迈过的坎。

北宋建立之初，由于奉行的是先南后北的战略，所以宋太祖并未与契丹（辽国）发生直接的正面冲突。太宗继位之后，随着国力的日渐增强，在消灭了北汉之后，在太平兴国四年（979 年）和雍熙三年（986 年），北宋分别发动了对契丹的战争，希图收复燕云十六州，但均遭惨败。太宗本人也在第一次战争中负伤，并且终身不愈。经过这两次惨败，太宗终于放弃了收复十六州的努力，改为守住已有的疆界。

这一方放弃了收复十六州的努力，另一方却并未放弃对收复瀛、莫、易三州（即被周世宗收复的十六州中的部分地区）的努力。于是，在北宋由攻转守的同时，契丹由守转变成了进攻的一方。

就在雍熙三年北宋北伐失败的几个月之后，数万契丹铁骑越过燕山南下，宋将刘廷让率兵迎击。君子馆一战，尸横遍野，数万宋兵被歼。

在此后的十多年间，彼来此往，两国间战事不断，用血的方式去解决那道无法解决的法律问题，但僵局始终无法破解。

无休止的战争，对交战双方都是一种无法接受的结局。经过多年的攻而不胜，契丹决定改变战略，将单纯的收复失地改为以攻为守，争取和解。

景德元年（1004 年）冬，辽太后与辽圣宗率大军南下，进犯北宋。但辽兵进犯威虏军、顺安军（“军”是当时的一种行政区划，近似于“州”），结果被宋朝守将魏能、石普击溃；辽兵进犯定州、天雄等地，也皆失利。瀛州知州李延渥率州兵据守州城，歼敌上万；穆武王高继勋在草城川以三万骑兵追杀五万辽兵，也斩获万余人。在河东等战场上，宋军也是捷报频传。

让人意想不到的是，在战场上遭到惨败的辽军，不仅没有因为失败而畏惧退缩，反而放弃了对城池的攻打，只留少数兵力围住几处关键的城池，而将大批军队长驱直入，直插澶州城下，试图对北宋都城开封造成直接的威胁。

## 胜利之约

却说眼看着契丹军队屡战屡败，激动得宋真宗豪情万丈，决意要御驾亲征，统军北伐，一举收复幽州。

也就在同时，辽圣宗派人传递了希望双方讲和的意向，并提出希望由宋朝派出使者到辽国去议和。

此时的宋真宗完全沉浸在胜利的喜悦中，根本就没想到要与辽国议和。

于是，他对大臣们说：“自古以来，北狄素为中原强敌，非怀以至德，威以重兵，则犷悍之性绝难制服。此和议之说，恐是缓兵之计，尤未可信。”意思是不必理会辽人的和议之说，乘胜北上，收复幽州。

左相毕士安没理解真宗的真正意思，以为真宗真的认为辽人的和议之说是假的，就婉言答道：“从近一二年由契丹归宋的人那里得知，辽人都十分畏惧陛下的神武和本朝的雄富，常怕我举兵收复幽州，所以才以攻为守，犯我疆界。但交战的结果却是败多胜少，屡屡受挫。一定是想退兵却又找不到台阶可下，这才提出议和，想就此罢兵。所以，和议之说，应是可信的。”

见毕士安如此迂腐，真宗只好明说了：“你是只知其一，不知其二。辽人要议和，当然可能是真的，但他一定会提出条件。关南之地（即瀛、莫、易三州）确曾属于辽国，如果为了百姓免遭涂炭，委屈一下自己，给些钱财倒也罢了；如果他不依不饶，非要土地，可就不好办了。朕决意亲征，此事容后再议。”

众大臣明白了真宗的真正意图后，便不再劝谏。

可就在真宗亲征的准备还未做好的时候，前方突然传来契丹军队已经兵临澶州的消息。一时间，这个消息在朝堂之上引起轩然大波。

澶州（现河南濮阳）距宋朝都城开封不过二三百里的距离，如果是骑兵，也不过二三天的脚程。真宗做梦也想不到，前两天还屡战屡败的契丹人，怎么突然就到了离自己这么近的地方。他实在不敢相信自己的耳朵，甚至怀疑以前的战报其实都是假的。

慌乱之际，真宗急召大臣进宫商议对策。

参知政事王钦若是江南人，请真宗移驾金陵；签书枢密院事陈尧叟是四川人，劝真宗移驾成都，暂避锋芒。真宗本也召了左相毕士安，可毕士安竟托病不来见驾。

右相寇准来得最晚。真宗正手足无措、犹豫不决之时，一见寇准，立刻大喜过望。全然不顾朝廷礼节，未等寇准叩拜完毕，劈头便问：“寇爱卿，南巡如何?”

寇准一进来就见到王钦若和陈尧叟在真宗身旁，如今听真宗一问，当下就明白这是王、陈二人给真宗出的主意，心中的怒火一下子就冲到头顶。他实在搞不懂，在战场局势占优的情况下，怎么居然还会有人只想到逃跑。

他强压着心中的怒火，略做迟缓，平抑一下心情，然后回复道：“不知这是谁为陛下出的主意，此人实在该杀！当今陛下神武，将相协和，若大驾亲征，贼自当遁去，为何却要示弱？如果陛下弃宗庙移驾远地，万一人心崩溃，贼必然趁势深入，如此一来，陛下反倒更加危险。”

真宗的本意，是希望寇准顺着自己的意思，赞同南巡，然后离开这是非之地，不想寇准反倒劝自己到更危险的战场上去。真宗十分后悔自己曾说过要亲征的大话，结果闹得现在竟无法明确表明自己的态度了。后悔之余，真宗只含含糊糊地回了句“知道了”，就打发寇准等人一起退下。

寇准看出了真宗的心思，故意慢慢地走在最后，想再劝劝真宗。

刚出大殿，迎面正遇见殿前都指挥使高琼。寇准急忙引高琼到僻静处，说："太尉受国厚恩，现有报国的机会，不知怎样？"

高琼说："我乃一介武夫，愿誓死报效！"

寇准十分高兴，略做交代，就带着高琼返回大殿，再见真宗，并说道："陛下若不信臣下所说，可再问高琼，他最熟悉军队的情况。"

随后，寇准慷慨陈词，将自己的主张又说了一遍。

高琼随即也上奏道："寇相所虑极是。陛下的亲兵、家眷皆在京师，若陛下移驾，必难随行。即使随行，也难保不会中途逃跑。依臣之见，愿陛下亲征，臣定效死，破敌不难。"

真宗遂决意亲征。

十一月，真宗北巡。阵前将士得知皇上亲征的消息，士气大振。

及至真宗的车驾来到澶州南城，远远看到河北岸两军对阵的场面，群臣中就又有人提出：为万全之计，请真宗暂且驻跸南城，审局势发展，再做定夺。真宗第一次亲临战场，心中忐忑不安，也不想贸然深入险境。

见真宗犹豫，寇准十分着急，惟恐功亏一篑，急忙进谏道："陛下不过河，则我军将士得不到激励，敌兵的士气也得不到震慑，绝非陛下所愿见。兵力我早已部署妥帖，万无一失，请陛下放心，勿再犹豫。"

高琼此时正站在真宗旁边，也上前劝真宗趋驾北城。

虞部员外郎冯拯在旁斥责高琼道："你一介武夫，这里哪有你说话的分？"

高琼闻言大怒，道："你以文章写得好官致两府，现如今敌骑肆虐至此，你何不赋诗一首，咏退敌兵？"

冯拯被噎得满面通红，哑口无言。

寇准趁此无人反对的机会，马上吩咐道："机不可失，请陛下趋驾北城。"

高琼也不再等真宗表态，随即率卫士保护着御辇，渡河至北城门楼。

宋朝将士远远望见北城门楼上的黄色御盖，知道皇上亲临阵前，大受鼓舞，欢呼雀跃，声闻数十里。辽兵则惊愕相视，队不成列。

稍过片刻，辽军派出数千骑兵进行试探性进攻，士气旺盛的宋军积极迎战。敌骑被宋军击溃，斩获大半。

相持十余日，辽军统军挞览亲督战阵，摆出一副要与宋军一决雌雄的架势。他亲临阵前，正要率军进攻之时，宋威虎军军头张瑰用床子弩偷射冷箭，正中挞览面门。辽军一阵大乱，随之不战而退。

挞览战死，辽军再无心恋战。即派出使者要求议和，条件是收回由石敬瑭割出又由周世宗夺回的关南之地。

真宗素知北兵强悍，如今第一次亲临战阵，第一次感受战场气氛，心中实在无底，决心收复幽州的豪气也早就泄光了。见辽方提出议和，就想顺势下台阶了事。于是，升殿直曹利用为阁门祗侯，让他以崇仪副使的名义与辽人交涉。

临行前，真宗特意交代说："关南之地，确曾属于辽人，只是朕守祖宗基业不敢有失。辽人所言归地一事，万难应允。辽人若一意坚持，朕当与之一决高下。然太祖、太宗之时，国势全盛，也以和戎为利。若辽人真正要和，可以岁币的形式补其损失，同时也不失我朝廷的体面。"

曹利用要真宗给出一个和议的底线，真宗犹豫了半天说："若必不得已，百万以下皆可。"

寇准本就对真宗以岁币的方式与辽人讲和非常不满，如今见真宗竟许以百万巨资，心中更是不平。待曹利用离开大殿，即召曹利用来见，劈头便说："虽然有圣上口谕，所许岁币也不许超过三十万。若超过三十万，圣上不杀你，我也要杀你!"

曹利用知道寇准言出必行，不敢搪塞敷衍，应诺而去。

曹利用至辽军大寨，辽圣宗果以关南地为条件请和。曹利用心中有底，态度十分坚决。争辩道："异代之事，再争无益。北朝此次兴师寻盟，当有诚意。若以岁币资以军旅，则还可议；若强索关南，则决无可能。若恣意强索，不仅地得不到，恐怕休战也会遥遥无期。"

辽圣宗实在是不想再打了，所谓求关南之地也不过是虚晃一枪，见宋使态度坚决，也就不再坚持，同意以岁币议和。经过讨价还价，最后议定：宋朝每年支付银十万两、丝绸二十万匹给辽国，辽国从此不再提出对关南的领土要求；双方正式确定以白沟为两国疆界，互不侵犯，并结为兄弟之国。

由于宋真宗比辽圣宗年长，故致书于辽时称辽圣宗为弟，称承天太后为婶。后来仁宗继位，延续了真宗与辽圣宗的关系，仁宗便称辽圣宗为叔。以后，宋、辽皇室之间，便以叔、伯、兄、弟相称，以示亲密。

曹利用不辱使命，返回宋营，入行宫要向真宗回禀。真宗当时正在进膳，便吩咐内侍先去询问所许之数。谁知曹利用因为事关机密，不肯明白回话，只举起三个手指示意。内侍也不再追问，转身入内，轻声对真宗回复道："曹大人以三指示意，不知是否三百万？"

真宗大吃一惊，脱口叫道："太多了！"

略一停顿，又自语道："只要就此了事，也就罢了。"

用完膳后，真宗便召曹利用面奏。

曹利用当时就在门外，听到真宗的惊呼，还以为自己所许的三十万太多了，等到进得门来，急忙跪在地下纳头便拜，口中还不停地称罪道："臣所许银绢过多，罪该万死！"

真宗问道："所许多少？"

曹利用答："三十万。"

本以为是三百万的真宗一听只有三十万，高兴得立刻手舞足蹈起来。万万没有想到会以这么少的代价就换来两国间永久的和平，他认为这实在是出乎意料的胜利之约！当即下旨，厚赏曹利用。

第三天，兴高采烈的真宗皇帝做起了回銮诗，还命群臣和诗。高兴之余，真宗对大臣们说："北狄自古为患，如果为了报仇就非要灭了夷狄不可，则我们就会征战永无宁日，而每年的花费也会不少。现如今，契丹畏威服义，息战安民，朕甚感欣慰。"

十二月七日，宋真宗签发了写给辽圣宗的誓书：

"大宋皇帝谨致誓书于大契丹皇帝阙下：共遵成信，虔奉欢盟，以风土之宜，助军旅之费。每岁以绢二十万匹、银一十万两，更不差使臣专往北朝，只令三司差人送至雄州交割。沿边州军，各守疆界。两地人户，不得交侵。或有盗贼逋逃，彼此勿令停匿。至于陇亩稼穑，南北勿纵惊骚。所有两朝城池，并可依旧存守。淘壕完葺，一切如常。即不得创筑城隍，开拔河道。誓书之外，各无所求。必务协同，庶存悠久。自此保安黎献，慎守封陲。质于天地神祇，告于宗庙社稷，子孙共守，传之无穷。有渝此盟，不克享国。昭昭天监，当共殛之。……”

由于此次和约的签约地是澶州，后世称此约为“澶渊之盟”。两国之间的疆界，由此正式确定下来。

叫宋真宗做梦也想不到的是，他在誓书中例行公事似的发出的毒誓，“有渝此盟，不克享国。”在一百二十多年后的靖康年间，还真应验了。

## 城下之盟

由最初以为的三百万到实际的三十万，巨大的反差让仁宗万分高兴。以如此小的代价解决了两国间几十年的纷争，仁宗认为捡了个大便宜。

真宗志得意满地返回京城，立刻向臣下宣布了宋、辽两国和好之事。让他万万没有想到的是，竟有许多大臣反对与辽国议和，认为以岁币三十万换得两国和好代价太大。幸亏左相毕士安、太子太师吕蒙正和李允则等大臣坚决支持真宗的决策，认为“北戎和请，自古以为上策”，更何况应以百姓为念，罢兵息民，才能天下太平，这才总算没让仁宗觉得自己下不了台。

虽有小不和谐，但契丹既和，朝廷无事，上下相安，真宗还是颇为自得。因为此事全由寇准一力主持，出力最多，所以真宗开始对寇准格外宠幸，几乎言听计从，甚至有些敬畏有加。

俗话说，不怕没好事，就怕没好人。

想当初，在真宗准备决策是否亲征时，寇准曾当着王钦若的面，含沙射影地骂了王钦若，这让王钦若感到在皇上面前十分下不来台。事后不久，真宗要寇准选派一名大臣镇守大名府，寇准怕王钦若破坏真宗的亲征大计，就提名要王钦若担任此职。王钦若虽然明知这是寇准有意排挤自己，心中也是一百个不乐意，但还是去了。从此，王钦若就和寇准结上了私怨。而亲征胜利凯旋，真宗更加宠幸寇准，这让王钦若对寇准更是恨之入骨，总想着要搬倒寇准，出一出心中的恶气。

一日会朝，寇准先退，真宗目送着寇准的背影，久久不曾离开。此时已经又回到朝廷的王钦若看在眼里，妒火顿时涌上心头。他借故稍做停滞，见左右无人，便上前对真宗进言道：“陛下敬畏寇准，是因为他有功于社稷吗?”

真宗闻言一愣，答道：“正是。”

王钦若接着说：“臣没想到陛下会如此说。澶渊之役，陛下不以为耻，反说寇准有功于社稷，是为什么?”

真宗完全糊涂了，他不明白王钦若为什么会如此说，就反问道：“为什么说是耻呢?”

王钦若说：“城下之盟，虽春秋之时的小国亦以为耻，今陛下以万乘之尊而做出赔款求和的约定，还不是城下之盟吗?”

真宗无语，脸色大变。

王钦若见一语中的，更乘胜追击道：“陛下可听说过赌博？赌博者在将输光之时，常常将剩下的钱一次全部押上，这就是所谓孤注。当初陛下亲征未决时，有人问寇准：‘你主张圣上亲征，难道你就有必胜的把握?’寇准说：‘直有热血相泼尔!’可见寇准当时就是孤注一掷。而这孤注，就是陛下您!”

真宗愤怒了，身体不禁颤抖起来。他第一次真切地感受到，自己以天子之尊，在寇准的心中竟变成了一枚无足轻重、可抛可弃的棋子，这是他完全不能容忍的。

从此，真宗开始疏远寇准。第二年，更将寇准免相降为刑部尚书衔，去陕州任职。

在真宗的心目中，代表胜利的澶渊之盟，只因王钦若的一席话，就由值得炫耀的胜利之约变成了令人耻辱的城下之盟。天上地下，转瞬完成。

但无论如何，澶渊之盟毕竟给宋、辽两国带来一百二十多年的安定局面。而宋朝所纳岁币，还不及以往军费的百分之一，百姓和国家皆因此受益。

# 第三章 海上之盟

## 秘密外交

有位哲人说过这样的话：没有哪个君王是不想开拓疆土的。这话说得实在太深刻，古今中外概莫如此。

宋朝自与辽国签订了澶渊之盟后，开拓疆土的步伐并没有停止，只是改变了策略，由太祖、太宗时的先南后北，换成了先西后北，开始了对西夏、四川等地的攻伐。

政和元年（1111年）九月，在对西夏、四川、吐蕃的战争取得胜利之后，踌躇满志的宋徽宗又萌生了收复幽蓟地区的念头。于是，他派时任检校太尉的童贯出使辽国，以探虚实。

童贯使辽期间，燕京大族马植有意叛辽，就偷偷结识了童贯，向童贯介绍了契丹与女真之间日益激化的武力冲突，并断定契丹必定会被女真所败。同时，还提出了宋与女真联合灭辽，一举收复幽蓟的计策。

马植博览群书，能言善辩，童贯又正想刺探辽国虚实，二人各有所需，一拍即和。童贯回国时，便将马植一同带上。宋徽宗召见马植，马植当面向徽宗介绍了女真人征讨辽国的近况，并献策道："辽国必亡。望陛下念及往日的子民遭受的苦难，恢复中国往日的疆土。代天行道，以治伐乱。王师一出，旧疆百姓必会壶浆来迎。万一女真得志，恐怕后发制于人，再后悔可就来不及了。"宋徽宗听了非常兴奋，不仅立即授马植以官爵，还赐马植以国姓，改名为赵良嗣。这实在是莫大的恩典。

由此，宋徽宗联金灭辽、收复幽蓟地区的战略就清晰明确起来了。

所欠的，只是一个恰当的时机。

政和七年（1117年），登州来报，有辽人船两只，遇大风漂至文登县驼矶岛，为首者是渤海人高药师。据高药师讲，他们是为避战乱要去高丽，误入此地的。女真人与辽人间的战争已打了数年，现辽东地区已为女真所占。

太师蔡京得知这个消息后非常高兴，认为这是收复幽蓟地区的大好时机。就在此时，一场大雨过后，竟有两只金色的鲤鱼落在皇宫大殿的屋顶上。蔡京认为这是大大的吉兆，是上天预示着收复幽蓟定能马到成功。便与童贯一起联名上折，建议徽宗降诏，循宋初从女真境内买马的惯例，派人去女真境内与女真人进行直接接触。

重和元年（1118年），徽宗派武义大夫马政以买马为名，自登州（现山东蓬莱）过海出使金国，商议联合灭辽之事。试探性提出，希望在联合灭辽之后，宋朝收回中原王朝在五代时被割给辽国的燕云土地。

随后，金国也派出使者来宋确认此事。从此，宋、金之间便正式开始了联合灭辽的秘密外交。

由于交通不便等各种原因，宋、金之间的谈判是漫长的。

宣和二年（1120年）春，宋徽宗又派出了中奉大夫、右文殿修撰赵良嗣，仍以买马为名出使金国。

当时，大金国皇帝阿骨达正率三路大军进攻辽国的上京（现内蒙古巴林左旗），便约赵良嗣在上京面谈。赵良嗣赶到上京时，亲眼目睹了金兵攻破上京的情景。用一句话概括的话，真正是旋踵即破。

在上京城外的龙冈，大胜的阿骨达设宴款待宋朝使者赵良嗣。酒席宴间，还令被俘的契丹王妃歌舞助兴。

就在酒席宴上，赵良嗣和阿骨达就联合灭辽一事进行了宋、金之间的第一次正式谈判。

赵良嗣提出，在双方的合作中，金军进攻辽国中京大定府（现内蒙古宁西城西大明城），宋军进攻燕京析津府（现北京）；打败辽国之后，宋朝收回燕京一带原属中原王朝的土地。

阿骨达毫不迟疑，当即表示了同意。他爽快地回复说：虽然仅凭金国自己的实力就可以将辽国灭掉，但仍同意与宋合作，同意在灭辽之后将燕京一带归还宋朝。

见阿骨达回答得如此痛快，赵良嗣竟有些不敢相信。就又特别强调：双方既已达成协议，就不可再与辽国讲和。

这时，金军大帅粘罕在一旁插话说："昨日攻下上京后，我们已经将契丹宫室、庙宇和皇室陵墓一齐毁了，已经彻底断了与契丹讲和的可能，契丹也不会有面目来与我讲和。不过，我曾听说，数年前，童贯曾率兵讨伐契丹，结果却无功而返。不知此事可否确实？"

赵良嗣立刻否认，说绝无此事，但脸上已显尴尬。

阿骨达急忙重新拉回话题，再次表示："如果契丹真的来乞和，我会告诉他：我们已和南朝有了约定，除非将燕京割与南朝，否则不能和解。"

赵良嗣见此行目的基本达成，非常高兴，赶紧趁热打铁，说道："此次约定虽未正式签约，未对天地鬼神发誓，但同样不可更改。"

阿骨达同样非常爽快地答应了。

酒足饭饱之后，赵良嗣随阿骨达一起进上京视察战果去了。

应该说，宋朝对于谈判一事确实没有经验，准备不足。临出发前，只想到要如何说服金国与宋合作，却未准备在金国答应合作之后，合作的具体条件是什么。结果，在第二日赵良嗣继续与阿骨达商议合作的具体条件时，赵良嗣竟有些为难了。没有皇帝的亲自授权，但又不能不谈，无奈之下，只得援澶渊之约为例，许岁币三十万两匹（银十万两、绢二十万匹）。

这一来，阿骨达不干了，当即反驳道："在燕京不属南朝之时，许辽的岁币就已五十万（仁宗时又加了二十万），现将燕京交给了南朝，怎么岁币反倒少了？"

赵良嗣有口难言，又不能说自己没有皇上的授权，只得百般巧辩，并将岁币增到与辽时相同的五十万两匹（银二十万两、绢三十万匹）才算了事。

随后，赵良嗣又提出西京（现山西大同）一带原也是汉地，希望一并割还宋朝。

因岁币数量一事，阿骨达已经有些不快，见赵良嗣又提出新要求，脸色一沉，并没马上回复。迟疑了片刻，还是答应了。

事情至此还算圆满。谁知在确认"燕京"所辖土地时，赵良嗣惊奇地发现，自己所主张的“燕京”，与金人所答应的“燕京”之间，居然差出了平州和营州两大片土地。于是，又再一次提出了对平、营二州的要求。

这一次，阿骨达无论如何再也不答应了。但话没有说得很决绝，只是委婉地表述为“暂时搁置”起来。

阿骨达之所以如此爽快地答应宋朝的条件，一是他认为宋朝实力强大，存有敬畏之心；二是希望宋朝尽早出兵，助他早日灭辽。所以，在与赵良嗣分手时，阿骨达一再强调：八月初，金兵从平州松林趋古北口，南兵从雄州趋白沟，双方配合夹攻，不得拖延。如不能按约定出兵，金国所做出的承诺将无法保证兑现。

## 一波三折

赵良嗣回到京城，向徽宗回明了谈判的结果。徽宗对所许岁币一事没说什么，却对土地问题表示出极大的关注。他没有按赵良嗣与金人的约定于八月出兵，却在九月派马政出使金国。这次出使不仅带去了正式的国书，还在国书中明确表示，要收回所有五代以后所陷土地，包括幽、蓟、平、营等州，并居庸、古北、松亭、榆关等关口，以及所掠去的汉民。

对于宋朝的回复，金国内部爆发了激烈的争论。大多数将领对宋朝不仅不出兵，反而加大索价极为不满。他们一致认为：南朝并无合作的诚意，更无夹攻的准备，只希望坐享其成，用本来付给辽国的银绢坐邀汉地而已。并且，辽国之所以强大起来，就是因为它得到了汉人和汉地，如果金国将这些汉人、汉地全部交还给宋国，则国势必然会受到极大的削弱。从军事的角度看，如果让出居庸等关口，则我方必受南朝所制。天下哪有我方出力，对方受益的道理？而如果我们灭辽后尽得其地，那时，我们占据主动，难道还怕南朝不与我结盟、不奉我银绢不成？所以，他们坚决反对与宋朝联合灭辽，并建议将宋朝的使者扣下。

金国皇帝阿骨达对宋朝没有按约定出兵已有不悦，见宋朝又提出新的要求就更为不满，认为宋人言而无信，贪婪狡猾。他虽然没有全盘否定自己以前的承诺，放弃与宋朝联合，但将曾勉强许诺的西京收回了，同时认同众将的部分要求，同意营、平二州根本不予考虑。

只有粘罕同意与宋朝联合，但理由却颇为意味深长。他认为，宋朝也是一个大国，能立国一百多年，不能说没有强大的兵力，所以还是慎重一点的好。

几天后，阿骨达约众将打猎，粘罕特意邀马政的儿子马扩并辔同行。马扩是京西北路武学教谕，此次随父亲一起出使金国。

粘罕与马扩边走边聊，问道："我听说南朝人只会文章，不会武艺，真的吗?"

马扩说："南朝大国，习文和练武常常是各有专攻。不过也有武者喜爱文墨，文者精晓兵务的，不可一概而论。"

粘罕又问："听说你熟知兵书，不知弓马功夫如何?"

马扩答："粗浅功夫而已。"

粘罕转身取出自己身上所佩弓箭，交到马扩手中，说："烦你走马开弓，让我们看一下南人射箭的手段。"

马扩当即策马做弯弓射物状。

粘罕看得惊呆了。

当晚，阿骨达约马扩明日一同行猎。

第二天一早，阿骨达先在大帐外将一虎皮做成靶子让马扩射。马扩抽箭、搭箭、射箭，转瞬完成，一箭中的。

阿骨达笑道："射得真是太棒了！南朝的射手都像你一样吗?"

马扩说："南朝有专门的弓箭手，全是武艺精壮之人。我的功力软弱不堪，实在无法与之相比。"

阿骨达不再说话，交给马扩一副弓箭，约他上马同行。行约二里，见一黄獐从路边跃起，立即传令，所有女真将领不得猎杀，然后命马扩策马追杀。马扩跃马驰逐，引弓射箭，一箭毙命。

阿骨达大喜，说："射得好！南使射中黄獐，我心上快活!"

就是因为这一箭，与宋联合灭辽一事，阿骨达经过犹豫之后，终于确定下来。

宣和三年（1121 年）正月，金国派使者递交了协议的最终文本。

金国在关于土地的分割上，最后承诺将燕京地区（不包括平、营二州）和西京地区（现山西大同）划给宋朝，条件是必须由宋朝自己用武力收回。

因为此次外交的使者全是涉海交往，所以此次联盟被后世称为海上之盟。

海上之盟至此最终形成。

# 第四章 如此北伐

## 如此王者之师

俗话说：做贼心虚。

宋徽宗背弃澶渊之盟、签署海上之盟算不算做贼不好说，但他确实是心虚了。

就在与金国使者将要签署海上之约时，宋徽宗得到消息，说辽国已经知道宋、金间的秘密交易了。

不知宋徽宗是感到了道德自我谴责，还是惧怕辽国的报复，总之，宋徽宗是心虚了、后悔了。借口宋朝内部发生了方腊起义，童贯讨方腊未回，强留金国使者一月有余，当然就更不提出兵夹攻一事，致使海上之盟几成一纸空文。

就在宋徽宗既想吃肉又怕被咬、左右为难之时，辽金战场上已经发生了巨大的变化：金军以摧枯拉朽之势攻下了辽中京，辽圣宗出逃在外，辽国的灭亡已成定局。

宋徽宗再也坐不住了。

宣和四年（1122 年）三月，宋徽宗急命童贯为河北、河东路宣抚使，统兵十五万，以巡边为名，向燕京进发，打算坐收渔翁之利。

五月，童贯驻军雄州。

明明是去辽国打仗，但徽宗却任命童贯为宣抚使而不是招讨使，其实大有深意。宣抚使一职和称谓起于唐玄宗开元年间，其职责是宣慰安抚遭受战争痛苦或自然灾害的本国百姓，而招讨使的职责则是讨伐本国叛逆或他国敌人。也就是说，宋徽宗任命童贯为宣抚使，其言外之意是说，他派兵北上，不是征讨叛逆或去他国作战，而是安抚本国百姓，救民于水火。

宋徽宗要做的不过是表面文章，遮一遮羞而已。谁知底下的官员却丝毫不懂其中真意，将表面文章给做实了。就在从雄州出兵北伐之时，雄州知府和冼竞向童贯建议说："师出最忌无名。南北乃兄弟之国，暂好百有余年。陛下既委大人为宣抚使，我们就应以救民于水火之名出兵，举王者之师，有征无战。要严格约束士卒，如与辽军相遇，不可妄杀一人一骑。胆敢妄杀者，一律按军法处置。"

童贯听后，认为言之有理。于是，传令三军，有敢妄杀一人一骑者，杀无赦。

古今中外绝无仅有的荒唐军令，就这样出世了。

保静军节度使、都统制种师道得知童贯的军令后坚决反对，他立刻面见童贯劝谏道："今日之战，就像有强盗强入邻居家，我们不仅不去帮助受害的邻居，反而乘机顺手牵羊。这怎么可能做到有征无战，不动杀戮呢？"

童贯根本不听种师道的劝阻，坚持已下的军令。

宣和四年五月二十九日，种师道率兵来到宋、辽边界的白沟。刚刚扎下大营，就有探马来报：河北岸有警。

种师道马上召集众将，按童贯的意图部署应对策略，还特别嘱咐道："燕人也是我大宋子民，我们是来救他们出水火的。我们只需接纳归附之人即可，一定要约束手下士兵，不可杀人。"

第二天一早，种师道派前军统制杨可世过河向辽军宣谕宋朝的招抚意向。辽将耶律大石从军阵中走出，接过招抚书，只扫了一眼，便动手撕得粉碎，口中还大骂道："勿需多言，有死而已！"

耶律大石随即退回辽军军阵之中，指挥辽军万箭齐发。

早在发兵之初，杨可世就被告之，王师一旦入境，燕人自会箪食壶浆以迎；主帅种师道在前一天还刚刚强调不得杀人。所以，杨可世根本就没做战斗的准备。谁料辽人二话不说，开弓就放箭，将杨可世打了个措手不及。

仓促之下，杨可世忙将所余士兵撤回桥南，坚守桥头。同时，火速派人向种师道请示应对之策。等得到种师道可以战斗的命令时，辽军已涉水过河，向他们发起了猛烈的进攻。

此时的杨可世守无可守，退无可退，只能率兵奋力拼杀。他骑在马上，口叼着缰绳，双手挥舞着兵器，冲在前头。身中数箭，血流满靴，也全然不顾，亲手杀了数十名辽军，才率众士卒逃得性命。

谁知回到寨中，和冼竟以与辽军厮杀，犯了战前公布的军令为由，要处斩杨可世。幸亏种师道坚决反对，事情才不了了之。但军心受到了极大的影响。

## 如此君臣父子

童贯在派出军队征讨的同时，还派出了宣抚司礼待王介儒和马政之子马扩去辽军进行怀柔工作。

王介儒和马扩到达涿州时，正是杨可世兵败的次日。见到满大街手持战利品的北军士兵，两人不仅感慨万分。百年来，两朝间太平无事的景象，如今荡然无存。悲怆之感，油然而起。

二人边走边聊。

王介儒说："南朝总说燕人思汉，所以这次派我们来做说客，希望燕人背弃契丹，归顺我朝。可就不想想，自我们将燕地割给契丹，到如今已快二百年了，契丹与燕地汉人之间岂无君臣父子之情？我们这么想，是否太自作多情？"

马扩说："兴废不关人力。现在的情况是，女真人要灭契丹，燕人就像在火上被烤。我朝皇帝念故疆旧民，不忍坐视不管，所以才兴师援助。如果真论父子之情，哪个是真正的父子之情？如果只认养父而不认生父，这也是不孝！"

王介儒笑了，没接马扩的话说下去，改口道："一会儿见到燕军统帅，不要逞口舌之利，以免触虎狼之怒。要注意自身安全，全身而退。"

马扩也笑了，说："燕军不能止女真大军入侵，还会在我一个手无寸铁的使者身上发威么？不必担心。"

当日，二人在两国边境辽国一侧的一个驿馆住下。

第二天，耶律大石来见宋使，当面指责道："辽、宋通好已愈百年，如今为何举兵侵我辽国?”

马扩答道：“女真多次从海上来人，说要献还燕地，朝廷总不敢接受。近来又得国书，说它已得山后之地，如南朝真的不要燕地，他们就要自己取得了。朝廷不得已，才发兵前来救燕。”

耶律大石正色道：“不要巧言令色，欺哄于我。夏国以前也曾屡次上表，欲与我联合以攻南朝，我们每次都将夏国的来函交给南朝，不肯背信弃义、见利忘义。贵朝才得女真一言，就立刻起兵，未免太着急了吧!”

马扩道：“夏国虽总有不逊之词，然数十年间未曾夺得南朝半寸土地。而女真所言，却得到了验证。本朝不来救助，燕地就恐难自保了。”

耶律大石失去了耐心，于是下了逐客令：“既要做婊子，就不要立牌坊。念在两国百年和好的份上，不想留你做人质。回去后，可传话给童贯，要和则仍旧和，不想和，请出兵一战，不要龟缩在兵营里不敢露面。”

双方不欢而散。

马扩与王介儒离开燕军驻地，经过种师道大营，向种师道通报了与辽人的交涉情况之后，回雄州向童贯复命。

得知交涉失败，燕人不肯归顺，童贯下令种师道撤军回雄州。种师道力陈敌兵近在咫尺，兵只可进不可退，退则会被敌兵掩杀。童贯再令退兵，种师道于是下令班师。

## 如此撤兵

六月初，种师道召集众将，宣布次日班师返回雄州。

杨可世闻言上前进言道：“辽军刚刚胜了一仗，士气正旺。知我无功而返，必会派兵袭我后军。若我军今晚就开始撤军，让辎重先行，留精锐殿后，必可确保我军平安。”

种师道虽也担心敌兵掩杀，却不肯接受杨可世的建议，唯恐失了堂堂之师的名头。

第二天，宋军鸣金鼓班师。

辽军知宋军班师，果然派轻骑尾随，至古城与宋兵交战。种师道虽是西北名将，治军一贯严谨，但宋军有杨可世的失利在先，军心已然不稳，又没有可以杀敌的军令，如今辽军杀来，竟不知如何是好。宋军一触即溃，种师道甚至差点儿被抓。

狼狈不堪的宋兵刚刚逃到雄州城外，辽军大部队也已经赶到。

站在城楼的童贯见势不好，急忙下令关闭城门。无奈蜂拥而入的宋军拥堵在城门口，城门根本就关不上。童贯怕辽军进城，就又派出援军试图堵截辽军于雄州城外。谁知就当此时，北风大作，暴雨夹着拳头大小的冰雹，劈头盖脸地砸下来。宋军本无斗志，遭遇如此恶劣天气，哪还想要打仗。还未与辽兵接触，即望南而奔，辽兵则在后紧追不舍。自雄州以南至莫州以北的大道上，宋军士卒尸相枕藉，惨不忍睹。

面对如此惨败，童贯将责任全部推到种师道的身上，上奏折弹劾种师道天恣好杀，有悖圣意，责授右卫将军致仕（即退休）。

辽军打了胜仗仍不算完，还派使者进雄州城责问童贯道："女真背叛本朝，这种背叛行为也应该为南朝所不耻。邻居有难，伸出援助之手，本为古今通义。然而，南朝却为一时之利，弃百年之好于不顾，借机渔利，这是一个总是口称道义的大国所该做的吗？结新起之邻，必为他日之祸！"

面对辽国使者的指责，童贯竟无言应对。

徽宗得知北伐失败，非常害怕，遂下诏班师。

第一次北伐就此结束。

## 反战的声音

其实，早在"海上之盟"签约之前，朝廷中就有反对联金灭辽的声音，这其中以中书舍人宇文虚中和太宰郑居中为代表。

宇文虚中认为，用兵之道必先考虑双方实力的强弱虚实，知己知彼，有备无患。现在我朝方面，府库无数月之储，军队无攻守之器。

在条件不具备的情况下，一旦挑起战端，后果将不堪想象。而更重要的是，金国正当强盛之时，一旦灭掉辽国，以我们百年怠惰之兵和寡谋安逸之将，直接面对新锐强悍的女真大兵，恐怕国将永无宁日。与其如此，倒不如帮助契丹，使它免于亡国，并由此成为我国的北方屏障。

从事情的结局来看，宇文虚中实在是有先见之明，事情正是按照他所预计的方向发展的。只可惜宋徽宗只见饵不见钩，只见利不见害，贪图小利，又不懂地缘政治，终于酿成大祸。

郑居中是个稳健派，在没弄清楚个中缘由之前，不想表明自己的态度。于是，他向当时的宰相蔡京询问徽宗要与辽人开战的理由。蔡京倒也痛快，明明白白地对郑居中说：徽宗之所以要撕毁澶渊之盟，联金灭辽，就是因为已经厌倦了每年要送给辽国的五十万岁币。

在蔡京看来，这样的理由已经十分充足了。谁知郑居中却不这样认为，在他看来，珍惜澶渊之盟所带来的百年安定局面才是最重要的。

他还给蔡京算了一笔账。他说：用兵之道，胜负无法预料。即使胜了，劳民伤财，所受损失未必就比纳岁币合算；如果败了，后果则根本就无法想象。他还以汉朝为例说，我们现在所纳岁币不过五十万，而汉朝与单于讲和，岁币高达一亿多。与汉朝相比，我们不为失策。圣人要以民生为本，不应以开拓疆土为目的。

更有人用澶渊之盟誓书中的誓词警告徽宗，指出：当初朝廷曾发过毒誓，说过“有渝此盟，不克享国；昭昭天鉴，当共殛之”的话。即如果违背和约，会遭天谴，会亡国。

但所有这一切，都没能动摇徽宗联金灭辽的决心。

所以，像宇文虚中和郑居中等这样的反对声音，很快就在朝中多数大臣支持徽宗做出的联金灭辽决策的一片支持声中归于沉寂。

其实，宋徽宗之所以不惜以撕毁澶渊之盟为代价，坚持要联金灭辽，决不仅仅在于有多数大臣的支持，决不是因为澶渊之盟公平与否，以及宋徽宗是否厌倦于岁币那么简单。

在中国的政治词典中，从来就没有公平和契约这样的词汇，有的只是利益和权谋。我们在前面说过，宋真宗签署澶渊之盟，追求的就不是建立一个两国间公平持久的契约，而只是战略重点的转移，是将开拓疆土的策略，从先南后北向先西后北的转移。所以，和约建立的目的，只是为了争取时间，只是一种权谋的考虑，公平与否根本就不在考虑的范围之内。甚至可以说，建立和约就是为了撕毁和约。宋真宗没有等来这样的机会，如今，这样千载难逢的机会就在手边，在巨大的利益面前，宋徽宗如何可能将它放过呢？更何况，幽蓟地区在历史上曾是中原民族的土地，宋朝作为中原王朝，从来就认为自己有权力顺理成章地收回本就属于自己的土地。

所以，才有了第一次的北伐。

没想到的是，童贯的第一次北伐失败了。消息传到京城，朝廷上下一片哗然。反战的呼声再次响起。

朝散郎宋昭上书谏北伐，他的观点与宇文虚中相近。他说："女真人本性贪鄙，不可以信义与之结盟。灭一弱邻而与强敌为邻，恐非中国之福，而是女真之利。另外，契丹虽为夷狄，但它谨守信盟不敢妄动，懂得信义不可不遵守。而我与契丹和好已有百年，一旦败盟，也会失去女真人对我们的信任。如果女真人认为我们不可信任，和约不可依靠，主动败盟，则必为中国之患！"

此时的宰相王黼见书大怒，也不转呈皇上，当即免去宋昭的官职，送广南编管。

## 二次北伐

就在宋徽宗再次犹豫时，金、辽战场上又发生了巨大的变化。首先是金人在取下西京之后，此时已挥师南下，向燕京一带进发；其次是辽朝的燕王耶律淳病故，其妻萧妃称制。在徽宗看来，这已是最后的东风了，此时再不派兵北伐，恐怕真的就再没机会了。

于是，徽宗再派童贯出兵。

七月底，童贯以刘延庆为都统制，开始了第二次北伐。

涿州的辽国守将郭药师是渤海人，英勇善战，他率领的常胜军原名为怨军。军队成员的主要构成是屡次征讨女真时死难将士的兄弟或后代，因要报怨于女真，故起名怨军，耶律淳称帝时才改名叫常胜军。

郭药师对辽国的局势早已了如指掌，知道辽国被女真所灭只在弹指之间。与女真的仇使他不能投降于女真，于是，他便动了归顺宋朝的念头。他与萧妃素来不和，耶律淳的死便使他归顺宋朝的念头更强烈了。

九月，刘延庆率大军进驻到涿州附近。郭药师见机会成熟，便抓了刺史萧馀，率常胜军献涿州，归顺了宋朝。

几乎同时，易州的辽国守将高凤也以易州降宋。

第二次北伐，兵不血刃而一举收复二州，宋朝朝廷上下弹冠相庆，喜气洋洋。徽宗于是命童贯径取燕京。

十月中旬，刘延庆率军抵达良乡，安营扎寨。燕军在辽将萧幹的率领下也出城十里扎下大营。两军对阵。

刘延庆召集众将商议作战方略。

郭药师刚刚降宋，此时正是表现的大好时机。于是献策道："燕军主力不过万人，今既出城与我决战，城内必然空虚。我军可选轻骑，由固安渡泸水至安次，趁虚直捣燕城。城内汉民知王师至，必为内应，燕城唾手可得。"同时还自告奋勇要当这次奇袭的先锋。

刘延庆大喜，当即令郭药师率常胜军千人为先锋，命杨可世等人率兵六千为接应，夜半渡河，衔枚倍道而进，至三家店稍作休整，于二十四日晨发起攻击。

二十四日凌晨，燕京城门刚刚打开，郭药师派早已乔装改扮成平民的五十名常胜军，夹杂在运草进城的乡民中，从迎春门混进城中，杀死守门官兵，引大队宋军入城。宋军迅速接管了燕京所有七个城门，随即，双方军队就在燕京城内展开了激烈的巷战。萧妃急忙退入王宫自守，同时派人从南暗门出城给萧幹送信，要求紧急增援。

城内的燕军毕竟人少，又毫无防备，巷战很快就结束了。除王宫外，整个燕京城已全在宋军的掌控之下。

大功告成，胜利了的宋军关闭城门，开始了胜利后的"欢宴"：郭药师等将领们饮酒作乐，手下的士卒们则破门入室，强抢财物。

接到萧妃的急报，萧幹立刻率兵回援。

守城的宋军哨兵见到城外尘起，立即向郭药师通报。郭药师酒兴正浓，只以为是刘延庆派来的援兵，全然没放在心上。等到看清来军打着燕军的旗号时，燕军已自南暗门进入城中。

此时的宋军已来不及集结，全无战斗准备的宋军在燕军铁骑的冲杀下，就像菜地里的青菜，只有被砍的份儿。

郭药师的酒此时也全醒了。他战马已失，在杨可世的掩护下，且战且退，来到悯忠寺前。

杨可世建议郭药师收拢士卒，撤向东门，以待来援。

无奈宋军已三天三夜没有好好休息，一大早又与燕军进行了激烈的巷战，此时早已人困马乏，全无斗志。郭药师见状没有听从杨可世的建议，而是选择了缒城出逃。

杨可世耻于临阵逃命，便与其弟杨可弼相互激励着，率士卒与燕军死战。激战中，杨可世身中数箭。

见哥哥受伤，杨可弼急忙拉过杨可世说："今日之事，全在后军不来配合，责任不在我。倘若我们如此不明不白地死去，死后也会被人认为是千古罪人。你一定要逃出去，将是非昭之于天下。就是死，也要死在朝堂之上，死得明明白白！"

随后，缒可世出城，自己却死在乱军之中。

因燕军忙于收缴战利品，捕杀残兵，根本没人顾及逃出城的少数宋军，郭药师、杨可世等人才有幸逃得一命。

当初精选的七千将士，逃脱者不过数百而已。

其实，所谓后军不来配合，责任还在郭药师身上。

本来，在派兵之时，刘延庆还派出赵鹤寿率兵为第二梯队，以备万一，赵鹤寿也愿意与郭药师一起来袭燕京。但郭药师自以为有万全把握获胜，惟恐赵鹤寿与自己抢功，便借故滞留赵鹤寿。赵鹤寿明白郭药师的用意，怨恨郭药师与自己耍心眼，便就坡下驴，乐得私自不来增援，最终导致袭燕军队全军覆没。

不说郭药师带着残兵败将逃之夭夭，却说第二天一早，萧幹重又出兵，布阵泸沟河南岸，与刘延庆大部队对阵。还高挑着郭药师等一干众将的铠甲，扬言已将郭药师等众将全部杀死，并要刘延庆出阵决一死战。

眼见郭药师等人的铠甲，延庆军军心大乱，哪里还能出营一战？刘延庆得知郭药师已逃回涿州，一方面立刻派人去涿州索郭药师的手书，以安军心，同时上奏宣抚司请求撤军。童贯接到奏报，知道出师不利，同意刘延庆相机行事。

二十九日晚，燕军抓到两名宋军士卒。他们仿《三国志》中的故事，将宋卒蒙上眼睛关进营帐，让燕兵在旁做窃窃私语状，然后又假意疏忽，纵其逃脱。

宋卒逃回宋营，向刘延庆禀报所听到的消息，说燕军正有三倍于宋军的兵力，准备分两翼包抄，举火为号，前来捣营。

郭药师失利一事已让刘延庆十分丧气，白天又有粮草被截。正当举棋不定之时，此宋卒带回的消息令他大吃一惊。他也顾不上辨别真假，连夜召集众将宣布自己的决定：因粮草不继，恐日久生变，决计立刻撤军。

天还未亮，刘延庆就烧掉营帐及辎重，奔南而退。

所有士兵皆不知情，还以为是燕军来袭，遂奔走逃窜，自相践踏，死者不计其数。

燕军直到天亮才发现宋军大营已经空虚，急忙派骑兵尾随追击。至白沟一带与宋军交战，又是大获全胜。

二次北伐如此收场。

# 第五章　收复燕京

## 燕京和平解放

童贯二次北伐仍未收复燕京，自知也实在交代不下去，便派密使王瑰去金国，请求金国皇帝阿骨达帮忙。

王瑰由飞狐路进辽地见到阿骨达，对阿骨达说："童贯已率师压境，不敢擅入，乞如约夹攻。"

听了王瑰的话，阿骨达气得差点没笑出来，他实在想象不出还有这么厚脸皮的。刘延庆烧营而逃的消息他早已知晓，明明是自己无能，偏还要装出一副憨厚质朴、谨守信用的样子，实在让他感到哭笑不得。

契丹在他的打击下事实上已经灭亡，比较重要的疆土，也只剩下燕京这一带了。就算童贯不找他帮忙，他也要对燕京下手了。所以，他并没有拆穿王瑰的鬼话，而是当即下令兵分三路，直扑燕京。

当时，马扩作为宋使正在金军中。送走王瑰后，阿骨达有些不解地对马扩说："契丹疆土，我已占得十之八九，只有燕京一带数州，因与南朝有约，才没进攻。我听说，南军本已到了泸沟河，并已攻下燕京。当时，我非常高兴，因为我认为我终于可以班师回国了。可后来又听说，刘延庆一夜烧营而遁。为什么会是这样呢?"

阿骨达对马扩行猎及他对宋朝军队素质介绍的印象太深了，总以为宋军都是些像马扩这样的能征善战之士，所以他搞不懂，像这样的威武之师，怎么可能打出那样的败仗?

听了阿骨达的问话，马扩暗暗叫苦。他虽未亲临其境，以他对宋军的了解，总可猜出一二。但当着金国皇帝，又不能揭自家短。于是，便含糊地说道："我一直在金营中，对宋军的情况也不甚了解。不过，兵家进退乃常事，不一定就是败了。即使是败了，后面还有大军在，也不会有事。”

阿骨达又问道：“像这样兵败的将领，在南朝会受到什么惩罚?”

马扩回答道：“兵折将死，将折兵死。若刘延庆真是临阵脱逃，定斩不饶!”

阿骨达对这点十分赞同，说：“若不行法，何以统兵?”

十二月初，阿骨达率兵来到居庸关下，辽国居庸关守将不战而降。当天下午，金兵就来到了燕京城下。

看着眼前的燕京城，阿骨达对马扩说：“燕京我已许了赵皇，自是不会再要了。但此次是由我占得燕京，城内番官人户，自是属我大金；汉儿人户属南朝，咱们可先得说好。”

面对此情此景，马扩也说不出一点硬气的话，只得表示同意。

萧妃知居庸关失守，趁大批金兵尚未聚集之时，连夜出城，由古北口向北逃命去了。留在城内的知枢密院左企弓和虞仲文等辽臣，则上表请降。宋人久攻未得的燕京城，如今被女真人不费一刀一枪就和平解放了。

在受降仪式上，阿骨达令原辽朝文武百官出丹凤门到球场聚集，自己则戎装坐在万胜殿的门槛上接受群臣的拜降。金国诸将分列在阿骨达两侧，个个都模仿阿骨达，双手握拳，摆出一副雄赳赳气昂昂的样子，引得众辽臣既想笑又想哭。

阿骨达知道黄罗伞盖表示身份尊贵，但不知道这是皇帝的专用仪仗。在受降仪式的过程中，竟还向辽臣询问宫中共有几柄黄罗伞盖，想与众将一人一柄。此事后来在宋朝被传为笑谈。

## 讨价还价

阿骨达高兴了，宋徽宗可着急了。两次派兵都未能收回的燕京，如今被金人占领了，最终是否能收归自己所有被打上了问号，你说他能不着急吗?

宣和五年（1123 年）正月，宋徽宗派赵良嗣到燕京，与金人商议燕京的交割问题。

因燕京毕竟自己未能收回，向金人要求燕京，言语上总有诸多不便。宋徽宗集思广益，找到一个说辞：说不是自己没有出兵出力，宋兵也曾打进燕京城，将辽兵打得四下逃窜，城中无不顺从之人，只是得知贵朝兵马也已开到附近，出于信义，才将兵马退出燕京，以此坚守夹攻的信约。

然后提出，希望除金人曾经应允的燕京地区外，还要索求金国人本没答应的平、营二州及居庸关、古北口、松亭、榆关（现山海关）。

真不知道宋徽宗是怎么想的。

未兑现义务，却还要强词夺理，主张权利。阿骨达在大帐中接见赵良嗣，见过宋朝的国书，立时火冒三丈，斥责宋徽宗关于夹攻的狡辩，言语咄咄逼人："自前年相约夹攻契丹，一直到我领兵占得燕京，全不见南朝一人一骑，这还叫夹攻吗？我军占得燕京之后，在卢沟桥南，发现大量被遗弃的宋军阵亡士卒，如此还能说宋军是出于信义退出燕京城吗？早先我已明确表示，平、营、滦等地不在谈判的范围之内，南朝现在倒好，不仅毫不出力，居然还想连平、营、滦等地也全都要，也真张得开嘴！如果南朝坚持平、营、滦等地非要不可，则是南朝根本没有与我大金好和之意。这样，恐怕连燕京也别想要了！"

说完，根本不等赵良嗣解释，直接就吩咐手下安排赵良嗣去馆驿休息。

回到馆驿的赵良嗣如何休息得了？他马上安排人将特意带来的酒、果等礼品分送给大金众将，拉拢众将，并同时了解情况，以期努力使谈判有一个可以接受的结局。

宋朝之所以坚持除燕京外还要求平州等地，除了政治上的考虑外，还有军事上的考虑。因为中原民族为抵御北方少数民族的侵扰，一直以居庸关、榆关（现山海关）等关隘为天然边界，保障自己的安全。居庸关等在燕京一路，而榆关就属平州地界。

但问题是，对你重要的关隘，对对方同样重要；对方为了自身的安全，也同样有占有这些关隘的需求。更何况，他们是胜利的占领者。让胜利的占领者将事关自身安全的钥匙交到陌生人、并且有可能会成为敌人的陌生人手中，估计没有人会做得到。

其实，金将兀室就曾向阿骨达抗辩过，他说："南朝坚持要平州，明显是另有企图。他们与我们通好是假，希望得到平州后，将我们关在关外，不与我们通好才是真。皇上一定不要上他们的当，将平州割给南朝。"

阿骨达确实有些左右为难：一是由于宋朝在进攻契丹的事情上未曾出过一点力，所以，所有金将就没有一个人同意将曾经答应的燕京地区交给宋朝的，更不要说是未曾答应的平、营二州了，阿骨达不能不顾及在灭辽一事上出了大力的众将的情绪。二是进入燕京以后，初次从人烟稀少的塞外来到这富庶繁华的地区，他切实认识到了这一地区的经济价值。辽降臣左企弓就曾献诗给他说："君王莫听捐燕议，一寸山河一寸金"，直截了当地劝他不要将这么富庶的地方割给宋朝。这是利益上的考虑。但他又确实在口头上对马扩承诺过，即使我取得了燕京也会交给南朝。正是这一承诺，让阿骨达在利益和道义（一诺千斤）之间徘徊了很久，迟迟做不出选择。

当然，他也不愿意在刚刚打败辽国之后，马上就与宋朝翻脸。

作为开国皇帝，阿骨达确有过人之处。他力排众议，坚持履行自己的承诺，将燕京一路交给宋朝。但增加了条件：因为燕京是金军攻克的，所以虽将其地归宋，但租税则向金朝输纳；同时还明确提出，按照约定中汉人归宋，番人归金的原则，郭药师率领的常胜军也要归属金朝。

对于金人的条件，赵良嗣不敢擅自做主，只答应回京复命，阿骨达则派特使带上国书与赵良嗣一同进京。

此时的宋徽宗一心一意于收复被后晋石敬瑭割让出去的土地，以完成自己一统华夏的伟业，所以很爽快地就答应了增加一百万缗代税钱的要求，但对于郭药师率领的常胜军则有些舍不得，很是犹豫。这时，有人出谋说：如以燕京有田亩者作为交换，不仅常胜军可以留下，同时还可以将这些田亩留作军田，以此省下朝廷支付的军粮，岂不一举两得？宋徽宗认为言之有理，于是就提出，以燕京地区的汉族有钱人及工匠等作为交换常胜军的筹码进行交换。金人接受了这一交换，决定将三万富户迁离京城。

履行海上之盟的所有障碍至此全部消除了。

当时，阿骨达已染重病。他知道属下众将皆不愿意割燕京地给宋朝，因此特意对众将嘱托道："我与大宋海上信誓已定，不可失也。待我死后，悉由汝辈如约交割。"

得知金人接受了自己的要求，宋徽宗高兴异常，完全陶醉于"收复"燕京的喜悦之中。令他根本想象不到的是，正是这一交换，直接导致了靖康之变的塌天大祸。若宋徽宗地下有知，可以再选择一次的话，就是打死他，他也不会选择这样的交换了。

宣和五年（1123年）四月，童贯和蔡攸率师进入燕京。先说"交割"，后说"抚定"，收复了一座空城。

五月，进封童贯为徐豫国公，进封蔡攸为少师，算是对他们收复燕京的褒奖。

# 第六章 翻 脸

## 张觉事件

张觉，平州义丰人，辽兴军节度副使。在节度使遇害之后，张觉抚定乱民，被州人推领州事。燕王耶律淳死，张觉知辽必亡，便大肆扩军，企图自立。金人收复燕京之后，粘罕曾向辽旧臣康公弼了解张觉的情况，打算武力收复平州。康公弼刚降金，打算立功，便主动请求去平州说服张觉。

康公弼见张觉，直截了当地表明了自己的来意。张觉知形势所迫，倒也十分爽快，说："辽国本有八路，如今只有平州一路还未被金人收复，我哪有不从金人的想法？我之所以未释甲请降，不过是为了预防萧干。"

唯恐金人不信，张觉还向康公弼行重贿，望康公弼能在金人面前成全。

康公弼回燕京后，果然净说张觉的忠诚。粘罕相信了康公弼的话，接受了张觉的请降。同时，升平州为南京，进张觉为同中书门下平章事，仍守平州。

转眼就是金人履约，迁燕京富人至金地的时间了。粘罕命辽旧臣左企弓、康公弼、虞仲文等人率辽旧臣及富人一齐东迁。平州是燕民东迁的必经之路。

俗话说：金窝银窝，不如自己的老窝。更何况这些东迁之人全是燕京地区的富人？所谓物离乡贵，人离乡贱，失去了自己土地的燕民忧心忡忡。

到平州时，就有燕民偷偷地找到张觉诉苦，希望张觉出面做主，使他们免遭流落异乡之苦。他们说："康公弼、左企弓等人不能守护燕京，使我们遭此厄运。张大人您现在临巨镇，握强兵，尽忠于辽。除了您，谁还能救我们于水火之中呢?"

张觉降金本就不是自愿，所谓爽快也只是因为当时金兵近在咫尺的权宜之策。此时，金人主力已去山西，压力消除，自然就有些心动。于是，就召集手下众将商议对策。

张觉手下众将也多不愿意降金，他们说："近闻天祚帝复振于松漠，金人之所以急赴山西，就是怕天祚帝死灰复燃。如果张公能仗大义，杀左乞弓等叛臣，迎故主以图兴复，纵燕人归燕，南朝没有理由不接纳我们。这时，即使金人再来问罪，我们内有营、平之兵，外有南朝之援，还有什么可怕的呢?"

张觉很赞同手下的意见，但总觉得有些不踏实，恐怕武将考虑问题欠严谨，就又向翰林学士李石请教，李石也认为应该这么做。于是，张觉先杀左企弓等辽旧臣，再派李石往燕山说燕山知府王安中，准备叛金附宋。

王安中曾任翰林学士承旨，才思敏捷，吟诗做赋是一把好手。宣和二年元宵节，徽宗在宣德门宴请群臣，席间以《五门端阙》为题邀群臣作诗。王安中即席赋诗一首，因诗中有"盛世亲逢叨四近，颂觞连日缀群贤"一句深得徽宗赞赏，从此颇得徽宗青睐。

李石对王安中说："平州自古形胜之地，方数百里，将士十余万。张觉文武全才，若为我用，必能屏卫王室。如若不然，他西迎辽主天祚，北通燕将萧幹，必为我心腹之患。"

王安中非常认同这种说法，马上向宋徽宗奏本，愿以自家性命担保，招抚张觉。

赵良嗣得知这个消息，当即向徽宗上本表示反对，认为如此则失信于金，一旦反目成仇，必招致大祸。

宋徽宗反复权衡，一开始也认为既与金国通好，当以信誓为重，不应背盟。同时，也认为仅凭平州一地，难以成为宋朝的屏障，恐怕偷鸡不成反蚀米。无奈朝中大臣同意接纳的多，反对接纳的少，并且谁也没有切实地认为金国强大的军事力量对宋朝是一个现实的威胁，总还自我感觉良好，以堂堂大国自居。所以，在眼前利益的诱惑下，宋徽宗最终选择了接纳张觉的归附。

赵良嗣反对招抚张觉本没什么错，却因此被罢了官职，发配到郴州。更让人想不明白的是，宋金最终因招抚张觉等事件反目成仇，虽然证实了赵良嗣的正确，但他不仅没因此而得到平反，反倒因此而丢掉了性命，被钦宗当做替罪羊给杀了。当然这是后话。

却说张觉杀辽臣、叛金附宋的消息传到金国主阿骨达的耳中，阿骨达非常恼火，立即下诏平州官吏说："朕当初驻跸燕京，为表彰平州吏民率先归附，故升平州府为南京，并减徭役，薄赋税，恩惠不可谓不重，你们为什么还要背叛？我本想立即进兵讨逆，考虑到现在正是农时，不忍以一恶人而害及广大百姓，故暂不举兵。平州孤城自守，终难有成。待朕举兵之时，首恶必办，胁从不问。"

同时，阿骨达只派大将闍母率三千骑兵进行象征性讨伐，其实只在表明一种态度。张觉以五万兵屯营州，严阵以待。闍母因兵少，不交锋而退。只留书于营门，写有"今冬复来"之语。

如此不战而屈人之兵，张觉十分得意。当即妄以大捷报于宋朝。朝廷还真以为张觉打了大胜仗，非常振奋，立即升平州府为泰宁军，并拜张觉为节度使。还命宣抚司犒以银绢数万。

听说诏命将至，张觉大喜。率众将出平州城至郊外，迎宋朝前来犒赏的钦差。

谁知，天有不测风云。张觉至郊外迎钦差的消息被金人探得，结果，张觉没迎来宋朝的钦差，反倒等来了金国的军队。慌乱之中，张觉无法返回平州城，只得逃往燕京，王安中将他藏在兵器库中。而宋朝诏封张觉为泰宁节度使的诏书则落到了金人手中，成为宋朝违约纳叛的铁证。

没了张觉的平州军队群龙无首，如同一盘散沙，一触即溃。平定了平州之后，金人向宋朝索要张觉。

王安中给也不是，不给也不是，左右为难，便借口不知张觉所藏之处，有意拖延。无奈金人始终不松口，终日催逼。没有办法，王安中只得杀一与张觉容貌相似者送给金人，企图蒙混过关。谁知金人并不上当，还明确指出张觉就藏在王安中的兵器库中。同时还威胁说："若不给我送来，我自派兵取之。"

王安中本就理亏，此时金人又以武力相威胁，他再也抗不住了，不得已，只好上奏朝廷请求定夺。

值此关键时刻，当初主张接纳张觉的人竟没有一个站出来说句硬话，没有人深思一下交出张觉与否的利弊，没有人认为应该对张觉负责，只认为多一事不如少一事，并一相情愿地以为只要交出张觉，就一切万事大吉。

结果，在取得朝廷的同意后，王安中将张觉杀死，并将他的头砍下，给金人送去了。

兔死狐悲。张觉的死在燕之降将、包括常胜军中引起了巨大的震动。他们真切地感受到，北宋朝廷既不能庇护张觉，当然也就不能保护他们。郭药师就曾反问于自己的属下："若金人向朝廷索要我，又会怎么样?"就是从这时起，郭药师萌生了叛宋的念头。

金人虽然得到了张觉的人头，但他们并没有认为此事就此了解了。他们只是在等待一个机会，然后再与宋朝算总账。

宋徽宗因为"偷鸡"而付出的代价，实在是太大了。当然，这是后话。

## 郭药师降金

再说郭药师。与萧幹的燕山一战败北，不仅没有受到责罚，反而被朝廷拜为武泰军节度使，实在大出意料。宣和五年（1123 年）正月又加检校少保衔，同知燕山府。

去燕山赴任前，徽宗特意下诏命郭药师入朝，并赐以甲第姬妾，礼遇甚厚。又命贵戚大臣轮番设宴，为之压惊洗尘。

受宠若惊的郭药师在后苑延春殿被召见时，拜于廷下，哭着对徽宗说："臣在辽时，闻赵皇如在天上。没想到今日得见龙颜，实乃三生有幸。"徽宗也称赞郭药师的勇敢，同时还亲口将燕京的守护之责托付给了郭药师。郭药师恭恭敬敬地承诺了下来。

随后，徽宗又试探着要郭药师捕获辽天祚帝以绝燕人之望。郭药师闻言大惊，再叩首于地，自辩道："天祚帝是臣下的旧主人，国破出走，臣才所以降。陛下若令臣下做其他事，臣决不敢辞；但若与旧主人为敌，那臣还如何能忠心侍奉陛下呢？望陛下将此事交给别人去做。”

说到动情处，声音哽咽，泪如雨下。

见郭药师如此动情，徽宗不仅不责怪他的拒绝，反而赞赏他的忠诚，认为这是一个忠臣所应有的品德。于是当场脱下自己身上所穿的御袍给郭药师披上，还赐给他两只金盆，以示宠幸。

在宋徽宗看来，如此格外示宠，定会使忠于天祚帝的郭药师将忠诚的品质投注到自己的身上。然而，郭药师回燕山之后的所作所为却颇让他失望。

按原来的计划，郭药师率领的常胜军的军需供应，应来自东迁的燕山富民的田产。但张觉归附朝廷之后，本该东迁的燕山富民重归故土。田产落空，常胜军的军需供应便出现了问题。

面对军需缺口，自知深受皇上宠幸的郭药师不是约束自己的军队以回报皇上，而是凭借皇上的宠幸，不受知府王安中的节制，纵容部下，以军需不足为借口，横行乡里，为害一方。弄得王安中竟束手无策，不知如何是好。几次上报朝廷，也总是不了了之。

更让徽宗失望的，是郭药师竟以不忘旧主子才能忠于新主子为借口，始终不改变常胜军的辽朝装束。宋徽宗既肯定了他忠诚，就自以为不好直接否定他的忠诚行为。但号称忠于宋朝的军队竟不肯穿宋朝样式的军装，这让宋徽宗始终耿耿于怀。

他始终没想明白：仍然忠于辽朝的降将能否忠于宋朝？仍然忠于天祚帝的辽将能否忠于自己？

曾对郭药师的忠诚表示赞许的宋徽宗，此时的心中也画上了问号。

蛮横霸道与曲意逢迎从来就是一枚硬币的两面。在燕山府为所欲为的郭药师，却同时刻意讨好朝中权贵。尤其在发生了张觉事件，萌生了叛宋的念头之后，为了顺利地进行叛逆前的准备，他更加快了逢迎权贵的脚步。他用自己军中的精良武器装备，通过贸易渠道换得各种珍奇美玩，贿赂朝中权贵。俗话说，有钱能使鬼推磨。这话还真少有失灵的时候。这些人得了好处，便常在徽宗面前说他的好话，使徽宗对他放心。这为他争取了时间，充实了自己的实力。

但疑虑总要消除。为了消除心中的疑虑，久拖不决的宋徽宗终于行动了：他以进一步封官的名义召郭药师入朝，试图当面验证真伪。谁知这次郭药师竟借故推辞不来了。

一计不成，再生一计。

宋徽宗见封官的计划行不通，就派童贯以视察的名义去燕山，暗中考察郭药师的动向。并下密旨，一旦发现郭药师有不臣的行为，立即缉拿回京。

郭药师是个多聪明的人，早识破宋徽宗的计策。得知童贯要来燕山视察，竟迎童贯于百里之外的易州，直接拜倒于童贯的行营大帐之中。

此时，童贯的官衔是太师，郭药师的官衔是太尉，属于平级。按礼节，平级是不能行跪拜大礼的。童贯见郭药师对自己行如此大礼大吃一惊，急忙避在一旁，说："你如今身为太尉，位视二府，与我品级相当，如何可以行此大礼？"

郭药师说："我从来将太师视作再生父亲。药师唯知拜父，哪知其他？"说完坚持跪拜。

真正是千穿万穿，马屁不穿。郭药师的这一番话说得童贯心花怒放，他对郭药师也就彻底放心了。

对郭药师来说，这只是一出大戏的开场，真正的好戏还在后面。

随后，郭药师邀请童贯到一荒野之处，说是要视察他的军队。但所到之处，平野空旷，几无人迹。正疑惑间，童贯刚要询问，只见郭药师在他眼前将旗一挥，顷刻间，就像变魔术一样，四周远远的山坡上立刻出现了无数铁骑，在日光下熠熠生辉；再一挥，所有铁骑立刻风驰电掣般飞驰而来，转瞬间就来到近前，排成整齐的阵列，欢呼呐喊。

虽带兵出战多次，但童贯从来也没见过这样的战阵，惊得他是目瞪口呆，说不出一句话来。

童贯被郭药师的这一招深深地折服了。回到开封，在徽宗面前极力说郭药师的好话，并担保说，只要有此人在燕，定能阻止金人南下。徽宗相信了童贯的话，从此在开封以北的广大区域，再没有布置其他军队，这也就造成了日后金军得以毫无阻拦地长驱直入。当然，这也是后话。

应该说，郭药师贿赂朝中权贵，认童贯作干爹的计策是相当成功的。从宣和五年张觉被杀萌生叛宋想法，开始结交金人，到宣和七年年底率军降金，两年多的时间里，多次有人向朝廷告发，并缴有他与金人结交的铁证，但却始终没有引起朝廷的重视。甚至就在郭药师已经降金的消息传到京城时，宋徽宗还不愿意相信这是真事，还要对大臣们封锁消息，还要将燕地割给他，封他为燕王，使他世代守燕地，成为抵御金国的屏障。

徽宗昏庸如此，再不亡国可就真是没有天理了。

## 宋徽宗＋张觉＋郭药师＝靖康之变

历史事件发展过程中的必然，似乎总是由无数个偶然组成。

童贯率军北伐不成，导致燕京被金人所占；未履行义务，却要主张权利，结果需要付出几万富民东迁的代价；如果没有燕人东迁，张觉很难会叛金附宋；如果没有张觉被杀，郭药师绝难会背叛朝廷，当然就更不会产生其后的一系列变化。这一系列变化的演变过程，就像一个顺山势向下滚动的雪球，已成了一个逻辑链条十分严谨的必然。

其实，在这一系列必然中，还有一个偶然在其中起了巨大的作用，甚至可以说是决定性的作用：那就是阿骨达死了。

老实说，如果没有阿骨达在宋人未履行义务的情况下，不顾众将的反对，坚持信守承诺，将燕京交付给宋朝，后面的一系列事件就根本没有发生的可能，历史必将重写。而如果没有阿骨达在辽金战争尚未结束前的病逝，即使有宋朝违背誓约接纳张觉，也不会导致那么快就断然翻脸，大打出手。

然而，阿骨达死了，主张和解的政治力量消失了。众将在灭辽过程中所产生的对宋朝的不满和轻蔑，再也没有了抑制的力量。政治的天平失去了平衡，逻辑上的必然性就演变成了现实的必然。

这期间，其实还发生了一件小事和两件大事。

这一件小事是关于军粮的事。

在赵良嗣作为宋朝特使来燕京与金人商讨交割燕京时，金将曾向阿骨达提出过粮草供应困难的问题。于是，在谈判过程中，阿骨达也就顺便向赵良嗣提出了由宋朝提供二十万石粮草支援的要求。为了使金人能同意交割燕京，赵良嗣当时是满口应承。因为与土地相比这实在是一件小事，所以就没能形成文字，写在盟约中。可到落实这件约定时，领枢密院事谭稹却借口盟约中没有这一条，硬是抗着不给。结果在金将中影响极大，纷纷向阿骨达告状，说宋人没有结盟的诚意，致使交割燕京险生波折。也好在这是件小事，才没酿成大祸。但无论如何，在金人心目中，留下了宋人无信的初步印象。

而与张觉事件同时发生的燕山富民返回燕山的事，则是一件大事。

在现代人的心目中，敌国入侵，烧杀劫掠，残害百姓不仅是必然要发生的事，而且是其全部内容。这种理解是片面的。其实，在工业社会形成之前，从国家的角度看，所谓的财富，实际上是由两部分构成：一是土地；一是人口。没有土地，人类将无法生存；而没有劳动者，财富也将无从产生：劳动者就是财富得以产生、聚集的“聚宝盆”。所以，敌国入侵，在强占土地的同时，他要做的不是残害百姓，而是掠夺百姓、控制百姓。只有“过路”的强盗，不想占山为王的强盗，才残害百姓。没有人会傻到跟自己的“聚宝盆”过不去。

所以，几万燕山富民返回燕山，对于金人来讲，是一件相当大的利益伤害。虽然由于当时金人急于消灭辽天祚帝，腾不出手来与宋朝较真，最终使遣返叛亡一事不了了之，但伐宋之意却初步确立下来了。

而另一件让金人最终与宋朝翻脸的大事，是他们发现了宋朝与辽天祚帝相勾结，企图与自己为敌的证据。

也不知宋徽宗是怎么想的，在海上之盟签约前，宇文虚中坚决反对联金灭辽，其理由，就是恐怕强大的金国会对宋朝造成威胁，因而主张联辽防金。当时的辽国国土只被金人占了十之二三，还有相当的实力。如果有宋朝的帮助，抵御金人的进攻还是有可能的。

在联辽防金有可能的时候一心一意要灭辽，在辽国大势已去，根本没能力抵御金人时，却反倒想起联辽防金，而不怕惹恼金人，不说是脑残，恐怕也是脑中进水了。宋朝派去与天祚帝接触的特使被金人抓住，阴谋败露，彻底惹恼了金人，决计翻脸。

宣和七年（1125 年）二月，金人捕获了辽天祚帝，辽国彻底灭亡了。腾出手的继任金国皇帝完颜晟（金太宗）公开指责宋徽宗策动张觉举兵谋反，分裂疆土，枉杀宰辅，造成大量百姓逃逸，公然违反了与金人签署的海上之盟。于是决意出兵，惩罚背盟的宋朝。同时任命粘罕为南征大军左副元帅，斡离不为右副元帅，分率大军从西京（现大同）和南京（金国的南京，现河北卢龙附近）出发，进攻宋朝。

宣和七年十一月，斡离不自南京发兵攻入檀、蓟二州，直逼燕山府。当时的燕山知府蔡靖令郭药师率师抵御，结果是郭药师率军出城向斡离不投降，并引金军向宋都开封进发。

郭药师叛宋降金的消息传到京城，宋徽宗惊恐万分，急忙将皇位传给了儿子赵桓，上演了一场古今中外绝无仅有的父亲逼儿子继位的闹剧。

金军行进到庆源时，徽宗内禅的消息传来。斡离不认为此举包含了两层含义：一是徽宗认错了，承认接纳张觉和与辽天祚帝勾结的事做得不对，因此“引咎辞职”；二是表明对金人南侵已经做好了准备。所以，斡离不准备就此收兵。

然而，郭药师再次表现出了降将立功心切的愿望（降宋时就曾主动请缨袭击燕京城），向斡离不建议继续南下。郭药师说：“河北再无宋军主力，而沿途城镇城墙简陋皆不可守，挥师南下，可以直驱汴京。”斡离不接受了郭药师的建议，继续挥师南下，于是上演了一场惊天动地的靖康之变。

在《宋史·徽宗本纪》中有一段这样的评述，大意是说：

哲宗刚崩，徽宗未立之时，章惇就认为徽宗举止轻佻，不可以当皇上；辽天祚帝出逃在外，张觉来降时，赵良嗣劝徽宗不可失信于金，以免外辱。假使二人的建议皆被采纳，徽宗没有当上皇帝，或虽当了皇帝却没有接纳张觉，金国即使再强大也没有理由讨伐宋朝（不立徽宗，不纳张觉，金虽强，何衅以伐宋哉?）。

在这里，前人明确将靖康之变的历史责任直接归之于宋徽宗和张觉。其实，还应加上一个立功心切的投降专业户郭药师。如果没有他这个偶然因素，历史也将重写。

## 出使云中

还在金人南下之前，朝廷就已经风闻金人有南下之意。宋徽宗心中忐忑，便命童贯以交割蔚、应二州及飞狐、灵丘二县的名义去金国一探虚实。童贯到太原后，便派马扩打前站出使云中（现山西大同）。

临行前，童贯特意当面向马扩交代说："此次见到粘罕，休争礼数，只议交割二州二县，其他辽国土地皆归金国。另外，还要借机刺探金国是否有南侵之意。"

马扩奉命出使，刚到边境，就发现不对：金人在边境上已集结大军，封锁了道路。知是宋朝派出的使者，金人也不许使团的大队人马过境，只许马扩等四人入境。

来到云中，马扩以见皇帝之礼参拜金国宰相、金军左副元帅粘罕。

拜过之后，马扩委婉地说："两朝自海上交好以来，至今已有数年。贵朝先帝与本朝以气义相结，不违约定。贵朝割还燕地，本朝岁奉金币，谨遵信誓，永远和好。现山前地已交割完毕，山后地尚未交割。这中间因童太师（童贯）退休，谭宣抚（谭稹）暂时署理，不知事情原委，出了一些误会，给国相元帅大人带来麻烦，谨表歉意。为此，我皇现已罢黜了谭宣抚，重新启用童太师。童太师素知国相元帅大人始终主张两朝和好，事情一定好商量。为使两国百姓各安其业，各享太平，童太师委我来商讨山后土地一事，望尽早交割。"

签署海上之盟时，身为宋朝特使马政之子，马扩曾随父亲一起出使金国，并在和约的最终达成上出了不小的力。那次出使，马扩的表现也给粘罕留下了极深的印象。

但曾经的京西北路武学教谕摇身一变竟成了宋朝商讨土地问题的专使，还是让粘罕颇感意外。因为也可算是熟人了，粘罕就笑着直言不讳地说："你家朝廷无人可使了吗？怎么派你来谈土地交割一事？当初约定山后之地时，是我大圣皇帝为酬答赵皇海上交结之义才许下的。当时立下誓言，要两朝永远和好。不曾想我大圣皇帝刚崩，棺椁还未归国，贵朝就违背誓约，阴纳张觉，接收燕京逃去的职官民户。本朝累次追讨，你朝只是虚与敷衍，说什么幅员万里，国富民众，难以寻找。誓约中明明写有不得容纳叛逃，不得诱扰边民，难道白纸黑字全不作数，幅员万里就可以不交出逃民吗？本朝虽小，却不敢不讲道理。我会去与贵朝辩个曲直。”

马扩没想到粘罕如此直截了当地就回绝了自己，还将拒绝的原因归之于自己一方。略作思索，仍娓娓地说：“辽天祚帝失道，任用奸佞，天厌人离，故为贵朝所灭。本朝也怨其悖礼败盟，所以相助。现国相元帅大人不想全部交割土地，这都好商量，不必断然回绝。一旦两国交兵，仗不知又该打到何时，而本朝也不愿为此事大动干戈。此事非小，利害所系，还望国相元帅大人深思。”

听出马扩的话中有话，粘罕问道：“你又意下如何？”

马扩没有马上回话，以事不密则难成为由，暗示粘罕，要私下单独与他商议。粘罕见状屏去左右，室内只留下他与马扩二人。

见室内再无旁人，马扩故做神秘，低声说：“临行时，童太师特意交代在下，谭宣抚不顾大局，私纳张觉一事，我朝皇上已自知不妥，望国相元帅大人看在两国共灭大辽的情分上不予计较，使两国百姓平安幸福。为表我朝的歉意，贵朝所许的山后土地，我朝只索要蔚、应二州，其他土地尽归贵朝，不知可否？如得应允，日后国相元帅大人不拘想要什么东西，只要知会童太师，童太师自当一一奏上照办。”

粘罕笑了，高声道：“没想到事已至此，你竟还想要两州土地。山前山后土地都是我家旧地，与南朝何干？因南朝违约，这次恐怕还要罚取些南朝的土地来才是！”

马扩明白，粘罕的话实际上是在向宋朝宣战，这是他最不想见到的结果。静了静心，他做了最后的努力：“自海上交往数年，两国一向交好，国相元帅大人千万不要受奸人挑唆。贵朝中多是契丹时的旧官，他们乐得见我们之间交恶，好从中渔利。万一不得已双方交兵，一定是各有损伤。我河东、河北州城坚固，军民习战，如何便可轻易取得？如果攻城不破，掳掠百姓，也只是士卒得利，却有害国家。另外，杀了一个南人，是替契丹报了仇；杀了一个女真，也是替契丹报了仇。大人为什么要做这亲者痛仇者快的事呢？现在贵朝灭了契丹，又得南朝金币，止战休兵，各享太平，岂不是上策？我奉使多年，不敢不为两朝的长久大计着想。望国相元帅大人深思!”

粘罕认真听马扩讲完话，沉思良久，说：“你说的不错。只不过你南朝人说一套做一套，让人没法相信。你先回去，随后我会派人与你朝商讨。”

马扩自知多说无益，便告辞粘罕，返回太原。

马扩回到太原，向童贯详细禀明谈判经过，特别指出金人即将南侵。此事大大出乎童贯的意料，他吃惊地问马扩：“金人刚刚立国，哪里会有这么多兵马，如此做事?”

马扩说：“金人深恨我朝接纳张觉，又有契丹的亡国之臣所挑拨，已决意报复，还望太师早做准备。”

还没等童贯想出对策，金国特使就已到了太原，公开指责宋皇失德，金国要吊民伐罪，并明确提出要宋朝割让大河以北的土地作为惩罚。就在此时，有边报来报，金兵已直抵马邑安营下寨。

得知金兵已经出动，童贯吃惊不小。半晌，他故作镇静地责问金使：“如此大事，为何不早做通报?”

金使笑道：“大军已经出动，何须事先通报?大军兵分两路，国相一路自河东路进兵，二太子一路自燕京路进兵。我们只是奉旨伐罪，不会妄杀一人。”

当时，马扩陪童贯一起会见金使，见金使如此目无中原，心中很是不忿，就插嘴道：“兵乃凶器也，不宜妄动。如此轻易举兵相向，就没考虑一下，像宋朝这样一个有几百年历史的大国，是那样容易打败的吗?”

金使大笑道：“若对贵朝有所忌惮，我们也就不会准备如此长驱直入了。公文已经送来，童太师最好以黄河为界，尽早割河东、河北地给大金，以保存大宋宗社，这也算是太师至诚报国了!”

话说到这个分上，童贯再无回话可说。即以此事非同小可，须向皇帝请示方可定夺为词回复金使。随后，马上准备返回京城。

太原守帅张孝纯得知面对敌军压境，童贯竟要逃离前线，十分气愤，面见童贯指责道：“金人渝盟，大敌当前，太师应统帅各路将士同仇敌忾，共商御敌良策。现太师置敌于不顾，单身离去，似有不妥，恐会动摇军心，是将河东拱手让给金人。如此一来，河北岂能独存?

望太师暂留太原，共图报国。太原地险城坚，金人未必便能攻破。”

童贯怒视张孝纯道：“我受命宣抚，不是守土之臣，没有守土之责。如果要我留下来统帅军队，那还要你们这些将帅何用？到京师后，我定会派兵增援。无须多言！”

张孝纯转身抚掌低声叹道：“平时童太师有多少威风，不曾想一旦临阵却如此畏怯。身为朝廷重臣，不能以死解难，只知抱头鼠窜，还有何面目见天下人？”然后退出，再无言语。

童贯根本不理会张孝纯的挽留，第二天便动身回京了。

## 兵临太原

当初，收复燕京之地，接收了不少汉民和汉军，朝廷自然欣喜。因为汉军强悍可用，朝廷将他们接收过来之后便分到了内地。人是安置下来了，但粮草供应却成了一个大问题。

由于连年战事不断，加上天灾人祸，粮食连年欠产，百姓生活苦不堪言。一下子增加了那么多军队，粮饷自然供应不上。

强悍的军队，打仗应该会是一把好手，但若调理不好，闹起事来，也不会差到哪儿去。刚刚降宋，就吃不饱肚子，情绪自然不好。时间一久，就有人带头闹事，以兵变相威胁，要求提高待遇。

俗话说：会闹的孩子有奶吃。

汉军这么一闹，生活待遇还真就提高了。不仅能吃饱肚子，吃的还都是新粮。而在同一地域驻扎的原宋朝官军，却连变霉的粮食都吃不饱。

这样一来，就轮到原宋朝的那些官军们不干了。只要与这些汉军相遇，那些官军就会破口大骂道：“你们不过是些野蛮人，凭什么你们吃新粮，我们却要吃腐烂变质的粮食？等有了机会，我们一定要宰了你们！”

这些汉军闹事争待遇很勇敢，但被官军嫉妒受威胁，心里却也十分害怕。在他们的内心深处，总有种寄人篱下的感觉。于是，他们便萌生了叛意。

没过多久，叛变倒戈的机会还真就来了。

宣和七年（1125年）十一月，送走马扩等人不久，粘罕就发兵直指朔、武二州。朔州守将孙翊闻讯毫不惧怕，亲自带官军出城迎战，留汉军守城。谁知战斗刚刚开始，守城的汉军竟大开城门向金人投降，导致朔州失守。金军兵至武州，武州的汉军又与金人勾结，里应外合，将州城献给金人。金军再至代州，又是汉军将官军守将李嗣本抓捕献给金人。本以为是强悍可用的汉军，竟成了吃里爬外的家贼。

随后，忻州守臣、石岭守将皆开门迎降。金人连城都没进，就马不停蹄，直扑太原而来。不过半个月的时间，金人几乎兵不血刃，就从千里之外的西京，来到了太原城下。如此神速，是粘罕也不曾想到的。

# 第七章 兵困开封

## 钦宗继位

自从宣和七年十一月金人开始全面征伐，宋徽宗就开始坐卧不宁。燕京失守和太原被围，更急得他成了热锅上的蚂蚁，整日忧心忡忡，不知如何是好。在急忙派人前往金营议和的同时，还派宦官梁方平率中央禁军到黎阳（现河南浚县东南）防守黄河，下令天下兵马率师勤王。但所有这些都是远水解不了近渴，止不住金军南下的步伐。万般无奈之际，徽宗萌生了引咎退位的想法。

十二月二十日，宋徽宗下诏封皇太子赵桓为开封牧，又特意赐赵桓一条只有皇帝才能佩戴的碾玉龙束带。开封牧一职，在北宋的历史上只有太宗、真宗两位皇帝在即位之前担任过。所以，徽宗此举的目的十分明确，就是要将皇帝之位传给赵桓，同时也将抵御金人征伐的责任交给赵桓。

为了将皇位名正言顺地交到赵桓的手中，宋徽宗还煞费苦心地演了一场苦肉计。就在下诏封赵桓为开封牧的第二天，宋徽宗在寝宫召见大臣时，借着探身伸手试图交代事情时，忽然从御榻上翻落榻下，并做昏厥状。

二十三日，宋徽宗再次在御榻上召见众大臣。此时的宋徽宗斜倚在御榻上，装出口不能言、右侧半瘫的样子，颤抖着用左手在纸上写到："朕已半身无矣，如何再决大事？"

大臣们谁都没想到前天的一个跟头竟会翻出这么严重的后果，看着病得如此厉害的皇上全懵了，彼此面面相觑，半晌无语。

见大臣们全无对答，徽宗再写道："众卿以为如何？"

众大臣仍是相顾无语。

宋徽宗见众大臣果然无言以对，就又写道："皇太子可即皇帝位，予（因退位，徽宗的自称便由朕改为予）称教主道君（徽宗给自己起的名字），退处龙德宫。"

到这时，众大臣才终于明白宋徽宗葫芦里卖的是什么药了，急忙下去召太子来见父皇，准备受命即位。

赵桓不是傻子，当然知道此时就皇帝位意味着什么，他哪有能力处理这样一副烂摊子？更何况父皇一直健在，他也根本没有提前继位的心理准备。所以赵桓来到榻前，死活不肯接旨受封。

然而，徽宗禅位之意坚决，提笔斥责道："你不受，则不孝矣！"

赵桓大声申辩道："臣若受之，则不孝矣。"

徽宗态度缓和了一些，又写道："官家老了，只能靠你来养老啦。"

但赵桓态度依然坚决，说什么也不肯接受皇位。

宋徽宗终于失去了耐心，哪容赵桓一再推委，于是命令内侍们强拥着赵桓去福宁殿即位。赵桓涕泪横流，拼命抵抗，甚至几次气绝于地。但所有这一切都无济于事，在内侍和众位大臣的簇拥下，赵桓就像被绑架的人质一样，被强行拥入福宁殿。当着满朝大臣的面，太师童贯和宰相李邦彦将龙袍强行披在赵桓身上，然后赵桓被强摁在了皇帝的宝座上，成就了中国历史上空前绝后、最为奇特的皇帝就位仪式。

钦宗继位，即以"日靖四方，永康兆民"的寓意，取明年年号为"靖康"，期望在钦宗的治下，"四方安宁，万民幸福"。

## 守 逃

此时，郭药师已经降金。

东路金军在郭药师的引领下，长驱直入，如入无人之境。靖康元年（1126年）正月二日，就来到黄河边上。

徽宗禅位之前，本已派梁方平镇守黄河，谁知徽宗所用非人，平时作威作福的梁方平不仅毫不知兵，而且胆小如鼠。他本陈兵在黄河北岸，远远见到金军铁骑将至，还未接触，他就带兵仓皇过河望南溃奔。守桥的官兵一见主力已走，也无心防守。烧毁桥缆之后，也逃之夭夭。可叹宋军的防线，空荡荡竟无一兵一卒！

第二天，金人找得小船，从容渡过黄河。

靖康元年正月三日，天降大雾，对面不见人。金兵从黎阳渡过黄河天堑的消息，当天就传到太上皇赵佶（即徽宗）的耳中。徽宗二话没说，当即以去亳州太清宫烧香为由，只乘一顶小轿，二更时分由通津门逃出京城，在汴河边自己花钱租一只搬运砖瓦的小船顺水南下。因走得匆忙，没带吃食，走到半途，饿得实在受不了了，竟从船夫那里讨得一个烧饼凑合着吃了。童贯等闻讯，急忙率胜捷军追赶徽宗去了。

钦宗一夜未眠，想去而不得。第二天刚一放亮，立刻就召集文武百官到延和殿商议对策，决定究竟是守还是逃。

此时，朝中大臣多数主张迁都襄（湖北襄樊）、邓（河南邓州）以避敌，钦宗也表示同意，独有兵部侍郎李纲坚决反对。

李纲质问道："道君皇帝（即徽宗）以天下托付于陛下，难道陛下就这样撒手不管吗？"一句话竟问得钦宗答不上话来。

太宰白时中主张迁都避难，见钦宗尴尬，就上前质问李纲道："你以为京城守得住吗？难道你要将圣上置于危墙之下？"

李纲毫不退缩，反驳道："天下城池，有哪一座比京城更坚固、更安全？况且，这里是宗庙社稷所在，我们怎么能就这样一弃了之呢？"

一提到宗庙社稷，白时中也无言以答，一时场面僵住了。

这时，内侍领京城所在陈良弼从内殿走到大殿，对钦宗奏报道："京城楼橹完好的百不及一二，加上城东樊家岗一带濠河浅窄，京城决难守护，愿陛下详议。"

听说京城并不坚固安全，钦宗立刻命令李纲同陈良弼一起去落实一下实际情况，而自己则和其他大臣在大殿等候李纲的回报。

陈良弼所说确实属实，但李纲却有不同的见解。李纲回来之后对钦宗奏报道："楼橹确实并不完备，但城墙高大坚固，守护并无问题。因樊家岗一带是禁地不许开凿，所以此处濠河确实浅窄，但以精兵强弩守护，可以确保无虞。"

见李纲如此回复，钦宗也不知该如何决策，就再问大臣们说："诸爱卿以为计将何出？”

一到关键时刻，白时中等人竟只会嘿嘿做声，不出一词。

见无人说话，钦宗就问李纲：“你有什么具体措施吗？”

李纲答道：“当今之计，唯有整饬军马，激励民心，以待勤王之师。”

钦宗还有些不放心，就又问：“那该由谁来统率京城军民守城呢？”

李纲十分恼怒白时中一类只知逃跑保命的大臣，决计要让他们出出丑，于是就建议说：“朝廷以高官厚禄养了那么多大臣，就是要在危险的时候用他们力挽狂澜。白时中、李邦彦等虽未必会打仗，但他们位高权重，抚驭将士以抗敌，正是义不容辞。”

白时中本就怯懦，见李纲竟举荐自己，不禁恼羞成怒。他气急败坏地叫道：“纯粹一派胡言！你为何不自己统兵，难道是怕了吗？”

李纲见目的已经达到，便慷慨应道：“陛下若不以臣为庸懦，让臣统兵，臣愿以死报效！”

总算有人出头了，一块石头落了地。钦宗立刻命李纲为尚书右丞、东京（即开封）留守，全权指挥京城军队，保卫京城。

李纲见钦宗将保卫京城的重任交给了自己十分高兴，还以为钦宗接受了自己的建议要坚守京城，就赶紧去布置城防。谁知城防刚刚布置完，就接到钦宗正准备出逃的消息。于是，又赶紧跑回皇宫，以唐明皇李隆基南逃蜀中，结果宗庙社稷被毁的惨痛教训，力劝钦宗坚守京城。

李纲见驾时，钦宗正躺在御榻上等太监们备辇，见李纲进来劝谏也没起身。李纲口干舌燥说了半天，钦宗竟没一点反应，也不知听进去了没有。正不知还需要如何继续劝谏时，有内侍来报皇后已行，催钦宗赶紧动身。钦宗闻听，一骨碌从榻上下来，嘴里还念念有词道：“朕不能留矣。”

李纲见状舍命挡在钦宗面前，痛哭流涕，叩拜不已，硬是逼着钦宗答应留了下来。

李纲前脚刚走，钦宗就又变卦了。

五日早朝，李纲心中有事，早早就来上朝。还未到皇宫门口，就见钦宗在御林军的簇拥下正向外走来。

李纲赶紧喝止住御林军，再次向钦宗陈述利害："陛下已经答应留下来了，怎么又变了？陛下卫队的父母妻子都在城中，军心难免不稳。如果走到中途，卫队散逸逃回，谁会保护陛下？另外，敌兵已近在咫尺，一旦知道圣驾不远，用快马追赶，或恐遭遇不测。"

钦宗一意出逃，考虑并不周全。一经李纲提醒，不禁大惊失色，慌忙下诏停止出逃。

六日，在李纲的一再劝谏下，钦宗终于决定坚守京城。早朝过后，还亲自登上宣德门城楼，勉励将士们。

与此同时，金兵已经来到了开封城下。

## 开封保卫战

开封城分内外两层，外城方圆约四十里，城濠叫护龙河，宽十余丈。除南薰门等四正门因是御道城门为两层外，四面其他的城门都是三层瓮门。正南面的正门叫南薰门，南薰门的东边和西边分别是宣化门和戴楼门；西城墙的南侧有西水门，东城墙的南侧有东水门，汴河水从西水门进，贯穿整个开封南部，从东水门流出。东水门又叫通津门，徽宗就是从这里逃离开封的。北城墙从东至西，则分别为陈桥门、封丘门和酸枣门等。

李纲受命于危难之际，不敢有丝毫懈怠。他立刻在开封四城之上布置了一万多禁军、厢军及保甲民兵，准备了大量砖石、火油、檑木等守城器具，配备了大量弩箭；还迅速组织了四万人的马步军，分成前、后、左、右、中五军，每军八千人，前军守通津门，后军设于封丘门外，守备城濠最浅的樊家冈；其余三军留在城中，以备急用。

斡离不抵达开封城郊后，接受了郭药师的建议，首先攻击的是位于开封西北弁驼冈的天驷监。这里是开封的粮仓和饲养战马的地方，郭药师在得宋徽宗宠时，曾和宋徽宗在这里打过球，十分熟悉这里的地形，更懂得夺到这些物资对金军意味着什么。

天驷监没有多少守军，金人几乎兵不血刃就占领了这里，得到了两万匹战马和堆积如山的粮食。稍作休整，便连夜派数十只船顺汴河而下，想出其不意地攻下开封外城的西水门。

第一次开封保卫战，由此正式开始。

李纲早有准备，在河中设置了大量木障。还不放心，就又从蔡京家的假山上拆来巨石，抛到河中堵塞河道，使敌船根本无法靠近西水门。又特意招募了二千人的敢死队，等敌船一到，就用长钩将船拖到岸边，用石头砸敌船，用长枪攻击敌人。金人本就不习水战，而宋人的如此打法更是他们所未曾料到，所以，只有被动挨打，狼狈不堪。只一二个时辰，金军就损失了一百多人，余者仓皇逃跑。

初战告捷，守城的宋兵士气大振，李纲也于次日清晨兴冲冲地去皇宫向钦宗报捷。奏事间，又有人来报，金人开始攻打酸枣门。李纲未等奏毕，就又急匆匆赶往酸枣门。从卯时一直到申时，李纲始终在城楼上指挥战斗。

李纲虽是个文官，但确实有胆有识，临危不乱。他不是一味地死拼防守，在情况危机时，他还组织敢死队缒城而下，主动攻击攻城的金兵，烧毁金军的攻城器械，彻底瓦解了敌人首日的攻势。

首日大捷，消息传出，整个开封城都振奋了，也使得李纲在开封城成了家喻户晓的民族英雄，赢得了普通百姓和广大将士们的一致赞誉。

## 耻辱的谈判

但开封保卫战的首日胜利并未给钦宗带来多大的安慰，就在战斗进行时，钦宗同时还派出了尚书驾部员外郎郑望之去阵前传达要讲和的愿望。

说来也是个笑话。钦宗最初要派去与金人和谈的使者本是侯栖筠，可就在要召侯栖筠上殿接旨时，侯栖筠居然溜了，传旨官在皇宫内外找了个遍，竟找不到他的影子。也算是个巧合，郑望之此时正因别的事路过这里，被传旨官撞见，于是便被强行拉来抓了这个差。

九日，得知宋人有意讲和，金军东路统帅斡离不即派使者吴孝民进城，与宋朝谈判议和。

郑望之出城接吴孝民进城。

路上，吴孝民对郑望之说："皇子郎君（金人对斡离不的称谓）在南下的途中，接到宋朝当今圣上的就位诏书，十分高兴。既然上皇（宋徽宗）引咎退位，事情就好办了。现在与南朝讲和，就像做买卖一样。"

郑望之没听明白，就不解地问："怎么像做买卖？"

吴孝民解释说："只要以大河为界，割些地给金国，再给些犒军金帛，就可以和平，这不就像做买卖吗？"

郑望之大怒，冷冷地说："像你这种说法，根本就不是买卖。要说买卖，就要以钱换物，讨价还价。现在你既要割地，又要金帛，却无一物给我，怎说得上是买卖呢？这就是在强取！"

吴孝民没想到郑望之会如此强硬，脸一沉，不再说话。只跟在郑望之身旁，一同来到皇宫。

郑望之先进延和殿，向钦宗奏禀路上与吴孝民的交涉及吴孝民的反应，特意提醒钦宗，如果吴孝民当面提出索赔要求的话，不要当场回复他。

随后，钦宗在崇政殿正式接见了金国使者吴孝民。

吴孝民以见皇帝礼拜见钦宗，却当面指责宋太上皇之失，跪奏大金所以举兵南进的理由。

吴孝民说："赵宋前帝航海遣使，与我结盟，相约夹攻。不想事到临头，全无行动。我大金皇帝念在初结和好，仍然将燕京之地割与南朝，恩义非轻。不曾想土地交割不过月余，南朝竟弃德背恩，招纳张觉，害我执政大臣，接纳已归降于我的辽国旧臣，还不如约交纳岁币，我大金皇帝理当问罪。如当今赵皇能悔改，再乞和好，可派一大臣来金营谈判。"

钦宗自知理亏，没有争辩，当场答应了金使要宋朝派人去金营谈判的要求，只是请吴孝民在殿外稍候，要与大臣们商议具体人选。

谁知尽管钦宗再三催促，众大臣只是左顾右盼、面面相觑，并无一人应承。

见无人出头，本该负责开封守卫的李纲挺身而出，要求去与金人谈判。钦宗见李纲主动请缨，不喜反忧。他知道李纲是坚定的主战者，若李纲去谈判，和议决难成功。于是，便以城防离不开为由，拒绝了李纲的请求。

最后，钦宗选定了主和的枢密副使李棁为宋朝赴金营谈判大使。

这下又轮到李纲反对了，他当场劝谏道："现在敌人气势正盛，我大军尚未集结，所以不能不派人去讲和。但这只是一种策略，意在拖延时间，稳住大局，绝不是真正求和。朝廷安危在此一举，李棁素来怯懦，臣恐他会误事，决不可派他前往金营。"

钦宗可没有李纲那样的底气，肯拿自己的性命冒险，所以根本不听李纲的劝阻，坚持让李棁出使。

李纲见劝阻无效，更急了，干脆以辞职相威胁。

钦宗一看事情要麻烦，赶紧改口说，使者人选一事容后再议。然后，借故就将李纲打发走了。李纲一走，钦宗立刻命李棁赴金营谈判。

出使前，钦宗向李棁交代了和议的底线：免割地，岁币增加三五百万两，犒军银三五百万两，另外赐斡离不一万两黄金及酒果为"小费"。

李棁出城时，随身带上了赐给斡离不的"小费"。因携带的东西太多，李棁等一行人到达金营时，天早已黑了。

刚到住处安置下来，金人就派萧三宝努等人前来接洽。

郑望之作为副使也同李棁一起来到了金营。

一阵寒暄过后，郑望之试探着问："女真本一小国，因兵马强盛灭了契丹。如果能以礼义与中国通好，不是很好吗？"

萧三宝努说："皇子郎君也有和好之意。只因我们自入界以来始终未见南朝来使，所以就到了这里。"

郑望之感到奇怪，就说："朝廷早已派了给事中李邺为使前往金国，没见到吗？"

萧三宝努说："那是上皇所派之人。皇子郎君想知道当今圣上意向如何？"

郑望之解释说："当今圣上即位才十几日，上皇又南巡不在，时间实在太仓促，不想你们已经到了城下。"

萧三宝努说："我们很愿意讲和，但南朝多次失信，这次一旦和议谈妥，须有一位亲王和一位宰相为质，以保证和约得以执行。这也是自古以来就有的做法。”

郑望之明确感到事态的严重，就委婉地拒绝说：“的确如此，如燕太子丹就到秦国做过人质。不过，不知太师是否知道，前秦时，周国和郑国因交换人质而致使两国交恶的事情？如果为了国家大计，派亲王做人质固然无妨，只是如果亲王在路上偶感风寒，一病不起，从人情的角度看，恐怕贵朝也会后悔。而且，这对贵朝也没有什么好处，此事就不要再商量了吧？”

萧三宝努只是笑了笑，并不做答。随后又接着说：“按自古以来的规矩，北朝的边界应以人马到处为界，现在我们已经到了开封。不过，我们皇子郎君只要以河为界，要将河北划给我朝。”

郑望之知道必须表态了，就争辩说：“我大宋朝廷从来就只凭道义与金国讲好，以燕山为藩篱，所以内郡及都城都没有做防御的准备。不曾想燕山失守，当今圣上又就位才几日，还未来得及调兵遣将，才使你长驱直入来到城下，并非是我朝兵力不足。如果皇子郎君能以中国为重，与我结为邻好，足以光辉史册；如果强要以河为界，这可就是强抢了。另外，南朝得北朝地守不住，譬如我朝得燕山而复失就是一例。北朝若得南朝地，恐怕也会是同样结果。华夏、夷狄自古有别，风俗各异，人情向背不同，哪里会一直顺从服帖？不如再多给些岁币更实在。”

萧三宝努不屑地说：“南朝得北朝地固然守不得，可难说北朝得南朝地就也守不得。”

郑望之说：“契丹皇帝耶律德光到开封不过三个月就走了，怎么能说是守得？”

耶律德光的事情萧三宝努不是不知道，只是过于自信，竟一时疏忽，让郑望之在言语上占了便宜。于是坚持道：“也有守得的。”

郑望之对中原历史上的各种典故可以说是熟烂于心，听了萧三宝努的话就笑了，说：“北人守南朝地的，不过北魏的拓跋氏。可拓跋氏守得中原是因为他用的是中原人、中原礼乐、中原法度，穿的是中原衣服，完全被中原化了，大金国会像拓跋氏一样吗？”在郑望之的口中，北魏的历史仍然是中原人的胜利。

萧三宝努对历史完全是一知半解，哪辩得过郑望之，一时竟不知该如何对答。尴尬之余，便又转移话题，谈起了犒军的赏金等。双方又是一场唇枪舌剑，斗了个不亦乐乎。

郑望之认为萧三宝努言辞强横，缺乏讲和诚意，意在强取；萧三宝努则告戒郑望之，明日与皇子郎君面谈时不要如此死争，以免坏了两朝的和好大事。

宋、金双方的第一次见面就此不欢而散。

作为正使的李棁，在整个会谈中竟然未发一言。

第二天，李棁和郑望之一同来到二太子斡离不的大帐。

斡离不南向坐，四周武士护卫，威武森严。

李棁哪见过这样的架势？刚进大帐就吓得扑通一声北面跪倒，膝行而前，呈上钦宗所写的乞和文书，半天说不出话来。

斡离不接过文书，并不说话，只是冷冷地看。

乞和文书的大意是：我太上皇与金大圣皇帝浮海结盟，遂割燕云于我，恩义至厚。结盟时曾对天神发誓，永结和好。只因奸臣误国，接纳叛亡，拖延岁币，而使盟誓几成一纸空文，终致邻国兴师。事已至此，再后悔也来不及了。太上皇为此深感自责，所以才将神器交付于我，希望与大金重归旧好。

斡离不看过之后，沉思良久，才开口说话："如果我想破京城，不过顷刻间的事。之所以敛兵不攻，就是想保留赵氏宗庙，这可是天大的恩典。如果接受议和，条件是金五百万两，银五千万两，绢一百万匹，牛、马各万匹；尊金国主为伯父；凡燕云之人在汉地的全部遣返；割太原、中山、河间三镇地；以亲王、宰相为质，保证土地交割。亲王在金军返回至黄河时就可以遣还，宰相要在土地交割结束之后才可遣还。"

然后，将所提条件写成一纸清单，交给李棁。

郑望之见状，急忙说了些金银牛马等物数额过大，恐怕一时难以凑齐之类的话，试图以此提醒李棁提出宋朝的条件。谁知李棁怯懦到如此地步，竟将钦宗交代的和议底线完全弃之脑后，从始至终没说出一句完整的话，嘴里嘟嘟囔囔不知说了些什么，就退了出来。

宋钦宗派出的竟是如此的使者，真叫人心冷气塞。

## 真正的城下之盟

李棁回到朝堂之上，当着众位大臣的面向钦宗回禀了金人的议和条件。

还未等钦宗开口，李纲立刻就炸了，大声说道："金人胃口太大。先不说所求金银数量之巨就是穷竭天下都办不到，更何况眼下只能在京城搜求。而太原等三镇，是国家屏蔽，割让出去还能立国么？至于人质，让宰相去做还有得商量，亲王是万万去不得的。如此条件，我们万万不能答应。我们应派能言善辩之士，只需拖延几日，待我勤王之师赶到，再与之议和。到那时，我军人多势众，金人孤军深入，不怕金人不按我们的条件议和。"

无奈宰相李邦彦等人惟恐惹恼了金人，立即攻城，所以坚决反对李纲的主张，认为在性命攸关之际，保住性命才是第一要务，至于什么三镇，什么金银，都不必计较。在场的所有大臣，除李纲自己外，竟没一人支持李纲的主张。

李纲万没有想到，自己居然成了孤家寡人。气恼失望之余，愤而再次提出了辞职的请求，这次他是真的不想再干了。

这时，钦宗开口说话了，安慰李纲道："李爱卿，你还要全力保卫京城，和议一事可从长计议。"

钦宗口说从长计议，可实际上是一分钟也不敢耽误。李纲等人刚一离开大殿，立刻就下旨接受金人提出的全部条件，并派康王赵构和少宰张邦昌带着同意割地赔款的和议诏书去金营充当人质。

条件好答应，但要做到可就难了。京城再富，要在这么短的时间内凑出几百几千万两的金银也是做不到的。上自皇帝百官，下至平民百姓，无论是自愿交出，还是被逼强收，开封城内闹了个鸡飞狗跳。眼看期限将至，也只凑了金银几十几百万两，即使后来加上了象牙、珠宝等宫廷珍玩，也远远满足不了金人的要求。

正月二十日，朝廷第一次下圣旨催缴金银："大金国兵马围京城，其势甚急，朝廷为宗社生灵，遣使议和，纳金银以结盟好。迄今所敛金银，包括宗庙、宫禁内的乘舆服饰等物，金只得三十余万两，银一千二百余万两。大金因纳金银数不足，不肯撤军。并再次传话说，恐士卒因犒赏不均产生怨恨，私下进城劫掠。朝廷再无良计，特下此谕旨：限定以二十一日为限，朝廷的执政官、侍从官、宗室、外戚、内侍官等，将朝廷曾许佩戴的金腰带和家中所有的金银之物全数上缴朝廷；其余士庶人等，限定在二十二日之前，将家中所有金银之物全数送至官府。如有藏匿、寄附、缴送不尽者，一经发觉，抄没全部家财。许旁人告发，告发者可得所告金银的三分之一。如亲邻等知情不告，与藏匿等同罪，抄没全部家财。”

钦宗那颗提着的心始终悬在嗓子眼，没能放下。

## 偷鸡不成　反蚀把米

同日，河北路制置使种师道和京畿等路宣抚司都统制姚平仲分别率泾原（现甘肃泾川）秦凤（现陕西凤翔）两路劲旅抵达京城。

种师道作为西北名将，德高望重，时人称其为“老种”。在勤王的路上，种师道大打心理战，大造声势，一路宣称“种少保领兵百万勤王”。到达京城后，又在京城西面汴水南岸，紧逼金营扎寨，意在威慑。金人不明就里，果然收敛。

钦宗正苦于金银搜刮不足，惟恐金人问罪，见援兵至，心中大喜，忙召种师道进宫问计。宰相李邦彦担心种师道坏了和议大事，特意在种师道进城前派人传话说：“与金人和议一事已定，敢言战者灭族。”

二十日夜，李邦彦陪着种师道在福宁殿晋见钦宗。

种师道刚进殿门，还未来得及跪拜，钦宗就迫不及待地开口说道：“朕久盼卿来，可终于把卿给盼来了，途中跋涉不易吧?”

种师道闻言急忙跪倒，连声谢罪。

钦宗赶紧让种师道平身，赐座后马上开门见山地问道：“国事艰难，金人兵临城下，卿以为如何御之?”

种师道斟酌再三，说道：“臣以为讲和非计也。京城周围四十里，以金人目前的兵力来看，根本围不过来。何况城墙高十多丈，粮食充足无忧，也不怕敌人攻。只要我们严阵以待，待春分过后，我勤王之师大至之日，就是金人陷入困境之时。不过，既已讲和，也不可毁约。金银不足，应向其讲明，请其先退师，容后再补。如其不退，也不怕战。只是割地一事，因有祖宗陵寝在，恐不妥。”

种师道的话中既主张“讲和非计”，又明确“不可毁约”，实在是煞费苦心。

种师道关于京城安全性的分析十分具体，给钦宗留下了十分深刻的印象，他对自身的安全有了点底，始终悬着的心终于放下不少。为慎重起见，钦宗当即命宰相李邦彦与种师道去政事堂详议京城防务等事。

李邦彦与种师道退出大殿来到政事堂。没钦宗在场，种师道劈头便质问道：“我在西土，首次进京城，不知京城如此高大坚固，防御也十分完备。既如此，当初为什么那么急于议和？不是太轻率了吗?!”

李邦彦说：“当时城中兵力实在不足，不得已才只好议和。”

种师道反驳道：“自古以来，战与守就是两回事，兵力不足以战，不一定就不可以守。京城之民虽不能战，但只要有粮食，守是绝对没有问题的，怎么能说兵力不足呢?”

李邦彦自知理亏，就狡辩道：“我素不习武事，没想到这些。”

种师道依然不依不饶地追问道：“就算大人不习武事，难道古往今来关于大敌来临之时要坚壁清野的事情也没听说过吗？为什么不在金人来前，将城外的居民及牲畜等迁入城内？像现在这样将居民及牲畜留在城外，供金人役用，又是为了什么?”

这些话问得李邦彦十分狼狈，再难找出理由搪塞，只好承认自己无能：“仓促之际，实在无暇顾及。”

见李邦彦如此狼狈，种师道笑着讥讽道：“好慌，好慌。”在场的其他臣等一起哄堂大笑。

种师道仍然不肯罢口，接着说道：“大人连自己腰上系的金腰带都守不住，给了金人，如果金人向你要脑袋，又该怎么办呢?”

李邦彦再也无话可说。

钦宗闻报，升种师道检校少保、同知枢密院事，迁宣谕使。

姚平仲作战骁勇，素来不服种师道。得知只因一番话钦宗就升了种师道的官，心中更是不平，便以士卒因不得与金人马上交手，军中颇多怨言，应顺应军心为名，提出夜袭金营的计划。并信誓满满地保证说，一定会旗开得胜，马到成功。

钦宗心动了。

却说金人一边催促北宋朝廷输金银牛马等物，另一边也没闲着，还大肆劫掠城外的居民。城外的居民大多是穷人，没什么可抢的，就又转而发掘宋朝后妃、王子们的坟墓。

掘祖宗们的陵寝，可是天大的罪过。消息传到宫中，这让心神刚刚稳定下来的钦宗不禁肝火上冒，怒不可遏。

李纲见状献计道："金人贪婪无比，凶悖已甚，非用兵不可。现围城金军仅六万，而我勤王之师已有二十余万。他以孤军深入重地，犹如虎豹自投陷阱之中，可以计取之。如果我军控制住黄河渡口，绝其粮道；派兵收复京城以北地区，断其归路；然后再重兵临敌，坚壁勿战，困乏其军，迫使金人废除和议。待其退却时，我应纵其北归，尾随其后，半渡而击之，必胜。"

种师道的建议是春分时，王师大至后用兵；李纲的建议是绝其粮道、断其归路、坚壁之后用兵。但钦宗却等不及了。有二十万大军垫底，有高大坚固的城墙做保护，钦宗顿时豪情万丈，一改以往委曲求和的态度，根本不考虑可能出现的各种后果，也不和种师道、李纲等人商量，就独自批准了由姚平仲夜袭金营的计划，试图速战速决，一举生擒斡离不，救回康王赵构。

还是姚平仲的副将杨可胜考虑得更周到一些，为避免一旦失利可能产生的后果，他向钦宗建议伪造一本请战被驳回的奏折放在身上，以免兵败殃及朝廷。钦宗采纳了杨可胜的建议，为他准备了假奏折。

姚平仲对此次夜袭确实信心十足，在出兵的前两天，就准备好了三面报捷用的大旗立在开宝寺旁，根本不怕走漏消息。

二月一日夜，姚平仲率所部七千将士偷袭金营牟驼冈大寨。哪知金兵早有准备，宋兵偷袭不成，反被金人杀得大败，杨可胜被擒，姚平仲逃得不知去向。

钦宗得到姚平仲兵败的消息，立刻就派李纲带兵出封丘门接应，结果也是大败而归。

刚刚还是豪情万丈的钦宗，转瞬间变成了瘪茄子。他怎么也想不明白，信誓满满的姚平仲竟是如此地不堪用。

得知兵败的消息，种师道急忙赶来向钦宗进言，要求再次出兵偷袭，认为如此出敌不意，必能取胜。无奈此时的钦宗，早被吓破了胆，根本不予采纳。

二日晨，斡离不派使者来指责北宋朝廷违背和约，宰相李邦彦托口全是李纲、姚平仲未经朝廷许可的私自行为，绝非朝廷本意，将责任推了个一干二净。同时还煞有介事地解释说，朝廷有三点理由不可能袭击金营：首先是宋军实力与金军相差悬殊；其次是已因违约导致金人前来问罪，岂敢再有负约之理？而最重要的是有亲王大臣在金营中为人质，圣上怎能不顾及君臣之义、骨肉之情？

惟恐金人不相信朝廷的求和诚意，钦宗更以实际行动向金人谢罪：不仅立即罢免了李纲和种师道的兵权，还同时派李棁等人奉地图交割三镇。

这些做法总算平息了金人的指责。

## 乱　局

真是一波未平一波又起。

刚刚平息了金人的指责，京城的士民们又骚动起来。

李纲、种师道被免的消息，就像一颗重磅炸弹，在京城士民中激起了极大的愤怒和巨大的震动。人们无法想象，在金人兵临城下，危机重重，救百姓于水火的民族英雄，怎么会被免职？也无法想象在李纲和种师道被免职后，等待他们的又是什么？

数百名愤怒的太学生走出书院，在太学生陈东的带领下来到宣德门伏阙上书，为李纲鸣冤，要求钦宗恢复李纲和种师道的职务。同时要求罢免李邦彦等割地误国的奸贼："臣闻选贤任能、去谗勿疑者，社稷之主也；奋不顾身、死生以之者，社稷之臣也；嫉贤妒善、妨功害能者，社稷之贼也。恭惟陛下聪明英睿、独智旁烛，天下戴以为社稷之主。而廷臣之中奋不顾身、可任天下之重者，李纲、种师道是也，所谓社稷之臣也。而庸谬不才，妒贤嫉能、只为身谋、不恤国计者，李邦彦、白时中、李棁是也，所谓社稷之贼也。……”

城中军民闻讯赶来，转眼间，皇宫外就聚集了数十万人，形成了声势浩大的自发性请愿活动，巨大的呼喊声惊天动地。

此时正值李邦彦退朝从这里经过，愤怒的人们迅速围了上去，高声叫道：“李邦彦你这个浪子，如何做得宰相?”同时还有人向他投掷瓦砾，更有人试图靠近他，要拽他的头发、拧他的耳朵、朝他吐吐沫。李邦彦哪经过这阵势？吓得他魂飞天外，四处乱窜。好不容易找到一匹马逃回朝堂，才算躲过一劫。

开封府尹王时雍闻讯带兵赶来，斥责太学生们要挟天子，想用武力驱散民众。陈东等直言反驳道：“以忠义挟持天子，总胜过你们以奸佞挟持天子!”驳得王时雍一时哑口无言，倒也不敢造次。

众人见朝廷不仅不满足他们的要求，反而还派兵镇压他们，顿时群情震怒，不知谁一声呐喊，紧接着愤怒的人群涌向前去，砸毁了登闻鼓，推翻了宣德门外御街两旁的栏杆，还打死了十多名宦官。

王时雍见场面已经失控，再要强行镇压只会激起民变，于是急忙进宫奏请钦宗答应百姓的要求，恢复李纲和种师道的职务。

情急之下，钦宗也别无选择，立刻下旨召见李纲和种师道，要恢复他们的职务。

但场面真的已经失控了。出宫宣旨的宦官朱拱一刚刚走出宫门，正碰见已经杀红了眼的百姓，这些人根本不容朱拱一辩说，蜂拥而上，刹那间，就将朱拱一撕扯得尸骨无存。

有人从朱拱一的怀中掏出恢复李纲官职的圣旨，却高声叫道：“内官隐匿诏书，意图不轨!”本已失去理智的百姓闻言更加冲动，将与朱拱一同行的宦官也一齐杀了。

消息传到宫中，钦宗又急又怕，完全乱了方寸。他怕杀人者狗急跳墙，慌乱中竟下了“杀宦官者免罪”的口谕。

谁知皇上的口谕到了别有用心的乱民口中，竟成了“杀宦官者无罪”。

“免罪”和“无罪”，虽一字之差，意思却完全南辕北辙：免罪是针对已经杀人者，意思是赦免他们已有的罪责；可无罪却适用与已杀人和未杀人者，意思是可以随意杀人，并不犯法。有意混淆两者区别的人意在制造混乱，浑水摸鱼。但早被愤怒冲昏了头脑的百姓哪辨别得出这其中的区别，听说皇上都下旨让杀宦官了，于是，他们不再仅仅攻击在路上遇到的宦官，还冲到宦官的家中杀人，而浑水摸鱼者则趁此大肆掠夺财物。正义的愤怒由此演变成了一场赤裸裸的洗劫杀人。一场浩劫下来，死者多达两百多人。

直到李纲复职后将三十多名浑水摸鱼者斩首示众，此事才算平息。

李纲被罢免而后又复职的消息使斡离不认识到了局势的复杂。他孤军深入，面对数倍于自己的宋军心中总是有些忐忑。更何况他手中握有割地赔款的盟书和宋朝的亲王、大臣，基本目的已经达到。于是，他不等赔款全部收齐，就带着人质肃王（姚平仲偷袭后，金人怀疑康王不是亲王，人质已由康王赵构换成了肃王赵枢）和张邦昌，班师北归。至此，京城被围共三十三日。

李纲和种师道这时再次建议钦宗，在金军北渡黄河时半渡而击之。但再也输不起的钦宗此时不仅拒绝了李纲等的建议，还命李邦彦将写有“擅出兵者，依军法斩”的大旗插遍河东、河北，以警告那些还蠢蠢欲动的将士们。

钦宗再也不想“违约”了。

# 第八章　太原战役

## 救援太原

太原是块硬骨头。东路金军已经从开封满载而归了，西路金军还在看着太原城一筹莫展。

粘罕坐不住了，便遣使到开封与钦宗交涉，也想索一份战利品。但宋朝给出的赔款是给金朝的，而不是单给东路金军的，所以，粘罕的索赔理所当然地遭到了宋朝的拒绝。如果仅仅拒绝并说明理由，事情恐怕就会画上一个句号，不会再生枝杈。可偏偏因为开封的围已经解了，钦宗又有了安全感，泱泱大国的意识又膨胀了，总以为自己的军事实力仍然很强，被金人围只是很偶然的事，所以，不仅拒绝了粘罕的索赔，还将粘罕的使者扣住了。

这下可惹恼了粘罕，粘罕立刻分兵南下，绕过太原，直取威胜军（现山西沁县）、隆德府（现山西长治），进逼泽州（现山西晋城）。

钦宗也毫不示弱，不仅试图（注意：并未与金人公开摊牌）以金兵这次攻陷隆德府等地为借口，将与斡离不签下的城下之盟一笔勾销，秘密下旨命太原、中山、河间三镇军民死守，还命姚古为河东制置使，率兵六万救援太原；命种师中为河东制置副使，率兵九万追击斡离不。同时，还罢免了主和的李邦彦等人，任命主战的徐处仁为太宰兼门下侍郎，任命御使中丞许翰为同知枢密院事。

此时已是三四月间，天气渐热。南下中的粘罕已从斡离不处得知了两国和约的具体内容和正在交割的情况，便收拢了南下的部队，只留下大将银可术率少量军队继续围困太原，而将大部分军队分散到附近各地就粮牧马，做长久打算，自己则退到云中（现山西大同）避暑去了。他还不知道，宋朝因自己的分兵南下已有了毁约的打算。

正因如此，姚古的进兵十分顺利，很快就收复了威胜军、隆德府等地，逼近了太原。种师中尾随斡离不进入河北，未曾交战，也失地尽复。

形势看似一片大好，钦宗的底气更足了。

五月初，钦宗更进一步命令种师中从井陉（现河北井陉）西进，姚古和张孝纯之子张灏分别从隆德府和汾州（现山西汾阳）北上。钦宗的意图是三路互为犄角，以解太原之围。

种师中素以老成持重闻名，深知金兵凶猛剽悍、阴险狡诈，多次请求朝廷从长计议。

当时，朝廷由同知枢密院事许翰负责指挥对金作战。许翰一介书生，对军事一无所知，见宋军进展顺利，就以为我军实力强大，金军不堪一击。又由谍报得知围太原的金兵不多，认为是一个绝好的机会，就严令种师中等人从速进兵，否则就以“逗挠玩寇”的罪名问罪。

无奈之下，种师中只好留下辎重，轻装出发。同时约姚古和张灏两军共进，会师太原城下。

面对宋军的增援，金将银可术十分从容。他只以少量军队据险阻击姚古，而将重兵开至榆次迎击种师中。

五月九日，种师中率部队抵达距太原仅约二十里的石桥，等待与姚古的军队会合。等待中，有探马来报，说榆次方向发现金军，数量不详。

种师中自井陉出发，一路十分顺利，几乎没有遇到金军，还以为金军得到宋军大举进攻的消息，早已不战而溃。所以，此时得到发现金军的消息，一开始并未给予重视，想当然地以为只是一些北归的残余部队。等到发现自己判断错误，再想集合部队形成战斗队形时，已经来不及了。由于仓促应战，队形不整，士气不足，左右不能相顾。金人只一个冲锋，就冲散了右军，前军也随即溃散。

种师中毕竟是北宋名将，久经战阵，临危不慌。下重奖鼓舞士气，亲率中军苦苦支撑。重赏之下，神臂弓射手以神臂弓射敌，击退了金人的一次次进攻，暂时稳住了阵脚。

可因是轻装前进，所带犒赏之物有限。在战斗的间隙期间，管库的官吏没有及时将犒赏物发到士卒的手中。将士们以为统帅言而无信，随意欺哄他们，十分不满，于是纷纷散去。刚刚缓和的局势，刹那间又变得严峻起来。在金军的又一次进攻中，种师中被流矢所中而亡。失去了主帅的宋军，立刻就完全瓦解了。

击溃了种师中之后，金军立刻回师直扑姚古军，并于五月十九日在太原府南面将姚古军击溃。

钦宗精心设计的救援太原计划，至此以彻底失败告终。

## 再次兵援太原

种师中战死，姚古战败未归，种师道病重回家休息，太原被围已半年多，朝廷竟再派不出一名合适的将帅解太原之围。万般无奈之下，钦宗只好下诏令朝廷内外举荐文武百官中才堪将帅者。

自姚平仲夜袭兵败之后，李纲便被解除了兵权，一直赋闲在家。此时，就有侍郎耿南仲向钦宗建议道："欲解太原之围，非李纲不可。"

钦宗对李纲在京城保卫战中的表现印象非常深刻，如果不是为了向金人有所交代，是绝对不会解除他兵权的。种师道在病重之时曾提到过李纲，认为应该起用他重掌兵权。当时钦宗自信满满，认为自己的设计万无一失，就没把种师道的话往心里去。现在一经耿南仲提起，联想起种师道的举荐，立刻就认为李纲是解救太原的不二人选。于是，马上就宣李纲进宫，要任命他为河东、河北宣抚使，援救太原。

李纲自然是主战的。但主战是一码事，带兵打仗又是一码事。京城保卫战中，钦宗不仅不接受自己的建议，更瞒着自己直接下令姚平仲偷袭金营一事，叫李纲刻骨难忘。授你职责，却不授你权柄，纵你有通天的本领，又能做成什么呢？

拜过钦宗后，李纲便以能力有限为借口，推辞道："臣本一介书生，实在不知兵事。在围城一战中，只是不得已暂时为陛下处理兵事。现在命我为统帅带兵救援太原，恐怕会误了国家大事。"

钦宗见李纲推辞，心中十分不快，认为李纲还在记恨着让他当替罪羊的旧仇，故意为难自己，便当场驳回了李纲的请辞。

回到家中，李纲再次以有病为由提出请辞，又遭到钦宗的拒绝。李纲还不甘心，一连写了十几道奏折请辞，但全都遭到了钦宗的拒绝。

这时，有言官为李纲进言道：李纲是国之栋梁，应统揽全局，不应离开朝廷指挥具体军事行动。

钦宗闻言大怒，认为这是李纲在底下搞的小动作，有结党营私之嫌。由此，开始对李纲表示出不满。

同知枢密院事许翰十分敬佩李纲的胆识和为人，深怕李纲因被钦宗猜忌而遭遇不测，便写了“杜邮”二字送给李纲，以秦将白起遭疑忌被杀的典故劝李纲不可一味拒绝。李纲当然明白许翰的好意，于是同意赴任。

李纲的担心不是没有道理的。虽然名义上他是河东、河北路宣抚使，可以节制河东、河北各路兵马，但他实际上能够直接指挥的兵力只有一万二千人。在出征之前，本有许多准备工作要做，比如调拨物资，征集军马等，李纲为此要求推迟行期，但却被对他已经有所猜忌的钦宗以“迁延不行，岂非拒命！”而拒绝了。不得已，李纲只得在准备不足的情况下，于六月二十七日从京师出发。君疑臣惧，不是个好兆头。

种师道抱病送李纲出征，回来后叹道：“兵可忧矣。”

也因准备不足，从京城出发之后，李纲并不急于赶路。行到河阳（现河南孟县）时，还停留了十余日做了训练士卒、整肃军纪、修理器甲之类的准备。另外，在沿途之上，李纲还将百姓组成民兵，以备金兵再次入侵时用。李纲心中十分明白，由于朝廷没有履行约定割让三镇，待秋凉之时，金人一定会以违约之名，再次入侵。所以，防秋的准备一定要尽早进行。

为此，李纲还专写奏章向朝廷禀报自己的所见所思和所为：“臣待罪枢府，伏蒙陛下委以措置防秋之兵。中国军政不修已三十年了，兵员缺额不补者过半，而现存者又皆溃散之余，不习战阵，这才致使金人长驱中原，遂犯京畿。而我既无藩篱之固，又无邀击之威，致遭纳币割地之羞。今河北之寇虽退，但因中山、河间之地未割，所以边疆诸郡贼马出没，寨栅相连，兵不稍休。太原之围未解，而河东之势甚危。待秋高马肥之时，贼马定会再次深入，以责我三镇之地不割及金帛之余数未纳。若不起天下之兵、聚天下之力以解救太原、防御河北，到时必再有今春之警。宗社安危，殆未可知。故臣望陛下降诏书以整饬诸路防秋之兵，控扼地分，以卫王室。……”

如此一来，军队的行进速度就慢了下来。

李纲的分析很有道理，事后也都得到了证明。

但此次入援太原，除李纲亲自带的一万多军队外，还有屯驻于辽州（现山西左权）的刘韐、王渊，屯驻于隆德府的解潜、折彦质，屯驻于汾州的张灏、折可求，屯驻于南北关（山西灵石阳凉南关和北关）的范琼，总兵力共二十二万余人。钦宗的如意算盘是，相对于金兵的区区几万人，以宋军绝对优势的兵力，完全可以一举而解太原之围。所以在钦宗看来，事有轻重缓急，而眼下最急迫的是确保太原不失，防秋之事可以稍后再议，于是驳回了李纲的奏请。

李纲见圣旨不是立刻遵旨照办，而是再次上书陈述利害，要求收回成命，并为此再次提出了辞职的请求。

一边是太原早已粮草告罄，军民以树皮充饥也已一月有余，城中军民死亡已占十之八九，局势已经危如累卵，朝不保夕，日夜翘首企盼援兵的救援；一边是李纲因防秋大计而迁延进军，并以辞职相威胁拒不遵旨行事，这令钦宗很是恼火。

在李纲兵至怀州（现山西沁阳）时，钦宗再也忍不住了，终于下严旨要李纲迅速增援太原，而将组织的民兵解散。圣旨明确指出，当前的急务是解太原之围，而不是秋防；并且不接受李纲的辞呈。李纲无奈，只得遵旨照办。

应该说，钦宗的战略意图绝对是切实可行的，以石击卵，没有不成功的道理。

但宋朝的军事原则是“将从中御”，即不管前线的具体战事如何，各路大军都必须严格按照皇帝事先安排的计划进行；如有变化，也必须请示皇帝，获得许可后方可改变。也就是说，李纲作为宣抚使，只在名义上是统辖各路大军的统帅，但并没有实际的指挥权，无权独自调动各路大军。

宋朝的这一祖宗家法，是在吸取了五代时期各路军阀尾大不掉，擅权专治，以至称王称帝（宋朝的建立就是一例）的历史教训的基础上形成的。就是这一家法，维系了宋朝几百年的沿革；但也正是这一家法，使北宋在强大的外部压力下终于崩溃。

眼下，李纲来到了太原附近，侦查敌情，准备最终的战斗方案。

经侦查，李纲发现，围城的金军虽扎下无数大寨困住太原，但大寨多为虚寨，只为虚张声势。如果能协调各路大军同日发起进攻，必能破贼。为此，李纲急忙上奏钦宗，说明原因，要求获得统一指挥各路大军的权力。

但已对李纲有许多不满的钦宗，如何肯放弃已经坚守了一百多年的祖宗家法？用人而不信人，李纲纵有天大的才华，也无用武之地。

没有了统一协调的指挥，数量上的优势便荡然无存。金兵先于怀州（现山西沁阳）集中优势兵力击溃刘韐，然后再设计，假装只有少数兵力护送粮草以引诱解潜，待解潜率兵截获粮草时，大部金军主力突然现身，将解潜打了个措手不及，宋军溃散。刘、解的军队是陕西兵，是宋军中较为精锐的部队，刘、解二军被各个击破之后，其他宋军实在不值得一提。从未经历过大战洗礼的宋军犹如一盘散沙，刚一与金军接触便不战而溃，溃逃的宋军士卒相互践踏，死者数万人。金军趁势进击，宋朝几路大军全线溃败，二十几万主力几乎丧失殆尽。

兵败之后，钦宗不是检讨自己的失误，而是将兵败的责任全部推到李纲的身上，以“救援不力”的罪名将李纲逐出京城。

## 搬起石头砸了自己的脚

就在钦宗对自己的实力充满信心，一门心思解救太原之时，他还做了两件让他悔恨终生的蠢事。

当初，斡离不迫使宋朝签下城下之盟，将肃王赵枢作为人质带走。因为宋人未交割三镇，所以，金人一直扣押着肃王没有放回，这让宋朝君臣上下一直耿耿于怀。正好此时，粘罕派萧仲恭和赵伦前来索贿，朝廷便准备也扣住萧、赵二人作为回敬。但此事又不好明说，便以各种借口使之滞留京城达一个多月。

一开始，萧、赵二人并未察觉，但后来竟将他们软禁起来，限制他们的行动自由。加上随着宋朝增援太原，双方关系开始交恶，二人便觉得事情有些不对。人在敌国，不仅人生地不熟，两眼一抹黑，还时刻有生命危险，这叫萧、赵二人有些寝食难安。

于是，赵伦就欺哄馆伴（宋朝接待者）邢倞说："金人反复无信义，先与臣国约和，取得金帛后仍灭了臣国。金国有一个名叫耶律伊都的人，原是契丹皇帝的外孙，后被迫降金。现在率领着很多契丹族士兵，一直对金朝不满，想报国仇家恨。如果能争取到耶律伊都降宋，作为内应，打败金国定会易如反掌。"

此时，钦宗正跃跃欲试地想撕毁与金国签定的城下之盟，得知这一消息后十分兴奋，认为这是千载难逢的好机会。身任宰辅的徐处仁和吴敏就是个书呆子，旷于国事，不懂外交，也不核实一下信息的真伪，在禀明钦宗后，即以朝廷的名义给耶律伊都写了一封策反信，用蜡封好，委托萧仲恭转交。在国书中，徐处仁竟直截了当地写道："以中国之势，竭力拥卫，有何不成？谋事贵断，时不可失，唯太师图之。"还想当然地以为，这信即使落到金人手中，也只会离间金人与契丹降臣之间的关系，而不会危及到宋朝，真是呆到家了。

萧、赵二人本以此为脱身之计，一到金国，便立刻将这封策反国书转呈金太宗。

几乎同时，麟州知府折可求上奏朝廷，说辽天祚帝之子梁王萧太师统兵十万，想不计前嫌与南朝结盟，以报亡国之仇。

真是有其父必有其子。宋徽宗在辽国即将灭国时就曾自作聪明地与辽天祚帝联络过，想借已经苟延残喘的辽国与金国抗衡，结果引来了金人的入侵，被迫签定了城下之盟。事情刚刚过去还不到一年，钦宗竟步其父亲的后尘，在吴敏的建议下，又与梁王暗中来往。接下来事情的发展与宋徽宗时如出一辙，依然是秘使被金人截获。

两封书信被交到金太宗手中，金太宗大怒：宋朝根本不将盟约当回事，不仅不交割三镇，还派兵解太原之围，更与辽国余孽暗中勾结，试图颠覆金国！金太宗并没有因此猜忌耶律伊都，而是在愤怒之余，于靖康元年八月断然下令：再次兵分两路，讨伐宋国。

## 赶紧补救

金国即将再次伐宋的消息很快就传到钦宗的耳朵里。援太原兵败，给梁王的信被截，被赵伦骗，给耶律伊都写的策反信被交到金太宗手中，所有这一切都使钦宗整日如坐针毡，后悔不该听李纲、徐处仁、吴敏等人的鼓惑，心存侥幸，想与金国抗衡。

不容多想，钦宗立刻派刑部尚书王云出使斡离不军中。王云向斡离不解释说，给梁王的信是奸人伪造的，为的是挑拨宋金两国的关系，决非朝廷本意；又解释说，三镇军民不肯奉诏，也绝不是朝廷暗中做了手脚，而是百姓怀土恋主所致。接着，王云提出，三镇一带，有宋皇室的祖宗陵寝和太宗皇帝的祠宫，作为子孙也实在难以将祖宗陵寝割予外邦；为不失通和之意，也为长久打算，朝廷希望以三镇税赋折成三十万两匹银帛作为岁币，代替原来割三镇土地给金人的方案。

斡离不并非相信了王云的解释，但他熟知耶律德光的典故，而三镇军民拼死抵抗的现实也让他真切地感受到了异族统治的艰难。所以，他十分认同王云的观点，就对王云说："吞舟之鱼一旦离开水，吞车之兽一旦离开山，就连小小的蚂蚁都能将它们吃掉，这都是因为它们住到了不该住的地方。"也认为中原非金人所处之地，于是同意用三镇的税赋代替土地的方案。

王云是带着钦宗的旨意与斡离不谈判的，可说服了斡离不后，回到朝廷却遇到了少宰吴敏的坚决反对。吴敏认为：斡离不既与朝廷结盟，就该遵守条约，约束士兵，可金兵在结盟之后仍出兵攻陷隆德、威胜，掠我子女，焚我庐舍，已经背盟，所以，原先许给他的三镇已经不作数了，当然就更谈不上以税代地了。

王云解释说："类似的理由我也向斡离不提出过，斡离不解释说：'粘罕不知两国已经讲和，只是为了与我汇合才南下的，因沿途州县不配合，才发生了一些冲突，在接到我的通报和宋朝的移文后，便撤回太原专候交割。所谓不知者不该有罪。至于劫掠焚屋，都是一些违令士兵的个别行为。凡事都应从大局着眼，勿以小事坏了两国的和好大计。’斡离不所言，也不是全无道理。朝廷许三镇的墨迹未干，岂可背盟?”

听了王云的解释，吴敏大怒，高声叫道：“你还是中国的臣子吗?怎么一味维护夷狄的利益!”

随即不再听王云的任何解释，罢了王云通报使的职务，将他逐出京城，贬到邓州任职。而王云写给钦宗的奏折，也被吴敏扣下不报。

钦宗试图阻止金军再次南下的努力，竟因吴敏等人的反对，无疾而终。

眼见朝内大臣完全不将自己的意旨当回事，钦宗也不干了，遂罢免了主战的太宰徐处仁和少宰吴敏。

## 太原陷落

战场上的情况可谓瞬息万变，还没容钦宗做出新的反应，粘罕率领的西路军已经由大同出发南下，再次围攻太原。

九月三日，太原在被围了二百五十多天后，城中军民存活者不足十之一二，终因弹尽粮绝而被金军攻占。

知府张孝纯被抓；副都总管王禀背着供奉在太原祠中的宋太宗画像，与其子王荀投汾河自尽；太原通判王逸不肯被捕受辱，在自己的府邸中自焚而死。

金兵入城后，烧毁屋舍，屠杀军民。太原城完全变成了一座空城、一片废墟。

粘罕敬张孝纯是条汉子，进城后虽纵金兵屠城，却不肯伤害张孝纯，反而要劝他投降。

粘罕对张孝纯说：“大辽都被我灭了，你竟然还想以一城之力据守，实在不自量力。如今城已陷，你还有何话说?”

张孝纯答道：“如果我有粮食，岂能容你得志?自古以来，得天下者应广布恩德，而不在开拓疆土。你既灭大辽，又灭人宗庙。既不施德，地虽广大，也是盛极必衰；虽黩武好战，也是必亡!”

粘罕笑道：“大辽天祚皇帝，内政不修，外侮邻国，整日纵欲无度，终至天怒人怨。我家大圣皇帝知其必亡，替天行道，以顺讨逆，怎能说是无德？你家皇帝，遣使海上结盟，却屡屡违约弃盟，招诱张觉，遣散辽人。我家皇帝遣二太子和我兴兵问罪，天兵既抵汴京，你家君臣哀鸣请和，割三镇二十州以赎罪。我家二太子怜悯从请，遂即班师。可誓墨未干，盟言又变。不仅三镇不割，还以兵袭我。自古违盟不可享国，所以才再次吊伐。”

张孝纯说：“朝廷大事，我未曾听说。我只知身受国恩，不肯背弃朝廷。现在我惟有一死报效朝廷，勿复多言。”然后，紧闭双目，再不开口说话。

# 第九章　议　和

## 西路议和

主战的徐处仁、吴敏被罢免之后，在朝廷上，主和的声音开始占据主流。

九月三日，也就是太原被攻陷的同一天，侍御史胡舜陟给钦宗上书论述御戎之策。

胡舜陟说："汉高祖举秦如鸿毛，取楚如拾遗，威加海内，遂成汉业，而与匈奴有和亲之约；汉光武破王寻、王邑于昆阳，诛王郎、铜马于河北，号称中兴，而卑辞厚币以礼匈奴之使。臣观汉唐以来御戎之策不过有五：一是和亲；二是守备；三是征伐；四是抚定；五是羁縻，皆因时而定。和亲与守备，在夷狄强盛时用；抚定与羁縻，在夷狄衰弱时用；而征伐则不论夷狄强或弱，首先必须是中国强盛、兵甲精锐，我有万全之势，敌有可乘之隙时才可用。现如今我国的情况是，奸臣误国，内侍掌权，海内虚耗，帑藏空竭，军律不振，士不为用；而金人长驱直入，我动天下之兵，敛四海之财，不能稍挫其锋，正所谓敌强我弱之时。当此之时，讲和与守御应是优先考虑的策略。愿陛下以汉高祖为法，与之讲和；以汉文帝为法，做好守备。以宏大的气量，暂且忍辱负重，以待再图。"

胡舜陟的话正好说到钦宗的心坎上了，于是决意讲和，派吏部侍郎李若水出使西路金军。

九月十五日，李若水来到太原府榆次县的金军营中。大金馆伴使萧庆在客帐中接待宋朝来使，甚是殷勤。

寒暄过后，萧庆问："来使为何事而来？"

李若水答："为和议而来。"

又问："有国书吗?"

答："有。"

萧庆提醒道："国书之外还有其他事吗?如有，还是先告知国相元帅的好。上次，贵国使者来访，就因事先未做沟通，结果面谈时，因翻译的问题颇费了许多周折。"

李若水说："本使临行前，本朝皇帝曾命若水，要再三向国相元帅解释，全因奸臣误国，才有贵我两国间的误会。现在，我朝已分派二使前往东、西两路金军营中议和，以表明我真心悔悟之意。愿国相元帅以生灵为念，盟好为心，早日通和，则天下幸甚。"

萧庆应承之后退出客帐，李若水当夜则在客帐中住下。

十六日一早，有两名翻译到客帐引李若水等一行人进入军营。从营门至大帐，有全副武装的甲士排列两旁。

萧庆从大帐中迎出来，又是一阵寒暄。然后问道："有一事，国相命我先问来使：赵良嗣是上皇时人，不知现在何处?"

李若水答道："赵良嗣已被贬到岭南去了。"

又问："不知是何时遭贬?"

答："不是去年冬天，就是今年春天，记不大清楚了。"

萧庆不再询问，委婉地吩咐说："国相希望先看过国书后，再与来使面谈。"

李若水遵嘱取出国书递给萧庆，等在一旁，萧庆携国书进入大帐。不一会儿，复引李若水等人进入大帐。

国相元帅粘罕正襟危坐在大帐正中。礼毕之后，李若水单刀直入，表明了钦宗的和解之意，希望双方尽释前嫌，以生灵为念，盟好为心，早日通和。

这些话早已由萧庆代为转述过了，此时只是再由李若水亲口说一遍。

李若水话音刚落，粘罕当即质问道："想当年贵朝收复燕京时，杀了许多金人。那些人可是生灵?当时可曾为念?"

李若水一愣，没想到粘罕会如此回话。顿了一下后回复道："国相如此追思往事，一一细较，作为使者，实在不好讲话。"

随即话锋一转，说道："此次我朝皇帝希望以三镇租赋代替三镇土地、人民，奉于贵朝，愿与贵朝休兵讲好。"

粘罕厉声说："既有城下之盟，已许割三镇，三镇租赋当然归我，如何又有以租赋代替土地一说？你们是要违约不割让土地吗？"

李若水说："出此下策，全因三镇军民不肯交割土地。如用租税替代，一来你们的利益并未受损，二来又可省去管理的麻烦，岂不两全其美？"

粘罕说："你们不去劝谏你们的皇帝早日交割土地，却来这里说空话，巧舌如簧，谁会相信？"

说罢，也不等李若水回话，便吩咐手下设宴为李若水等人洗尘，不再交谈。

十七日，李若水以感谢粘罕的款待为名，再次约见粘罕，并再提和议一事。谁知粘罕并不搭言，反倒闲聊起来，问李若水是从哪条路来的。李若水不知粘罕此话何意，就实话实说。

粘罕得知李若水是从井陉而来，又问："听说此路险阻，不能通车，是真的么？"

李若水答："正是。"

粘罕暗含讥讽地接着说："听说去年解制置（解潜）率兵守井陉路，不战而溃，为什么？是险不足恃，还是兵不堪用？"

李若水一下子弄懂了粘罕为什么对朝廷、对自己如此轻蔑。但粘罕既有来言，自己就不能没有去语。于是回复道："去年解帅奉旨到河北两路召集沿途弓箭手和保甲，随即得到两国和好的消息，于是又将召集的弓箭手和保甲解散了。不是不战而溃，而是不曾守井陉路。国相所听，恐怕是讹传。"

粘罕哈哈一笑，不再追问。转而询问李若水等人家居何处、家有何人，纯是家常。

李若水见达不成使命心下着急，便再三提起以租赋代土地一事。

粘罕终于耐不住了性子，作色道："言已在前，不必再提。若差人速来交割土地人民，我即回兵通和。万一不从，我即提兵直到京城，当面索求！"

话说到这个分上，再无回旋余地。见再留也无益，李若水便当面告辞。

## 隆德失守

粘罕打发走李若水之后，只休整了几天，便又驱兵南下。

十月初，粘罕兵到隆德城下，扬言要守臣出城议事。

知府张有极派通判李谔出城来见粘罕。粘罕说："我现在是要向赵皇兴兵问罪，不攻你城。只要你们送些酒肉粮食犒赏我军，我军就乘夜过去，决不为难你们。"

李谔回城向知府禀报，知府不敢自己一人做主，就连夜召集城中父老征求意见。城中父老坚决不同意犒赏金军，只愿守城。

第二天，金军派人来问犒赏一事，众父老在城上大声叫骂金使。李谔怕收不了场，赶紧上前制止，劝解道："不要惹恼金人，一旦金人攻城，后果不堪设想。"守城的官兵见李谔如此作为十分愤怒，指斥他投敌卖国，举刀便杀了他。

粘罕见状大怒，下令攻城。城陷之后，金人杀戮甚重，全城也被洗劫一空。

## 怀州失陷

李若水与粘罕谈判无果，取道怀州（现河南沁阳）回京城。在怀州见了宣抚判官折彦质，二人密谈至深夜。

第二天，参议范仲熊请见折彦质。

折彦质对范仲熊交代说："今天有圣旨来，说不要我们去大河守御了。又因河阳（现河南孟县西）百姓人情惶惑，令我去安抚。"

转天，折彦质就带兵离开怀州，去河阳了。

大敌当前，折彦质作为带兵将官，不仅不积极备战，准备抵御，反而临阵逃脱，叫范仲熊十分气愤。他马上去见怀州安抚使霍安国，商量对策。霍安国说："折彦质临阵脱逃，我一定上本弹劾他。怀州兵虽不多，但有粮有器甲，未必就守不住。我们要组织百姓一起上城，共同防御。”

见安抚使信心满满，范仲熊心中也有了点底。

仅仅过了一日，这一天早晨，范仲熊刚刚起床，便听得门外人声鼎沸，皆传金人来了。范仲熊急忙派人打探，才知这回金人确实是来了，并已将文书送到了北城守兵的手中。范仲熊饭也顾不得吃，赶紧直奔北城而来。刚到北城城楼，就见霍安国正在看金人的文书。文书的大意是说，大金有道，中国背盟，现在晋、绛已降，令怀州速降，免遭涂炭等等。

见范仲熊到，霍安国将金人的文书交给范仲熊看，同时征求他的意见。

范仲熊见事情紧急，主动提出去金营谈判，说：“是福不是祸，是祸躲不过。金人既然已经来了，总要见面探探底，才好决定。”

见范仲熊如此自告奋勇，霍安国自是喜出望外。两人当下商定，此次去金营，只探敌人虚实，不做任何表态。

范仲熊出城来到金营，向大都统娄宿贝勒询问来意。娄宿贝勒所说，与所送文书的内容大致相同，也是劝降。因范仲熊无法明确表态，娄宿贝勒同意范仲熊回城与安抚使商定后再给回话，但明白表示，如果明日上午不见回话，便攻城。

第二天，因怕金人偷袭，宋人没敢开城门，范仲熊坐在大筐里缒城而下，来见娄宿贝勒。

娄宿贝勒见范仲熊虽然人来了，却未带降书，觉得十分奇怪，不知既然不降，为啥又要出来见面，就问：“为何不降？”

范仲熊解释说：“我们都是做臣子的，做臣子的都有做臣子的规矩。假使大金的臣子守一座城池，遇到别国兵马，不等圣上旨意，便以城降，你以为如何？现怀州并未接到大宋皇帝的文书，如果降了，恐怕你家国相也不会喜欢吧？”

范仲熊的解释纯粹就是狡辩，甚至可以说连狡辩都说不上，整个就是胡说八道。谁见过两国交战，不到最后一刻，不打到七荤八素、奄奄一息，被动的一方会主动无条件投降？范仲熊所谓等钦宗的文书再投降之类，实在是糊弄小孩子的把戏。

但娄宿贝勒还就认为范仲熊说的有理，认为这才是一个忠臣。于是说："你说的有理，我不打你就是了。"

见竟有如此收获，范仲熊心中大喜，更进一步说："虽说都统大人同意不打怀州了，但恐后面的部队不知都统大人的承诺，在您离开之后还要打，望都统大人写一文书，以为凭据。"

娄宿贝勒拍着胸脯说："你就放心吧，我大金国不使用文字，只一人传一箭给后队就行。"然后，将范仲熊送回城去，而自己则率兵继续南下了。

又过了一天，有探报说，粘罕已过隆德府，正向怀州方向而来。因上次范仲熊成功说服娄宿，使怀州免遭战祸，霍安国决定故计重施，再派范仲熊说服粘罕。

范仲熊出怀州城西行三十里，在西山脚下见到粘罕大营，作为怀州安抚使的特使拜会粘罕。

听说有宋朝官员拜会，粘罕立刻传令在大帐见面。

行过宾主之礼之后，范仲熊委婉地说："两国已结盟好，誓不相攻。没想到国相元帅带兵远道而来至此，必是有事要与中国商量。百姓不知大军因何而来，十分不安。若有要与中国商量的事，可先告诉我，我可通过怀州安抚使转奏朝廷，以便朝廷与大人交涉。"

粘罕也没搞清对方的身份和权限，只知是宋朝的官员，便滔滔不绝地讲起来。从宋徽宗派人渡海，海上结盟，宋人未曾履行义务，反倒主张权利，是金人施恩于宋，将本不该割给宋人的土地割给宋人，结果宋人不仅不感恩，反而背信弃义，招诱张觉说起，一直说到靖康元年的城下之盟，宋人本已许下三镇，不想金兵刚撤，宋廷就密谕三镇坚守，不与交割，再次背盟。最后说道："我此次出兵，可谓师出有名。作为惩罚，我本想将南朝土地一并收了。可大金皇帝并不想灭了南朝，只想以黄河为界。你怀州地处河北，当归我大金。我原想进兵收复，又恐进兵会伤及百姓，所以请你告知怀州军民，要尽早投降，以免遭涂炭。"

范仲熊一直默默地听着，做出一副很恭敬的样子。见粘罕话音已落，便将曾对付娄宿的话又搬了出来："我们未曾见到大金皇帝与大宋皇帝关于以黄河为界的文书，希望请允许我派人去大宋皇帝处证实。"

无奈这话对粘罕根本不起作用。粘罕不屑地说："没必要派人去京师。我大金兵马这就去开封捉你赵皇帝来。"

听粘罕如此说，范仲熊赶紧摆手说道："这可不是我所希望国相做的。何况宋、金两国皆是大国，胜负终难意料。退一万步说，就真如国相所言，大金胜了，恐怕那也不是大金之福。"

粘罕闻言一愣，不解地问："为何?"

范仲熊说："事情再简单不过了，如果当今圣上为君，大金可以确保有岁币的收入；可如果大金胜了，灭了赵氏，中原必定会有人举兵造反，建立新的国家。到那时，新的国君与大金间，既无契约又无恩义，必不肯割地纳币。如此一来，大金又必不肯甘心，必动干戈。但年年用兵，何时是头呢？有人会对国相说，讨伐所得多于岁币。请国相仔细想想，征伐所得就是再多，也多被将士们得去，国相自己所得却有限。另外，国内如果用兵时间过长，民心必然怨恨，而这个责任却全由国相一人承担。所以，还不如接受岁币的好。以仲熊看来，不如与大宋皇帝商量，除已许土地之外，每年再加些岁币，不知可否?"

范仲熊有何职何权可以妄谈和约条款？他这纯粹是缓兵之计。可粘罕还就信了，认为范仲熊说的很有道理。他没有像对李若水那样断然拒绝，而是认真地回复道："既如此，你差人去与大宋皇帝交涉，除土地外，每年再加岁币二百万，我暂且留兵在怀、泽之间，等你的回报。"

范仲熊回到怀州立刻向霍安国禀告，霍安国马上写奏本上奏朝廷。太宰徐处仁和少宰吴敏被罢免后，主和的力量虽占据主流，但如此重大决策仍很难决断，更何况是由一个小小的安抚使建议的。转眼间半个多月过去了，霍安国的奏本如石沉大海，没有回音。

粘罕久久得不到范仲熊的回报，不免焦急起来，便带兵来到怀州城下。

霍安国见金兵大至，知道事情不好，没敢让范仲熊出城，只派了六名秀才去见粘罕。

粘罕见来的不是范仲熊，心中已是不悦，开口便问："上次与范仲熊所议结果，是霍安国未报朝廷，还是赵皇没有答复?"

六个秀才皆说："是朝廷没有回文。"

粘罕闻言大怒，感觉自己被戏耍了。他拍案而起，气急败坏地叫道："看来是范仲熊官小，没人理睬。可我也亲自写了文书，怎么也没有回文？难道连我也敢小看吗？从今以后，你们就是有文书来，我也不理，来人我也不见。咱们全凭实力说话。回去告诉你家安抚使，不管你们是出城一战还是守城，只要不降，我就要不住手地打了。"

粘罕放走六名秀才，当日下午就开始攻城。大炮、云梯、鹅车洞子，轮番进攻。城上守兵用神臂弓、滚木檑石、滚烫的开水，不断地反击。一直打到天黑，金人才息鼓休兵。

半夜，霍安国料定金人不会以为宋人身处劣势还敢出击，定然麻痹，便令范仲熊组织了二百人的敢死队偷袭金营，毁金人的大炮。谁知金人早有防范，一番厮杀之后，最终返城者仅有二十四人。范仲熊收拢残兵刚要回府，不曾想金人已乘宋人人困马乏之际，攻上城来。范仲熊急率残兵迎战，无奈被金人生擒。城中一片大乱。

众金兵押着范仲熊去见监军乌舍，乌舍在军中见过范仲熊，知他是宋朝小官，便对他说："我知道拒不投降，罪不在你。只要你将安抚使找来，我们一同去见我家国相，就可免你一死。"见范仲熊没有马上回话，就又说："我大金人说话一句是一句，不像你们南朝人，说话全不作数。"

随即也不待范仲熊点头，就派金兵押着范仲熊去找霍安国。结果找遍州衙，找遍全城，也没见到霍安国的影子。原来，霍安国也被生擒了。

霍安国等人誓死不降，最终被粘罕杀了。知道范仲熊曾组织敢死队抗击金兵，粘罕本想把他也杀了，无奈监军乌舍曾赦免范仲熊死罪，粘罕怕被人小看，不好食言，只得留了他一命。

怀州由此失陷。

## 黄河失守

十一月十一日，休整几日过后，粘罕从怀州出发来到河阳，与折彦质率领的十二万步兵和李回率领的一万骑兵隔河相遇。粘罕派出先遣部队一探虚实，回报说：南兵甚众，不可轻率渡江。

粘罕准备立即整兵而战。娄宿劝道："宋兵虽多，不足为惧。但如果直接正面交锋，却也胜负难料，不如先以虚声恐吓。可尽取军中战鼓，敲一晚上，以观其变。"

粘罕接受了娄宿的建议，命士卒在河北岸彻夜击鼓。

待到天明，黄河南岸居然不见一个宋兵。粘罕大喜，立刻命银朱贝勒率三千骑兵由水浅处渡河，在折彦质军寨旁安营扎寨。折彦质见金兵已然过河，也不辨明敌兵多寡，提中军便走。三军见状，争相逃窜，宋军未战自溃。李回见主力已败，无心再战，也随之逃命去了。可怜宋军十三万兵马，就这样未动一刀一枪，将黄河天险献给了金人。

## 重大决策 擒贼先擒王

还在西路金军攻占太原时，东路金军快速南下，越过中山府，于十月间大败宋将种师闵于井陉，攻占了河北重镇真定府。

在攻占了太原和真定之后，金军面临着军事战略上的一个重大抉择：究竟是先占领两河地区，还是直接进攻宋朝京城开封。

十月下旬，粘罕由太原向东，斡离不由真定向西，两路大军的统帅齐聚平定军，商讨并协调下一步的进攻目标。

在军事会议上，右监军兀室认为：太原和真定乃两河的领袖，应乘此二镇收复之势，先取两河，站稳脚跟之后再取开封。上次二太子斡离不未取下开封，就是因为有后顾之忧。如果我们弃两河先取开封，万一失利，恐怕连两河也得不到。

兀室显然是稳健派，他吸取了上次的教训，主张一步一个脚印，步步为营的打法。

斡离不听后没有表态，可粘罕却坐不住了。他怫然而起，一把将头上的貂皮帽子摔到地上，高声说道："开封是宋朝的根本，不夺取开封，两河地区即使得到也守不住；而如果攻下开封，两河不攻而自得。上一次开封之所以没有攻下，只因我不在那里。现在太原已得，再没有人能阻挡我了，开封一定会被攻下！"

见在场金将异常兴奋的神情，粘罕突然伸出右手做了一个取物的动作，一板一眼地说："现在我取开封，就如探囊取物一样。"众金将全都会意地笑了。

粘罕的主张显然是擒贼擒王、蛇打七寸的打法，更聪明，也更具进攻意识。

进一步南征的方案就此最终确定。

## 艰难的抉择

随着太原、真定相继失守，朝野震惊。此时，钦宗又想起了已被免职的王云，急忙将他召至京城，再次派他往东路金军与斡离不议和。

上次，斡离不曾答应以三镇税赋代替三镇土地，但要求是半月内将税赋交到燕山府。因吴敏等人的阻挠，此事最终搁浅。此次王云旧事重提，斡离不却坚决拒绝了，并明确指出：如二十日内不交割土地，则兵发开封。

与此同时，金人还派太师王汭等人作为金国使者，带着宋廷串通耶律伊都和萧太师的证据来向朝廷下最后通牒。指名点姓地要求由康王赵构赴金谈判，谈判条件除割地赔款外，还要求索衮冕、车辂（象征皇权至高无上的车马仪仗）及上金国皇帝尊号等。

事已至此，钦宗再无办法可想，急忙召集百官上殿议事。钦宗问道："朕屈意议和，无所不至，虽衮冕、车辂、名号之类皆所不惜，只想保有祖宗的土地。可金人却执意要割索三镇。朕今天想听听众卿的看法，如割让土地，其利害如何？如不割让土地，其利害又将如何？朕当从众而行，不敢自断。"

大殿之上，众大臣仍是两派：何㮚、吕好问等主战派坚持认为，三镇为国家根本，就像人的四肢，割去四肢的人还能称其为人吗？而三镇之民皆陛下赤子，割地则弃民，有为民父母而弃其子孙的吗？另外，当今的天下，并不是当今陛下的天下，而是太祖太宗的天下，陛下没有权力割让祖宗的土地；况且金人言而无信，不割地他来，割地他也来，割地无益。

而耿南仲等则力主立刻割地求和，认为既已盟约同意割让，就不能失信于夷狄，以免酿成更大的祸端；范宗尹甚至跪到地上大哭，恳请钦宗速割三镇。

双方争执不下，朝堂之上闹得不亦乐乎。钦宗全无主见，不知如何是好。

十一月七日，中书舍人孙觌上本乞弃三镇，他写道："臣在殿上曾听金使请割三镇，他当时说：'若今日割得三镇，明日金兵便旋师去矣；若朝廷不答应，则金国相自河东来屯兵南郊，围城之西南；皇子郎君自河北来屯兵北郊，围城之东北。既来，则会将京畿方圆五百里烧毁殆尽。'王汭既退，陛下向宰相唐恪问计，唐恪却只说：'不给三镇，金人必来；给了三镇，臣不能保他不来。'再三询问，皆如此答，根本没有一个应对的办法。据臣所知，战国时，齐、韩、魏三国攻打秦国的函谷关，秦国的局势十分危险。秦王向楼缓问计，想割让河东以讲和，楼缓让秦王与公子池商议，秦王就去问公子池。公子池说：'若讲和，大王会后悔；若不讲和，大王也一定会后悔。若割地而讲和，必说，太可惜了！其实即使我不割河东，三国也未必进得了函谷关，他们一定会自行退去。此即割之悔。若不讲和，三国真的进了函谷关，兵困咸阳，大王一定也后悔。后悔当初为什么就舍不得河东，而使自己处于危城之中。'听了公子池的话，秦王说：'我宁悔失三城，也绝不使自己处于危城之中。'于是，秦国割地与三国讲和。秦国当时是战国中最强的国家，它尚且割地以缓一时之急，何况我朝？"

此奏本刚刚送出，不待朝廷做出反应，当日就又上了第二本："臣闻道有经有权，事有常有变。知道之权者能摧刚而为柔，适事之变者亦能转祸为福。臣曾读国史，澶渊之役，我军大聚，敌惧请和。我诸将争欲以兵邀其归途，杀无噍类（不留一个喘气的）。真宗皇帝说：'如何杀得尽。只会结怨，成为边患。'于是，下诏按兵勿战，使其归国。当时就有将帅说：'待到秋高马肥之时，敌人还会入侵。'真宗皇帝则对近臣说：'这些将帅们平日无事，总爱说大话，出狂言，瞋目抵掌，欲赴功名。可一到战场上，却总会误事，你们不要附和他们。'臣观今日之将帅，也大抵如此。如大将刘延庆，重兵屯于燕山，竟无故拔寨而逃，结果伤亡惨重。昨日之事，不可不察。”

孙觌一日两上奏本，将主和的理由和对主战者的攻击都表述得一清二楚，只待钦宗决策。

然而，钦宗最不擅长的就是决策，他总是左右摇摆、患得患失，不知应在两个“后悔”中选择哪一个。

## 康王议和

很快，金人就帮助宋钦宗做出了决策：消息传来，西路金军相继攻陷了隆德、浄州（现山西晋城）、怀州，马上就要渡过黄河了；东路金军也已屯兵庆源（现河北赵县）。金人眼看就要打到家门口了，如果不想自处危城之中，除了讲和，难道还有别的选择吗？

钦宗不再犹豫，急忙再派王云跟随康王赵构赶往金营议和。临行前特别交代，金人提出的所有条件全部答应，包括割地赔款、奉金国皇帝为皇叔、上金国皇帝尊号等，唯一的要求是立即停止进兵。

事情紧急，赵构等人接旨后不敢怠慢，即刻出京，赶赴金营。

赵构一行的目的地是东路金军，第一站是磁州。

说来也该出事。

王云是泽州人，字子飞。自从被钦宗任命为特使以来，多次奔波于宋金之间，竟再也没进过家门，可谓是国而忘家，公而忘私。上一次出使斡离不军营返京，在磁州停留时，曾好意告戒磁州知州宗泽，因金人要南侵，希望宗泽提前做好防范，将城外居民撤到城内，坚壁清野。王云本是好意，为的是阻遏金人南侵，使国家和百姓都少受一些损失。可宗泽却认为王云的做法是长他人威风，灭自己志气，是在为敌张目，奉使卖国。虽然最终还是坚壁清野了，但他对王云的敌视态度也是众人皆知。

正因为磁州做了准备，金人知晓后便改变了南下的路线，不再由磁州南下，而改由大名府的魏县南下。

坚壁清野搅乱了许多百姓的生活，使他们蒙受了很大的损失。如果金人从磁州过，那么已遭受的损失和可能遭受的损失相比要小得多，他们自然会感激王云；但实际上金人并没有从磁州过，这就使他们对已遭受的损失感到极大的不平衡。加上宗泽对王云的态度，于是，磁州的百姓普遍认为，金人根本不想从磁州过，王云让我们坚壁清野，征我们的粮食，毁我们的房屋，就是想坑害我们，他一定是金人的奸细。从此，对王云充满了切齿的仇恨。

另外，为了说服钦宗主战，宗泽曾向钦宗夸下海口，说自己已经组织了一万五千人的军队在城外安营扎寨，足以抵御金兵。所以，此次赵构动身北上时，钦宗还特意嘱咐赵构，一定要核实一下宗泽军队的人数。

却说康王赵构来到磁州，宗泽当然十分重视，便率属下出城迎接。赵构见迎接的队伍中执兵器者不过百余人，想起钦宗的嘱托，便问那一万多人的去向。宗泽没想到赵构会有这么一问，一时慌乱，顺口便说全都请假回家洗浴去了。

赵构的任务只是核实宗泽军队的人数，钦宗并没有给他处置的权力。既已完成了任务，赵构也不想多事，就取笑宗泽道："说大话了吧？"想以此缓解宗泽的尴尬，翻过这一页。

谁知王云却将此事看得极重，当面指责宗泽谎报军情，欺蒙圣上。同时，还将宗泽写给皇上的奏折拿给宗泽看。宗泽在奏折上告戒钦宗说，王云多次前往金国，又熟悉中原情况，恐是金国奸细，意在卖国，望陛下千万不要相信他的话。

钦宗将宗泽告王云的奏折拿给王云看，当然意在表示一种绝对的信任；王云将宗泽告自己的奏折拿给宗泽看，除了要表示钦宗对自己的信任外，恐怕还有一种威胁的意思在里面。王云本以为威胁宗泽的结果会使自己处在更加主动的位置上，却忽略了过度的威胁有时则可能走向反面。

宗泽对王云言谈举止背后的意思心知肚明，当时没再说什么，私下里却散出了王云是奸细，明天要挟持康王去金国的消息。

磁州百姓早就恨王云，得此消息后便起了杀王云的心。

宗泽是个坚定的主战派。接康王进城后便极力劝赵构不要北上议和，以免重蹈肃王一去不返的覆辙。但赵构因有皇命在身，执意要去。

宗泽见直接劝谏不行，便想借占卜的机会再行劝谏。于是就对赵构说，此地有一崔府君祠，供奉的是东汉人崔子玉，因崔子玉曾被封为嘉应侯，所以此庙也叫嘉应神祠，占卜甚灵。此次北上吉凶未卜，可先占上一卦，再做定夺。赵构对北上议和心中也是无底，听此建议十分高兴，便答应第二天与王云一起同去占卜。

第二天，赵构应宗泽所请骑马拜谒神祠。磁州百姓信了宗泽散出的消息，以为康王此行拜庙是假，受骗北上是真。于是遮马呼号，说王云是金国奸细，要将康王献给金人，纷纷劝谏康王万万不要上当，并阻拦康王北行。康王再怎么解释都没用，百姓一直尾随至神祠前不肯散去。

此时的赵构全无了占卜的兴趣，草草占了一卦之后，便想仍骑马回馆舍休息。不想突然有二十多名紫衣人抬着应王（即祠中供奉的嘉应侯）所乘的神轿来到康王马前，掌事的庙吏说，应王感激康王大驾光临，为表感激之情，想请康王乘此轿回馆。此轿轿体宽大，通体红色，座椅饰以金漆，座椅及竿螭首上还铺着红垫。康王一见十分生气，斥责庙吏道："亲王奉使出行，哪里能用此轿?"谁知庙吏毫不退让，坚持要康王坐轿，口中还说，不要违了磁州百姓的心。康王执拗不过，只得上轿。

这时，王云还在庙中未出。有人进庙对王云说，磁州百姓要杀尚书，请尚书暂藏在庙中。

但康王此时已上了轿，其他随行的人也都在陆续向外走，转瞬间就将空荡荡的庙中如何藏得住人？王云见宗泽还未出门，赶紧上前跪下求情，但宗泽根本不予理睬，径直走了出去。再无办法可想，匆忙中，王云只得换掉官服，以头巾遮面，试图夹在人群中混出去。谁知刚刚爬上马背，就被磁人认出。一声呐喊过后，磁人一拥而上，扯下王云蒙在脸上的头巾。确认之后，随即将王云掀翻在地，立时就被撕扯而死。可怜王云，就这样被受骗的百姓害了性命。

慌乱中，王云所持的国书及肃王府的家书等物品皆失。没了国书，康王赵构就是想完成皇命也完成不了了。

## 和议的大门彻底关闭

十一月十三日，就在赵构和王云奉旨出使的同时，为了抢时间，钦宗特命李若水作为康王的前使，日夜兼程，赶往金军东路大营。在真定南，李若水遇见了金军。说来也巧，竟是原来在粘罕帐前的萧庆接待的李若水。

熟人见面，便少了许多虚礼。

萧庆单刀直入，直奔主题："贵朝皇帝既不肯割让三镇，还有什么可谈的吗?"

李若水答道："本朝皇帝已差刑部尚书王云前来交割三镇等五十州军于贵朝，我是先来通报的。"

萧庆感到有些意外，就又问："王尚书何时会到?"

李若水说："我们与王尚书同日出京，我是日夜兼程前来报信，所以快了一点，想来王尚书一行人已到磁州附近。"

萧庆不再多言，安排了李若水等人住下之后，赶紧向斡离不请示去了。

傍晚，有翻译官来请李若水等人到斡离不大帐。宾主之礼见过之后，李若水递上了国书。

国书中文字不多，除了对因背盟惹恼金国、致使金军讨伐表示追悔莫及（果烦大兵来诘）之外，最关键的一点就是只要停止进军，一切条件全都答应（惟冀两路大军早回）。

斡离不草草看过之后对李若水说："赵皇若早如此，我何必提兵至此?"

李若水见斡离不态度和缓，似无异议，就赶紧追上一句道："既大事已定，还望元帅早日回兵讲和。"

斡离不说："我会在此等候，待割地使到来之后再收兵也不迟。"

随即送羊酒等物款待李若水一行。

第二天，李若水按礼节拜见斡离不，回谢昨日的款待。言谈间，有人来报，说南朝割地使王云在磁州被百姓撕碎了。

斡离不闻言勃然大怒道："宋人恐怕又是在说空话蒙我!"

语音未落，又有人送来河北宣抚使李纲追回李若水等使节的文书，说此前所许和议一事一切作废，他已奉旨领兵掩杀金兵。

宋钦宗如此朝令夕改实在让人无法理解（如果是李纲假传圣旨更加让人无法理解）。

这时的斡离不简直要气疯了，高声叫道："待我提兵去与李宣抚决一胜负!"

同时下令，扣押李若水一行人，随大军南下。

和议的大门至此彻底关闭了。

# 第十章　靖康之难

## 钦宗守城

十一月末，随着金军距离京城越来越近，一场关于究竟应该守城还是去外地巡幸的争论又开始了。

不过由于有上次守城成功的先例在，争论的激烈程度明显不如上次。

早在太原、真定陷落不久，老将种师道见宋军主力消耗过大，士气不足，认为京师难保，曾上书劝钦宗暂离开封，西避长安。在几位辅臣的反对下，钦宗未采纳种师道的建议，而种师道不久也染病身亡。眼下随着金军即将兵临城下，宰相唐恪又以唐朝自天宝以后京城屡失而复兴，皆因天子在外，可以号召四方的例子，提出以亲征为名西幸洛阳，据秦雍以图恢复。因怕其他辅臣反对，他特意避开众臣，私下提此建议。优柔寡断的宋钦宗徘徊在曾经守城成功的自信和对自身的安全担心之间，一时下不了决心。

何㮚听说此事后，立刻面见钦宗，引苏轼“周朝失计，莫如东迁”的典故劝钦宗打消西幸的念头。

周朝国都东迁，在中国历史上是一件意义深远的大事件。正是由于国都的迁徙，导致周天子逐渐失去对各地诸侯的有效控制，才使周天子最终蜕变成了各地诸侯手中的棋子。钦宗当然熟知这些典故，他也决不愿意当蜕变成别人棋子的周天子。而眼下的局势，与周朝东迁时又有几分相似，所以，何㮚的话深深地触动了他。虽然城中士卒不足十万，但反复权衡之后，自信终究战胜了担心，钦宗决心死守以待勤王之师。他坚定地对群臣表示：“朕当死守社稷，决不远避!”并为此罢了唐恪的相职。

闰十一月一日，天降大雪，雪丝长数寸，天地晦暝一片。为表现出自己的决心和信心，钦宗还仿效太祖赵匡胤的故事，头戴小帽，身披铠甲，轻装简从，冒着大雪，骑马巡视了南薰门。钦宗徒步登上城门，慰问守城的将士。以一副体恤下情、与开封共存亡的姿态，激励全城将士。中午吃饭时，还将自己的饭菜赏赐给将士们，自己则吃为将士们准备的饭菜。将士们无不感激得泪流满面。

在随后的几天中，皇后组织宫中的嫔妃宫女们日以继夜地赶做棉衣棉被等御寒物，分赐给守城的将士们，将士们无不大受鼓舞。

二日，金军已到城下，并开始攻城。钦宗毫无畏惧，一连三天，分别巡视了西城、北城和东城。同时仍然赏将士们吃自己的饭菜，自己吃将士们的饭菜。这几天，雨雪交加，一直没有停过。

五日，殿前副都指挥使王宗楚建言，应出兵城外下寨，一方面可使金人不敢轻易近城，另一方面，进可攻退可守，机动灵活，易于牵制、骚扰敌人。钦宗以宋兵不善战为由，不予采纳。

七日，在王宗楚的再三请求下，钦宗同意由统制高师旦率殿前司亲兵千人出城进行试探性进攻。结果宋军大败，高师旦战死。钦宗从此更坚定了死守的决心。

眼看金兵攻城日甚一日，签书枢密张叔夜不甘心死守挨打，也想出城一战。十六日，他瞒着钦宗，下谕召范琼、李宝、折彦文、何仲刚等诸将上城议事，意在出战。不曾想，直到日近午时，所召众将竟一个都没等来。

不过，该来的人虽没等来，不该来的钦宗的诏书却等来了。钦宗下旨说："闻卿召诸将议事，是想出城一战吗？如想出战，应先向朕奏明才可。"

原来诸将闻召，知道是张叔夜自作主张，自知来也不好不来也不好，便私下将消息透给钦宗，想探探钦宗的态度，这才招来钦宗的诏书。

接了皇上的圣旨，张叔夜只得做罢。

## 晾他一下

金人仍是老套路，一边攻城，一边派人议和。宋人也是有来有往，一边守城，一边与金人谈判。

闰十一月十七日，金人派特使进城，邀亲王和宰相出城议和。

十八日，金人攻通津门，同时又派使者邀亲王和宰相出城议和，还特别点名邀的是宰相何㮚。

十九日，接受上次肃王和张邦昌被扣留一事的教训，这一次，钦宗没有按金人的要求派亲王和宰相何㮚，而是派知枢密院事曹辅和宗室节度使士㒟，代替宰相何㮚和亲王去金营。

粘罕在自己的大帐中接见宋朝使者。

见来使中没有宰相何㮚，粘罕已是不快，便也不理曹辅，只问亲王名讳。

士㒟说："士㒟。"

粘罕感到奇怪，就问："既是亲王，为何不与皇帝连名？"

士㒟含糊答道："人臣不敢与君父连名。

粘罕立刻就明白了其中有诈，于是赶快叫来对宋朝皇室十分熟悉的手下询问，这才知道士㒟果然只是宗室，而非亲王。

宋朝皇帝居然敢如此敷衍他，这令粘罕十分恼火。他知道宋朝此次和谈全无诚意，便强压怒火，不再与宋朝使者交谈半句。勉强置下酒宴，酒过三巡之后，便送宋使回城。

第二天，粘罕向手下下达了全面进攻的死命令：必须在五日内攻下开封。

粘罕的判断是准确的。

自从闰十一月初开始攻城一直到曹辅奉命出城议和，半个多月的时间，金人几乎每天攻城不止，所用手段也不过鹅车、云梯之类，效果也十分有限。所以在何㮚看来，金人之所以再次派人请和，就说明他的手段已经使尽了，动武不成，不得已才又谈判，想就此顺坡下驴。

有这样一件事很能说明何㮚当时的心态：一次朝中大臣来东府拜

见宰相何㮚商议对策，少尹李平西认为可以接受金人的议和条件。何㮚没有马上表态，摇了半天的手，才慢悠悠地数着指头对众人说：“金人已经黔驴计穷，加上粮草不济，难以坚持，所以才想议和。一年之内，金人两次来到城下，想逼着我们议和，我们为什么就不能不和呢?”

看着被他的话惊得呆若木鸡的众大臣，何㮚非常得意，他语音一顿，话锋一转，接着一板一眼地又说道：“和终究还是要和的。不过，俗话说得好，饶你漫天要价，待我就地还钱。眼下我要稍微晾他一下。”

众大臣见何㮚如此信心满满，便不再搭言，遂各自散去。

## 六甲神兵

早在金军兵临城下之初，由于城内守军数量不足，同知枢密院事孙傅保举一个市井游民郭京，说他会六甲之法，可以退敌。当时就有士人提出异议，认为自古以来就没听说过邪术能抵御军队的进攻。孙傅为此十分生气，斥责那人道：“郭京乃为时而生的异人，有通鬼神的本领，对金人的情况了如指掌，岂是你这种俗人可议论的？幸亏是你跟我说，若是别人如此说，我定治他个动摇军心的罪。”那士人再无二话可说，拜退而已。

王宗楚知道这事之后，很感兴趣。为说服诸位大臣，他叫郭京在大殿之上，当着众大臣的面，拿猫和老鼠做实验，以证明此术的效用。为此，他还特意将宰相何㮚约来，一起验证。

郭京找来一只猫和两只老鼠，再在地上做一围城，在两侧各开一门，分别为生门和死门。先将猫从生门放进，将一只老鼠从死门放进，老鼠马上就被猫给吃了；然后将猫再从死门放进，将另一只老鼠从生门放进，这时的猫就像看不见老鼠一样，根本不去捕捉老鼠。郭京解释道：“六甲之法具有隐身的功效，这就是此法的玄妙。依此法用兵，我军从生门入，则金兵见不到我朝兵马，还不必胜无疑?”

俗话说，耳听为虚，眼见为实。虽然仍有大臣提出异议，但何㮚、孙傅亲眼见了郭京的实验，见六甲之法果真如此神奇，则信心大增，对郭京也是奉若神明。听得这一消息，京城里所有的人，不论富贵贫贱，无不欣喜若狂。每提到郭京的名字，人们都以手加额，视为神明。

钦宗也大受鼓舞，特封郭京为成忠郎，赐金帛数万，令郭京自行招募士卒，组建六甲神兵。

郭京身穿怪异的道袍，画成鬼脸，在京城大街上公开招募士卒。他招募士卒的标准不是武艺高低和年龄大小，而是生辰八字是否合于六甲之法。他共招了七千七百七十七人，合于道家的所谓七七之数。有人将这些六甲神兵又称为北斗神兵，还有人更叫为天官大将，对这些神兵给予了莫大的期望。

兵是招齐了，可郭京并不马上出兵，只放下话说："非朝廷危急，吾师不出。"

随着曹辅从金营回城，金兵攻城一日猛似一日，善利、通津、宣化三门的守城官兵伤亡惨重，京城安危命悬一线。人们再也等不及了，纷纷要求郭京率兵出战。郭京并不慌乱，含笑点头说道："只需择日出师，便可致太平。"然后上奏钦宗，要朝廷为他准备几辆囚车，说要出城捉粘罕来献给皇上。

二十四日，宣化门上又是一日激战，守城士卒死伤近半，血肉模糊的尸体横七竖八，遍布城墙之上。活着的士兵经过接连几日的战斗，已是精疲力竭，士气全无。

京城已到了最危急的时刻。钦宗再不犹豫，下令郭京率六甲神兵出战。

二十五日辰时，郭京身穿道袍，登上宣化门城楼。

以往有将士出战时，城楼上都有弓箭手待命支援，一旦出战的将士失利回撤，城上的弓箭手都会射住进攻的敌兵，保证城池不失。

郭京则以六甲之法可以隐形，若城楼上"闲人"过多，被金人发现，恐误大事为辞，清退城上所有弓箭手，只留签书枢密张叔夜镇守城楼。然后命手下将画有天王像的天王旗，按东南西北四个方位，每个方位插上三面，以示方位。他对手下说："此即围城。有此城在，定叫金人丧胆。"

随即大启宣化门，令七千七百七十七名六甲神兵出战。

城中其他兵士和百姓，目送六甲神兵出城。见其装束怪异，莫测高深，众人皆跷脚引颈，守在城门边等待捷报。又有几千人在一旁大声鼓噪，以助声威。

不一会儿，有人传，前军已杀敌无数，夺得战马千匹；再一会儿，又有人传，前军已占领敌军大营，树大旗于敌大营之中。其实全是好事者信口雌黄。

却说六甲神兵出城杀敌，本以为受了郭京的法咒，人能隐形，如果遇见金兵，也是自己看得见金兵，金兵看不到自己，自己便可以砍瓜切菜一样轻松杀敌。所以，出城之时皆无顾忌，蜂拥而出。

可巧，此时也正是金兵大举进攻之时。金兵远远见城门大开，一群人怪模怪样鱼贯而出，便分兵鼓噪而进。

郭京的神兵视金兵如无物，也不结阵，也不防备，照旧放步直行。谁知刚过壕沟，就有几百名金人骑着战马冲了上来，将前军从中切断。眨眼间，居前者被金人一扫而尽，居后者尽坠护城河中。吊桥上堆满了神兵的尸体，多得连吊桥都吊不起来了。可怜无知的神兵，待他们明白根本就没有神灵护佑他们时，已是上天无路，入地无门。未死之人在人马冲突中蹂践殆尽，哀号之声惨不忍闻。

后续的金兵顺势直扑城门。城楼上的郭京见大势已去，以须去城下作法为辞，禀过张叔夜后，立即下城，率残兵出城门向南逃命去了。

张叔夜见势不好，急命守城的士兵立即关闭城门。

经此变故，守城的士兵再也无心守城了。金兵架云梯攻城，宣化门的守军不仅不去抵抗，反而一哄而散。还边跑边喊道："百姓快上城抵御金兵，我们要去皇宫救驾!"慌乱中，张叔夜臂中三刀，奔下城去。

在其他城门，南薰门的守军要弃城，就说范统制献了戴德门；曹门的守军要弃城，就说卢太尉献了封丘门。一时间妄相鼓唱，人心浮动，弃甲倒戈者狼藉道路。百姓就像没头的苍蝇，不知向哪里去才是安全的。太尉姚友仲和多名统制官，在混乱中被宋朝的溃兵所杀。南城统制官吴革率亲兵力战，多处受伤，力不能支，溃败而去。

金人攻进城来，纵火烧了诸楼橹和宣化门、通津门。

金兵攻下京城，并不进入城区，只是守住城门，守在城墙。溃败的宋兵则乘机入室杀人放火，强抢财物。百姓号泣之声震天动地。

一时间，狂风卷着大雪，铺天盖地而来。大雪中火光冲天，城中尽赤。

是夜，雪盈数尺。

钦宗得到城破的消息，当初誓与城池共存亡的豪气荡然无存。惊惧中不由想起了种师道劝他离京避难的建议，失声痛哭道："悔不用种师道言，以至于此!"

## 何㮚议和

二十六日，粘罕派被扣押在金军的李若水进城，作为信使向钦宗传达粘罕只想得两河之地，别无其他要求的口信。

此时的钦宗，独自抱着太子在寝宫中，身边全无大臣，只有十几个侍卫在寝宫内外侍立。李若水来到寝宫，见到钦宗，君臣见面抱头痛哭。

二十七日天刚亮，钦宗遵金人的要求命何㮚出使军前。此时的何㮚早没了"晾他一下"时的风度，惊惧失措，竟不敢领命。钦宗再三申斥，何㮚仍迟疑着不动。站在一旁的李若水见状大骂道："国破家亡，全是你们这些人误事所致。你们万死都不能辞其咎，去金营谈判还犹豫什么?"

不得已，何㮚只得硬着头皮出发。两腿颤抖着好不容易来到马前，竟没力气上马，最后是被人连拥带抱地才上了马。

来到青城粘罕的中军大帐，帐外守卫森严，卫士们皆手持明晃晃的兵刃列在两旁。走进大帐，见粘罕端坐在大木案后，何㮚立刻跪下磕头，伏地请死。

粘罕厉声问道："南朝拒和主战谁是主谋?"

何㮚答："是在下力主战议。"

粘罕追问："真的不是赵皇拒和主战?"

答："所有主战的命令皆出自在下之手，不是皇帝的意思。"

粘罕语气稍缓，又问："我几次邀你出城议事，你为何不来？怎么如今城破了，你倒来了？”

答：“过去不来，是为了生灵。”

粘罕说：“现在你来了，又是为了什么？”

答：“仍是为了生灵。”

粘罕随即目不转睛地逼视何㮚，半晌没有说话，忽然哈哈笑了起来，问道：“我要洗城如何？”

答：“率兵洗城，元帅一时之盛也；爱在施德，元帅万世之恩也。”

听了何㮚的回话，粘罕觉得十分受用，面色也缓和了许多，就说：“自古以来，就有南有北，不可偏废一方。现在我所希望的，也只是割地，不想亡国。请回奏赵皇帝，欲请上皇出郊相见，不可辞。”

听到粘罕不亡国的承诺，何㮚一块石头落了地，拜谢而归。

自以为探到了金人的底牌，而这底牌又是朝廷早就许了的。何㮚自打青城回来，禀过钦宗之后，不再胆战心惊，而是在宰相府约人饮酒，谈笑竟日，仿佛是凯旋而归的英雄。

## 勿害城中军民

派何㮚出城之后，钦宗自己则冒着铺天盖地的大雪来到宣德门安抚城中军民百姓。城下上万军民见皇上驾到，口呼万岁，哭声一片。钦宗也同样放声大哭。

有金国使者来宣德门见钦宗，钦宗对金国使者以手加额，说：“宁害朕，勿害城中军民。”

金国使者说：“元帅有令：两国已通和好，城中秋毫不动。”

为了感谢金军约束士卒不进入城内，钦宗马上要求文武百官及僧道等人去金营前致谢，感谢金军的活命之恩。同时还提出，愿犒军者，请以牛酒置于南薰门，听从金人安排。随后又发出安民告示说：“两国已和，只候宰相何㮚从金营回，签署盟约。”

不多久，金营中传出话来说：“国相太子感谢宋民的好意，因军中食物不缺，就不麻烦宋民送酒食等物了。因天气不好，道路难行，也不劳僧道父老来军前了。”

## 一场闹剧

何桌从金营返回，向钦宗禀告了粘罕仅割地、不亡国的和议条件，钦宗听后稍感宽心。但听说粘罕要邀太上皇出城，不禁又替太上皇担心起来。因过度惊吓，宋徽宗此时已经病卧在床。钦宗于是便想替太上皇出城去见粘罕，想做准备，又不知从何做起。

真是越忙越有人添乱。

钦宗正在这里犯难，忽听外边一阵喧哗。殿前指挥使蒋宣醉醺醺地带着上百名宫中禁卫，斧砍左掖门，正直奔钦宗所在的祥曦殿而来。钦宗不明所以，刚要躲避，蒋宣已经闯进祥曦殿，对着钦宗大声叫道："官家，快随我从郑门逃出去，这里不是官家住处！"

也不等钦宗答话，就指挥手下挟持着钦宗出殿，扶钦宗上马。内侍见钦宗被挟持，便斥责蒋宣无礼。蒋宣趁着酒醉，挥剑就把内侍给杀了。

钦宗哪见过这场面，不禁大惊失色，从马上滚落下来。正要申斥蒋宣，蒋宣突然扑通一声跪倒在地，磕着头说："蒋宣不敢无礼，只是要救官家。金人诡诈，和议不可信，宰相和内侍多是奸细。望陛下速做决定。"

钦宗实在是气坏了，竟想不起该如何申斥蒋宣。嘴唇动了几下，没说出话来。愣了半天，才想起命左右让开，自己夺路奔回祥曦殿。

与此同时，随蒋宣一起闯入内殿的士兵开始不安分起来。他们乘机强抢御前及阁舍外库的金银器皿，滥杀阻止他们的内侍，禁中一片混乱。何桌急忙令四厢指挥使率人平乱。直到抓了几十名闹事者，闹剧才算结束。

## 一赴青城

二十八日夜，接连数日的大雪终于停了，有彗星出现在天的东北角，拖着长长的白色寒光横贯整个夜空，直到四更时分才消失在天际。

二十九日，太阳出来了。在雪地蓝天的映衬下，清晨的朝阳像血一样红。城中百姓见了无不惊骇，很多人认为这是杀戮之兆，金人可能要洗城。

三十日，在宰相何㮚、中书侍郎陈过庭、同知枢密院事孙傅等的陪驾下，钦宗乘马代徽宗去金营议和。

刚出朱雀门，就有成千上万的百姓闻讯赶来送行，将宽阔的街道堵得水泄不通。钦宗等一行人通过之后，仍久久不肯散去。

来到南薰门下，见是金人在守城，钦宗急忙勒紧马缰就要下马。城上的金人见了慌忙避开，并传话说："此处不是下马处，请皇上立马稍候。已差人通报国相元帅，马上便有人来护驾。"

不一会儿，城门大开，数十骑金人铁骑鱼贯而入，夹道拥卫着钦宗直奔青城而去。

行走多时，来到青城斋宫门外。钦宗又要下马，金人又劝阻道："请里面下马。"

此时，天色已晚。粘罕传下话来："因天色已晚，请赵皇帝斋宫歇息，明日相见。"

钦宗惦记着为他送行的京城百姓，住下后便立刻派人传过话去："大金已许议和，事还未了，朕今宿金营，待事了回城。望城内军民人等，各安其业，勿致疑惑。"

一直滞留在街上等钦宗回城的百姓听了皇上的平安诏，这才散去。

十二月一日，粘罕、斡离不并未与钦宗见面，而是派金使萧庆来索降表。

钦宗事先未曾料到这些，当即命中书舍人孙觌起草降表。孙觌万没想到差事会落到自己头上，他可不愿意做这会使祖上蒙羞的差事，便以能力有限，并超出自己职责为由推辞。何㮚见孙觌推辞，便又安排执政吴幵与孙觌共同起草。孙觌还想推辞，这时，钦宗再也忍不住了，说道："事已至此，还推辞什么？朕极想回城！你们只须卑词尽礼，讲一些请和称藩的空话就行。"

见皇上如此说，孙觌再也无法推辞了，和吴幵、何㮚三人一起动手拟降表。

谁知降表拟出来了，钦宗也看过了，但粘罕却不满意。先是要求用四六对偶句的形式写，后来又对里面的措辞不满意，让金朝官员参与修改，最后甚至粘罕自己也动了手，四易其稿，才算最终确定下来。

降表的开头部分是这样写的：“臣桓言：背恩致讨，远烦汗马之劳；请命求哀，敢废牵羊之礼。仰祈蠲贷，俯切凌兢。臣桓诚惶诚惧，顿首顿首。”

在降表中，粘罕令钦宗只称大金皇帝为皇帝，不许称自己为大宋皇帝，并特意将“大金”二字去掉，表示“大宋”已不再是一个与“大金”平等的独立国家了。

二日，粘罕先派人用青毡将斋宫大殿的鸱尾裹上，又将大殿内画有龙的墙面用帷幕遮住，然后北设香案，这才请钦宗来此见面。

粘罕与斡离不迎钦宗于大门处。粘罕与斡离不皆身材高大，但一胖一瘦，反差极大。胖大的粘罕声似洪钟，说话干脆利落；瘦长的斡离不则说话柔和，因其喜谈佛道，军中都称其为“菩萨太子”，看上去甚至有点唯唯诺诺。钦宗亲自手持降表交予粘罕。粘罕接过降表之后，与钦宗相向一揖，便请钦宗入斋宫大殿。钦宗进到殿内，站在香案前，听粘罕派人宣读自己的降表，然后北向而拜，以尽臣礼。宋朝随行官员皆站在殿外，唏嘘落泪。

礼毕，已到午时，金人设宴款待钦宗一行，以贺和议成功，众金军将领皆到场奉陪。

粘罕和斡离不以宾主之礼邀钦宗入座，钦宗谦让再三，才坐在主位。

酒过三巡，粘罕开始高谈阔论。先说徽宗，再说金人出师的原因，最后说道：“天生华夷，自有疆界，中原岂是我该占有？更何况天人之心未厌赵氏，如果我灭赵氏，会像大辽灭后晋一样，惹得豪杰四起，战乱频仍，中原仍不能为我所有。所以，我只想以黄河为界，黄河以南仍由宋朝管辖，只是要奉大金为正朔。现在两国既已和好，恐四方军民闻京城陷而生变，还请皇上遣使安抚百姓。”

钦宗一心只想回城，哪有心思喝酒吃菜？听粘罕讲话也是充耳不闻，不管粘罕说什么，只一个劲儿地点头答应。

见钦宗忐忑不安的样子，粘罕止住议论，说道：“时间已经不早了，恐城中军民心中惦记，还请皇上早回。”

钦宗早就等着这句话呢，闻言立刻起身向粘罕、斡离不告辞。临走还没忘了以晚辈之礼赐给二帅十几担金银。

看着这些礼物，粘罕笑了，说：“城既破，一人一物都是我的。皇上此次所来，议的是大事，何必还讲这些小礼?”

一席话说得钦宗脸上一阵阵发红。

粘罕和斡离不送钦宗出斋宫大门外，钦宗在金人铁骑的簇拥下返回京城。

傍晚，钦宗刚刚进入南薰门，就见成千上万的城中百姓捧香跪拜于街道两侧，涕泗横流，夹道山呼，山呼之声，震动天地。

在刚刚经历了刻骨铭心的屈辱之后，钦宗立刻就被如此场景深深地感染了。他的眼中霎时涌出了泪水，仰头大哭起来，喉咙间一阵哽咽，想说却说不出话来。

街道两侧的百姓见皇上如此情景，更放声大哭起来。

## 二赴青城

钦宗本以为既答应了割地赔款，又屈膝俯首称了臣，毫无条件地答应了金人的要求，事情就该结束了。他万万没想到，到此时，噩梦才刚刚开始。

金人之所以放钦宗回京，当然是为了要钦宗履行约定：割让土地，交纳金银。金人的最终要价是：除淮河以北的土地外，还要金一千万锭、银二千万锭、帛二千万匹，实在是漫天要价。只可惜，钦宗再也没有资本就地还钱了。

钦宗一边派出使者交割土地，一边督责开封府和大理寺搜刮金银财物。但从靖康元年十二月一直到靖康二年元月，一个多月过去了，金军甚至抓了四五十处守臣的家属同去交割土地，两河军民仍拒不奉诏（这次也没有拒绝割地的秘诏了），不肯纳城投降金人；同时，搜刮的金银财物也远远满足不了金人的胃口，不仅掏空了国库，不仅巨贾富户被洗劫一空，即使文武百官、皇亲贵戚也未幸免于难。

元月七日，开封府贴出告示：奉圣旨，为根括金银，充大金国犒军之物，凡自愿缴纳钱财者皆封以官职：正迪功郎六千贯、承信郎五千五百贯、承节郎三千贯、进武校尉二千贯、进义校尉一千六百贯……

既是这样，所缴金仍不足所要的百分之一，所缴银和帛也不过十之一二。因为完不成任务，负责搜缴的官员经常遭到刑讯杖责，而朝廷具体负责搜缴金银的梅执礼等四位大臣甚至被处死。此时的开封城内，无论富贵贫穷，皆不聊生。

为了给钦宗施压，金人还多次扬言要入城洗劫。

钦宗再也坐不住了，就向金使萧庆求情，希望粘罕能暂缓催缴。萧庆语意含糊地说："此事须陛下自己面见元帅，才能了结。"

经历过上次的青城之行，钦宗自觉受尽屈辱，实在不想再去。但萧庆明显话中有话，不知究竟何意。和何㮚等大臣商议，大臣们又都认为既已签了约，就不会再有什么危险。再加上钦宗又惟恐金人真的会因为金银缴纳不足而派兵洗城，不得已，便同意再去金营。

为防意外，他还特意安排皇太子监国，命同知枢密院事孙傅为京城留守、太子太傅。并私下嘱咐孙傅说："朕此次去金营，恐有不测。若真遇不测，则后事全托付于卿。卿可招募二三百敢死之士，带着上皇和皇太子突围到南方去。这样，朕也就放心了。"

交代完后事，钦宗于靖康二年元月十日第二次去金营，由何㮚、李若水等几百人陪驾随行。天甚寒，地冰如镜，行走的人都迈不开步。

刚出朱雀门，就像上次一样，钦宗又被闻讯赶来的百姓团团围住，百姓们哭喊着拉住皇帝的乘舆，要阻止钦宗前往金营。望着眼前的百姓，钦宗再次哽咽得说不出话来，眼泪止不住地往下流。

负责护卫皇帝安全的京城巡检范琼劝百姓说："皇帝为两国生灵屈己求和，要去金营，晚上就会回来，大家不用担心。如果阻止皇帝出城，一旦金人恼了，你们也会丢命的。"

听范琼如此说话，百姓大怒，便将一腔怒气撒向范琼，纷纷拣起石头瓦片，劈头盖脸地向范琼砸去。

见百姓竟敢如此欺负自己，范琼也是火冒三丈，抽出长剑便向百姓砍去。可怜百姓手无寸铁，哪是范琼的对手，死伤数人之后，余者逃散而去。

可没走多远，签书枢密张叔夜又叩马谏阻。钦宗立在马上，长叹一声，说："卿勿再言。为使百姓安康，免遭劫难，朕必须再往金营。"

张叔夜闻言知钦宗决心已定，不再说话，号恸再拜而退。钦宗亦泪流满面，泣不成声，掩面而去。

## 人　质

钦宗这次再入金营，其实已不是谈判的对手，而是人质了。所以，粘罕和斡离不根本就不与他见面。

但他还不是单纯的人质，他还干了一件"大事"：给大金皇帝上尊号，以示宋人对大金皇帝的尊崇。这个尊号很快就拟定了，长达十八个字，真可谓空前绝后：继天集统昭德定功敦仁体信修文振武光圣皇帝。为了这个尊号，钦宗随侍的大臣之间还爆发了一场不大不小的争执，争执得还挺激烈、挺认真。真是一群不可救药的书呆子。

议定完尊号后，就是漫长的等待了。金人的意思很明白，我将皇帝扣在手里，不怕你不交银子、不割地。

十一日，京城内再次贴出告示，告示上说：皇上有旨，大金元帅因金银绸缎上缴的数量达不到金人的要求，圣驾无法回城。望在京士庶各怀爱君之心，不问贵贱，尽快将金银绸缎送往开封府。各色人等皆可密告，告人隐匿者一经证实，将隐匿金银的三分之一赏予告密者，隐匿不交者依军法处治。

告示一出，京城内人心大震。尤其是百官富豪之家，更是鸡飞狗跳，不得安宁。上至皇宫大内，下至平民百姓、僧道倡优，无一幸免。开封府甚至派官吏直接闯入权贵富豪家中搜查，横行无忌。

后来，京城官员又想出了以金银换粮食的方法搜刮金银。但就是这样，直到月底，开封府也只搜集到金十六万两，银二百万两，绸缎一百万匹。与金人的要求相比，实在是九牛一毛。

面对如此严峻局势，有一名叫王文昌的读书人写公开信给在京的贵戚官吏。他写道："当今天子蒙尘于野，全因金银绸缎上缴的数量不足。你们身为臣子，不该上念君父之忧，尽快交出金银吗？况且，金人破城时，幸亏其并未劫掠，否则你们的子女玉帛还能保留到现在吗？更何况，身在围城之中，当以粮米为重，金银绸缎不能当饭吃。倘若因此而使围城再迁延数月，到那时，就是想拿金银换粮米恐怕也没的换了。所谓贵戚者，平时全无半点功绩，只因世袭而封爵；而为官吏者，也多是无德无能的平庸之辈，平日里作威作福，欺压百姓，今天正是上天借金人之手惩戒你们的时候。贵戚官吏者，若不躬身自责，由贵及贱，各出所有，万一金人发怒，则悔之晚矣。现在朝廷对于主动交纳金银者还有奖励，这对于你们也不失为利，望你们仔细掂量，不可冒犯法律。如尽数交出后仍不足金人所需之数，我王文昌愿拼死去金营为之一辩，虽死无悔。”

但此时的开封毕竟只是一座孤城，再富又能富到哪里？就是敲骨吸髓也总有个尽头。直接强抢解决不了的问题，舆论施压同样也无法解决。

其实，更惨的还是普通百姓。自靖康元年闰十一月金兵围城以来，至今已二个多月。如此兵荒马乱，又加上风雪不止，粮食供应早就断绝了。百官富豪家还好，家中总还有些存粮，而那些本就穷困的百姓，此时真是叫天天不应，叫地地不灵。在将城中的树皮树叶、猫狗老鼠吃光之后，就开始以死人为食了。再加上疫病流行，饿死、病死、冻死者不计其数。境况之惨，实非笔墨所能描述。

身处金营中的钦宗，虽然没有生命之忧，但身为一名人质，也早已失去了往日作为皇帝的尊严。他被安置到斋宫端成殿东侧的小屋内住宿，室内全无陈设，除极简陋的桌椅外，就只有一个可供睡觉的土炕和两席毛毡，连可供取暖的火盆都没有。白天，有金兵在室外把守，任何人进出都必须获得准许；晚上，干脆就用铁链将门锁住，与囚徒无异。

囚禁中的钦宗在金营中度日如年，除惊惧害怕之外，更多的是无聊。这种惊惧害怕之下的无聊就像一条巨蛇，无时无刻不在吞噬着他的心灵，使他始终处在摆脱不开的心理压力之下。

为缓解心中的焦灼和苦闷，钦宗将宰相何㮚、中书舍人孙觌和太常少卿汪藻等召来作诗。可因为汪藻的诗中有“虏帐梦回惊日处”一句后来被粘罕知道，因为“虏帐”一词有对金人不恭敬的含义，更以此为借口扣留钦宗等人不放。吓得钦宗后来整日枯坐，连字都不敢写了。

## 最后的礼节

二月五日，被囚禁了近一个月，始终未能见到粘罕和斡离不的钦宗，终于接到了二帅的指令，要他去球场观看蹋球比赛。

无尽的煎熬终于要看到尽头了。在依旧的忐忑不安中，钦宗还稍稍感到了一点解脱：无论结局如何，结局毕竟就要到来了。其实在他的内心深处，总还存着一丝希望，他总不愿意相信自己已经走到了绝路。

由何㮚等人陪驾，钦宗乘马来到球场。钦宗被安排在西侧面东的主位上，这让钦宗隐隐地感到了一丝暖意。粘罕坐在东侧面西的宾位上，对钦宗十分恭敬，每次钦宗说话他都起身洗耳恭听，回答后才坐下。当然，两人问答的内容不过就是些虚假的客套。

首先上场的是斡离不，他身穿绣衣，在球场上为钦宗献艺。见是元帅亲自献艺，钦宗赶紧诚惶诚恐地站起来说了几句“不敢劳动大驾”之类的客套话，连座位都没敢坐实。

斡离不蹋过之后，就是金兵们的正式比赛了。斡离不则来到台上，和粘罕一起陪钦宗喝酒。

钦宗心中有事，哪有心情喝酒？酒过三巡之后，便起身离座向粘罕敬酒，并说：“某久留军前，城中百姓都在盼望某早日回去。”

谁料粘罕竟不动声色地问：“你还想到哪里去？”

听了粘罕的回答，钦宗大惊失色，默默地退回到自己的座位上，再不敢说话了。

蹋球比赛结束，斡离不骑马陪钦宗回到斋宫的住处，只留了一句“天命如此，无可奈何”，便拜辞而去。

粘罕和斡离不对钦宗在礼节上十分周到，但言语又像谜一样令人不解，弄得钦宗如坠五里雾中，不知金人究竟是什么意思，与何㮚等人切磋了半天仍弄不出个所以然。最后决定：让人传话，说希望放自己回城，以安抚百姓，并催缴金银，想以此探明金人的意图。不久，有回话说，明日国相要与钦宗见面。

六日一大早，有人来请钦宗至端成殿拜见元帅，钦宗急忙出门就要赴约。扈从的内侍们都以为金人要放钦宗回城，个个面露喜色。谁知刚出斋宫大门，就见不远的道路旁北向设有一香案，随驾的宋朝官员立于百步之外。金兵部尚书高庆裔令钦宗在香案前下马叩拜，然后宣读了金太宗废黜钦宗为庶人的诏书。

金太宗在诏书中说："先皇帝（阿骨打）有大恩于宋，而宋人悖德，故去年有问罪之师。只因嗣子（钦宗）遣使军前，哀鸣祈请，遂许自新。既而不改前非，依旧执迷不悟，才有再次征讨。只待城破之后，方申待罪之礼。盟书中曾说：'有违此约，子孙不绍，社稷倾危。'今既伏罪，宜从誓约。……"（其实金太宗还有一密诏，许二帅便宜行事，斡离不也曾建议保存赵氏，但粘罕见钦宗深得人心，并宋朝仍有大量兵马在外，所以坚持废黜钦宗。）

诏书宣读完毕，几名金兵一拥而上，就逼钦宗脱去龙袍。事出意外，何㮚等人惊恐得呆若木鸡，皆不知该如何应对。还是李若水反应神速，一个箭步冲上去，死命抱住钦宗的身体，不让金人脱去钦宗的龙袍。见状，又拥上几名金兵强行将李若水从钦宗身边拖走。李若水愤怒地大叫道："我皇是华夏的真命天子，你们不得无礼！"见李若水如此强硬，又有金兵冲上来，迎面对李若水就是一顿胖揍。李若水昏厥倒地，半天才苏醒过来。醒来时，人已被关在一间小屋中，屋外有金兵把守。

此时的钦宗早已被脱去龙袍，重新押回金营。这时的钦宗不再是"皇帝人质"，而成了庶人囚徒了。

当初劝钦宗再赴金营的大臣中，就有李若水。想当初自己竟然劝钦宗赴金营，此时的李若水是又悔又恨，又气又恼。既悔恨气恼金人阴险狡诈，即许了不亡国又亡国；也悔恨气恼自己不谙世情，以至上了金人的当，辜负了当今圣上。小屋中的李若水悲愤交集，决心以死赎罪，至死忠于圣上。

## 千古遗恨

八日晚，金人派翰林学士承旨吴幵和翰林学士莫俦进城，宣布金太宗的旨意：废赵氏宗室，另立异姓为帝。并令宋徽宗立即出城，如不出城，则血洗京城。

听到如此消息，皇宫内外立刻炸了锅。

首当其冲的是徽宗本人，听到消息后他寻死觅活地就是不去，甚至找到毒药要自尽。原来负责护卫皇帝安全的京城巡检范琼此时被委以护送徽宗出城的责任，此时见徽宗要自杀，顿时慌了手脚，急忙将毒药抢走，徽宗才没死成。

由于怕因为徽宗不出城导致金人真的屠城，范琼煞费苦心，以全城百姓的性命做筹码，连威胁带利诱，最后总算说服了徽宗同意去金营。

九日，徽宗乘一顶极不起眼的竹轿，在范琼的护送下离开皇宫。皇室成员中除出使未归的康王赵构、被废的哲宗朝元祐皇后孟氏、皇后和皇太子外，包括太后、皇妃、徽宗的弟弟和其他皇子、皇孙及家眷等几百人都一起随徽宗前往金营。

徽宗一行人行至西角楼附近，有两名普通百姓闻讯赶来，想拦截徽宗的轿子，不巧徽宗的轿子刚过，拦住的是皇子燕王的轿子。刚要劝燕王留下以存国祚，不想被负责押送的范琼捉住，不容分说，当街就给杀了。

很快，街上就贴出安民告示。告示上说："由于钦宗出郊日久未归，上皇领宫妃出城亲临军前，求圣上回城。军民人等，请各安其业，勿信谣言。"同时，朝廷派出巡城官兵四处巡视，弹压百姓。

徽宗与钦宗在金营父子相见，抱头痛哭。哭了很久，徽宗稍感平静了一些，他看着钦宗说："你若早听老父之言，就不会遭今日之祸了。"原来，徽宗在第二次京城被围之前，曾劝钦宗和自己一起再次"南巡"，是被宰相何㮚苦苦相劝才没走成。现在看来，实在是何㮚害了他们父子。听了徽宗的抱怨，钦宗也不禁感慨道："都是宰相误我父子!”

钦宗第二次去金营前，曾密令京城留守、太子太傅孙傅在他有不测时带太子突围南下。但孙傅认为那样做风险太大，所以在徽宗一行去金营时，他并没有带太子南下，而是准备将太子隐匿在民间。他的计划是找一个与太子相貌相似的人杀掉交给金人，谎称太子自尽，试图以假乱真。为此，他将太子藏了起来，并以重金悬赏寻找自愿者。但一连五天，也没找到合适的人。

与此同时，金人也发现了皇后和太子没来，便仍以血洗京城相威胁，逼范琼交人。范琼则同样以性命相威胁，逼孙傅交出太子和皇后。但孙傅毫不惧怕，始终以找不到人等各种借口推脱，不肯交人。

十一日，钦宗自金营给开封府尹徐秉哲写来亲笔信，信中说：“我因失信，已被金人废黜。你要加强对京城的控制，使百姓安分守己，不要阻挠金人，免得受我牵连。”在来信的一角，徽宗还亲批了“速令太子出城”几个字。

见到皇上和太上皇的亲笔信，再加上计划已经无法落实，孙傅将京城留守的职责托付给王时雍，自己则与皇后和太子一起前往金营。

太子在去往金营的路上，同样遭遇了一场与京城百姓生离死别的悲剧。在“百姓救我”的哭喊声中，太子被范琼押往金营。

## 最后的努力

自从钦宗被废、金人要立异姓为帝的消息传到京城，就有宋朝大臣给金军统帅粘罕、斡离不上书，请求收回成命。

京城留守、太子太傅孙傅在二月六日消息传来的当天，就连写了二个奏本给金军统帅，请求保全赵氏。在第一个奏本中，除将违约失信的责任推给童贯等大臣外，还特别针对赔款缴纳不足的问题，从金人的角度进行分析。孙傅说：虽然眼下缴纳的金银数量不足，但若能保全赵氏宗庙，为感大金的保全之恩，宋廷可将未缴纳的部分以岁贡的方式逐年缴纳，这将是大金国永远无穷的财富来源。如果大金不保全赵氏，天下必定大乱，如后晋之后的中原。到那时，后来者纵有岁贡之心，恐怕也没有理由供奉大金国，金人的利益定然受损。

而在第二个奏本中，孙傅更退一步，恳请金国如“不愿在徽宗之子中择一贤者为君，可请允许在神宗之子孙中择一人为君，只要留赵氏血脉即可，宋廷将永为大金国的属国。”

等了一天，见金人全无回复，在随后的两天内，孙傅又连写了三个奏本，强烈反对立异姓为帝，坚持要求保全赵氏。

粘罕铁了心要立异姓为帝，见孙傅三日内连写五个奏本要保全赵氏，将立异姓为帝的指令于不顾，大为恼火。十日晚，粘罕发下话来：赵氏皇帝不守信誓，不听朝命，为罪之极也，废立之事无可更改。到明天为止，若推立新皇帝的人选再无结果，就派兵进城。

十一日下午，京城新任留守王时雍召集部分在京文武百官在留守司大堂商议新皇帝的人选问题。到会的百官面面相觑，无计可出。这时有人提议说：今天无论如何也得提出一个人来，不然一城生灵就会惨遭屠戮。张邦昌旧任宰相，现在金营，不如就举荐张邦昌，或许会合金人的胃口。

其实，这时的文武百官大都人同此心，只差有人提出一个名字来。现在有人提议，百官便齐声附议，都希望早早了结此事。于是，便由吴开、莫俦写成议状，在场的文武百官署名后，呈送金营以应差。张叔夜不肯署名，被金人押往金营。

废赵氏宗庙，立异姓为帝的消息，一开始并不为城中百姓所知。时任京城留守的王时雍等人举荐新皇人选的事，只在私下里进行，并未公开。百姓还真的以为上皇出城是向金人求情，希望放钦宗回城。但这么大的事如何瞒得住，不久，此事就闹得路人尽知。人们开始在街头巷尾三五成群地议论，民情有些焦躁起来。王时雍怕军民作乱，加强了城内的戒备。范琼更在众人聚集处公开演讲，安抚百姓。他说：“立异姓为帝，只不过是换了个主子，不必过于慌乱。东也是吃饭，西也是吃饭，不会没饭吃的。就像兵营里的各种工匠，姓张的来管，就是张司空；姓李的来管，就是李司空，不关你们的事。你们只管各安其业，照顾好自家老小就行，不要惹是生非。”

范琼的话还没讲完，底下的百姓就一哄而散了。

十二日傍晚，吴开、莫俦从金营回到京城，进了留守司，关上门和王时雍商议了半天，然后发布公告说：金人允许推赵氏贤者为帝，需在京承务郎以上的文官和承信郎以上的武官及士庶僧道的代表，立即到秘书省议事，最后确定新皇帝人选。

见到留守司的公告，除个别官员借故躲开外，大部分官员和士庶僧道代表都按时来到秘书省。人们都真的相信金人同意保全赵氏一脉，没想到这是王时雍等人的计谋。

等众人基本到齐之后，王时雍即命范琼关闭秘书省大门，同时派兵把住大门，不许任何人出去。到这时，众人才知上当了。

随后，当然也没有什么推选赵氏贤者的程序，而是由御史台和开封府的官吏们向众人每人发放一张白纸，作为推荐信的署名部分写上自己的姓名和官职。王时雍明确告诉众人，被举荐者是张邦昌，不署名者不得出门。王时雍的话音刚落，大堂内顿时一片哗然。

在一个角落里，一个面目冷峻的读书人厉声说道："二百年赵氏天下，岂可如此改换他姓?!"

随后，就有奉直大夫寇痒、朝请郎高世彬和监察御史马伸站出来，大声疾呼要保存赵氏，反对立张邦昌为帝。

御史中丞秦桧见有人当堂提出异议十分振奋，当即表示自己作为台谏之官，不可坐视不吐一词。于是，当场写奏章，论述张邦昌是无能之辈，不足以取代赵氏做中原之主。并明确表示："宋之于中国，号令一统，地广数万里，德泽加于百姓，前古未有。兴亡之命，虽在天有数，但岂可以一城而决废立哉？……必立邦昌，则京师之民可服，天下之民不可服；京师之宗子可灭，天下之宗子不可灭。桧不顾斧钺之诛，言两朝之利害，愿复嗣君位以安四方，非特大宋蒙福，亦大金万世利也。"

几个人的言论和行动在当场引起了巨大的反响，大堂内立刻骚动起来，开始有人就要往门外冲。

王时雍一见不好，赶紧一边派兵弹压，一边派人将秦桧等人押往他处，以控制局面。在关键时刻，敢于挺身抗辩的人毕竟是少数。骚乱过后，虽有饮泣悲吁者，但大多数人迫于淫威只有伏首听命。

秘书省校书郎胡寅、太常寺主簿张浚、开封府司仪曹事赵鼎趁乱逃出秘书省，逃到太学中，才算逃过署名一关。

第二天，王时雍将秦桧的奏章呈给金人，金人见秦桧的奏章大怒，立即下令将秦桧押赴金营。不久，秦桧就与二帝一起北迁了。

## 张邦昌僭位

张邦昌字子能，永静军东光人，进士出身，宣和元年任尚书右丞，后迁中书侍郎。钦宗即位，拜少宰。靖康初，金人第一次围京城，张邦昌力主和议，与康王赵构一起为质于金营。姚平仲夜袭金营，斡离不怒责张邦昌，说朝廷表面请和，背后捣鬼。张邦昌解释说，这是将帅不服约束的擅自行为，以此平息了斡离不的怒气。钦宗为此升张邦昌为太宰兼门下侍郎。后来，肃王代替康王来金营为质，张邦昌则以河北路割地使的名义始终留在金营。再后来，随肃王一起北上。此次又随金人来到京城脚下，一直住在金营，全然不知道金人要立自己为帝的事。

宋朝官员的举荐信送到金营后，粘罕令太师王汭将举荐信拿给张邦昌看。张邦昌看过之后大惊失色，说："赵氏无罪，怎能随意被废？邦昌不敢从命。若一定要立邦昌，唯有一死。"随即以头撞柱求死，结果被人拦住没有死成。

王汭没有办法，只得将张邦昌带到粘罕、斡离不面前，想借二帅的威权逼张邦昌就范。无奈张邦昌辞意坚决，任粘罕、斡离不如何软硬兼施，费尽口舌，就是不松口。二帅见再勉强也不会有好结果，就骗张邦昌说："其实大金皇帝有诏，要立太子为帝，命张邦昌为宰相，辅佐少帝，使少帝不再败盟。"

张邦昌虽然半信半疑，但再无理由推辞，只好应承了下来。

三月一日，大风肆虐，尘土飞扬，遮天蔽日。张邦昌以宰相的礼仪进城，文武百官数千人迎到南薰门前，旁观的士庶百姓更多达上万人。范琼等统制官率大批士兵，从州桥直到门下，夹道列队左右。

金人卫队护送到南薰门前即返回，张邦昌则身着凉衫，头戴纱帽，以扇遮脸，径直来到尚书省。刚一下马，便有文武百官拥到阶下，纳头便要以见皇帝之礼参拜。张邦昌见状立刻就明白了什么意思，急忙趋避，躲进内堂。

百官不舍，跟进内堂，仍要参拜。张邦昌见室内实在躲无可躲，便从身边卫士身上抢过一把佩剑就要自尽。众大臣吓得也顾不上参拜了，慌忙冲上去夺剑，现场一片混乱。

王时雍见张邦昌坚决不肯就皇帝位，就劝解道："金人有令，如三日内不立相公为帝，先杀大臣，再杀军民，一城生灵涂炭。还望相公拯救全城老小，权且应了吧。"

听了王时雍的解释，张邦昌指着满屋的官员破口大骂道："这究竟是谁的主意？你们为自己身家性命，叫我背万世骂名，好不知羞耻。你们平日受国恩深厚，一旦有事，全不知报恩，实在连禽兽都不如。我宁死也不会篡逆！我若有兵，定与大金抗争到底，不共戴天。"

面对张邦昌的责骂，满屋的文武百官皆无言以答，只得灰溜溜地退下。

后来，张邦昌又几次找机会要投井、跳河、上吊，结果都没有死成。从此以后，张邦昌开始绝食，躺在床上，滴水不进。

张邦昌坚决不肯就皇帝位，这可急坏了文武百官。一个人劝谏无效，立刻就有另一个人前来劝谏。在张邦昌的床前，劝谏的官员每天从不间断。劝谏的理由，也无非是救城中百姓，保全赵氏陵寝（金人曾威胁要掘赵家祖坟），面对现实等等。这些劝解虽然没有使张邦昌答应就皇帝位，但五六天下来，他的情绪总算有些平静下来，也终于开始吃点东西了。

一天傍晚，众百官皆已散去，吕好问借故留了下来。见左右无人，悄悄地对张邦昌说："相公忠于赵氏，实为可嘉。但相公即使舍去性命，也无法换二帝回銮，保全赵氏江山。眼下之计，应权宜从事。待金人走后，或为伊尹，或为王莽，届时相公自可再做定夺。"

伊尹和王莽皆是前代宰相。伊尹是商汤时的宰相，帮助汤灭了夏桀，建立了商朝。汤去世后，历佐卜丙和仲壬二王，声名显赫，权倾天下。仲壬死后，太甲继位。因太甲破坏商汤法制，不理朝政，被伊尹放逐。三年后，太甲悔过，伊尹就又接回太甲复位了。而王莽则是西汉末年的宰相，篡取刘家天下，自立为帝。

吕好问经过几天的琢磨，已经弄清了张邦昌坚决不肯就皇帝位的原因，就是怕留下千古骂名。所以，他这句话的意思也非常明白，就是提醒张邦昌，只要像伊尹那样自己不“称帝”，后世还是有可能留下美名的。

说句实在话，吕好问还真是猜透了张邦昌的心思，此时的张邦昌最害怕的确实就是这件事。一句话点醒梦中人，张邦昌心中一动，他知道自己该怎么做了。

三月七日上午九时，文武百官和僧道军民等上千人聚集在尚书省，不一会儿，有数百金人骑着白马带着大金皇帝的圣旨和册宝进城来到尚书省大门前。张邦昌哭着从尚书省出来，面东而拜，然后在侍卫的帮助下上了马，随金兵一起向城外走去。走到西府门时，刚刚恢复饮食的张邦昌羸弱得险些从马上跌下。牵马人急忙停住马，让张邦昌稍做休息，然后继续前行。直至中午，张邦昌一行人才来到宣德门外的西阙门。

有金人引导张邦昌来到金人设置的大帐内，号称曾太师的金国人持圣旨和大红伞盖等在里面，命张邦昌接旨，并亲自为张邦昌穿上大金国为他准备的帝服。然后引张邦昌走出大帐，在御街上令张邦昌望金国方向跪拜，接受册宝。新朝国号大楚，拟建都金陵。

皇帝册封仪式完毕之后，张邦昌步入宣德门。然后经大庆殿来到文德殿，在御床西侧另置一椅，准备接受百官贺。但他特别派閤门使传令百官，不得行跪拜大礼。为此还特别强调：“接受金国册封，实为生灵，非敢篡位。如不听从，即当规避。”

谁知刚刚坐定，王时雍就率领百官进殿来跪拜。张邦昌见情形不对，慌忙从座椅上站起，诚惶诚恐地将脸面向东侧，坚决不受百官朝拜。

见此情景，有卫士在一旁悄悄地议论说：“真是新鲜，从来只在戏台上见戏子做戏装假官家，没想到今日却见张太宰装假官家。”

此日天色阴霾，日色薄而有晕。

张邦昌对内不称帝的态度是认真并坚决的，从他“即位”开始，直到他自动退位，他见百官从不自称“朕”，而是自称“予”；他亲笔书写的命令，从未称为“手诏”，而是称为“手书”；他也从不允许百官称自己为“陛下”，只以名相称。此时权知枢密院、兼权领尚书省的王时雍几次向张邦昌进言，总以“臣启陛下”开头，每次都遭到张邦昌的训斥。另外，张邦昌还给自己立下了几条规矩：不御殿不受朝（不在皇宫大殿办公）；只在延康殿旁的小屋子里，以执政见士大夫之礼接见百官；膳食起居不用天子礼；他还将禁中的各个大门用封条封上，每个封条上都写着“臣张邦昌谨封”的字样。只在金人来或到金营去的时候，才以大楚皇帝的身份行事。

三月十五日，张邦昌到金营回拜二帅。粘罕和斡离不以宾主之礼迎至殿外，并设宴款待张邦昌。酒过三巡之后，张邦昌提出了不毁坏赵氏陵寝、停止收缴金银、大楚国都暂居京城三年、请金军班师、向金国借金银以解燃眉之急等几项请求，二帅皆一一应允。

张邦昌见金人很给面子，就又提出希望能将因主张保存赵氏而被金人扣押的孙傅、张叔夜、秦桧等人放回。张邦昌说，这些人“请存赵氏，遂被羁押，可见他们心存忠义。他们即循义于前朝，也必能尽心于今日，还望宽宥赦免他们”。这次则遭到二帅的拒绝。

三月下旬，金人将班师北上，张邦昌去金营与二帅道别。粘罕怕原宋朝的军民不服管束，张邦昌的政权不稳，特别提议留三万金兵为张邦昌护驾。张邦昌本就没有称帝的打算，就以北人不习南朝的法令和气候炎热为借口推辞了。

三月二十九日，宋徽宗等随金人北迁。张邦昌率百官遥辞于南薰门，众大臣哭声震天。

四月一日，大风吹石折木，所有金人全部撤离京城。被金人掳去的除徽、钦二帝及几乎全部皇族外，还有宫人、内侍、倡优、工匠及朝廷的各种礼器、古董、图籍等，北宋王朝的府库积蓄为之一空。北宋由此宣告灭亡。

这件惊天动地的大事件，史称“靖康之难”。

# 第十一章　高宗登基

## 张邦昌退位

四月一日，金军班师之后，张邦昌按照以往的惯例，降“手书”大赦天下。

这种大赦天下，通常表明一个新王朝的开始。

当时，吕好问权门下侍郎，一天下朝后，他又借机留下来提醒张邦昌说：“众人拥戴相公为皇帝，是慑于金人的武力。现在金人已经北去，相公还能被百官拥戴么？康王没被金人掠走，似是天意。何不拥戴康王，还皇位于赵氏？”

张邦昌早有此意，只是觉得时机尚未成熟，并苦于不知如何去做。见吕好问提起此事，便借机询问应对之策。

吕好问就又献计说：“为今之计，当先迎元祐皇后入宫，然后再请康王早正大位。另外，先于各地推戴康王则为功臣，后于各地推戴则为叛臣。其中利害一目了然，所以，此事绝不可稍缓。”

元祐皇后虽早已被废，但毕竟曾是哲宗的皇后。当此非常之时，关键是要向康王赵构发出一个信号，明白无误地表明自己要还皇位于赵氏的态度，而元祐皇后明显是一个非常适宜的人选。所以，听了吕好问的计策之后，张邦昌虽未马上表态，但明白地意识到此计可行。

吕好问见张邦昌听了自己的计策之后并未表示反对，知道事有八九可行，只是还需再有人加一把力，于是就赶紧赶到胡府，将自己的计策透漏给侍御史胡舜陟。二人一拍即合，胡舜陟立即返回宫中劝谏张邦昌，要早请元祐皇后垂帘听政，以归位于康王。

听了二人的劝谏，张邦昌终于下定决心，准备迎元祐皇后孟氏入宫，还皇位于康王。

张邦昌要退位的消息不胫而走。

王时雍此时总领尚书省，在开封城陷期间，为金人搜刮金银最为积极，出力也最大。他一听到张邦昌要退位的消息，不禁大惊失色，他十分清楚张邦昌一旦退位对自己意味着什么。他慌忙赶到宫中，劝阻道："陛下（虽张邦昌一再禁止，但他始终对张邦昌口称陛下），此事万万不可！现在陛下已就皇帝位，已成骑虎之势。再从虎背上下来，绝无再生之理。此事关系重大，绝不可如此仓促决定，应从长计议。否则他日噬脐，再后悔可就来不及了！"

中书侍郎徐秉哲听到消息后也赶到宫中，苦劝张邦昌收回成命。

其实，张邦昌何尝不知道骑虎难下的道理？只是他也有难言之隐。

早在他刚刚就任大楚皇帝位之时，出于各种考虑，他曾派专人到老家要接回自己的父母和妻子儿女。不想一家人走到淮宁境内，竟被淮宁知府赵子崧扣为人质。就在前不久，赵子崧特地写信来说："阁下总说自己是迫于金人的威逼，不得已而就皇帝位，今敌已远去，当归权于赵氏，以明心迹。否则，我定当派兵讨伐阁下，并灭你一族！"

张邦昌本就没有当皇帝的野心，现在一家老小又都被捏在人家手中，他还能有何想法？所以他决意主动退位，还江山于赵氏。

四月五日，张邦昌降手书，迎元祐皇后入住延福宫，并尊元祐皇后为宋太后。延福宫是宋朝历代太后在皇宫内的住所。

与此同时，张邦昌还派出閤门宣赞舍人蒋师愈带着自己的亲笔信去济州寻访康王赵构，表示自己还赵氏江山的诚意。

元祐皇后在入住延福宫后，也派自己的侄子权卫尉少卿孟忠厚带着自己的亲笔信去劝康王继位。

却说康王赵构自靖康元年十一月奉诏出使请和，至磁州时王云被杀、国书被毁之后，被相州知府汪伯彦迎到相州，从此便逗留于磁相之间。闰十一月，受钦宗晋封为河北兵马大元帅，尽起河北兵马一万多人入京勤王。走到半路，又接到金人已至城下，正议和好，勤王之兵暂缓入京的圣旨，康王赵构便在济州停了下来，静观战局的变化。

在济州期间，各种关于徽、钦二帝被逼逊位的消息纷至沓来。门下侍郎耿南仲率幕僚劝康王登基，树起抗金的大旗，救出徽、钦二帝。

徽猷阁学士淮宁知府赵子崧更派从事郎范埙率郡兵来济州勤王，并劝康王说："国家从来没有亲王带兵在京城之外的制度，这次圣上委康王以河北兵马大元帅之职，实乃天意。愿康王以天下兵马大元帅的名义承继大统，号召天下。如此一来，只需旬月之间，天下便可大定。若有犹豫，恐四方奸雄乘变而起，到那时，则天下难定。"

但康王赵构总以情况不明，未有圣旨不敢僭越为词，辞逊不受。

一直到靖康二年四月初，有宋臣曹勋从金军中潜逃来到济州，带来徽宗皇帝的圣旨，这是一封写在衣襟上的血书。信中只有八个大字："可便即真，来救父母"，意思是要赵构自立为帝，然后设法营救父母。

康王读罢，已是泪如雨下。

两天后，蒋师愈和孟忠厚先后到达济州。

张邦昌在信中详述了自己几次死而不得，最终接受金国赐封的经过。再三强调自己是迫不得已，实为权宜之计，决无觊觎皇权之意；之所以没有以死殉节，全为存宗庙、保社稷、保亿万生灵免遭涂炭；只因君王在外，不敢擅决。

元祐皇后则确认自己已经入住延福宫，并明确表示："神器久虚，必须真主"，希望康王作为唯一留在中原的皇族，承继大统，"上以安九庙之灵，下以弥四方之变"。

至此，康王赵构终于放下心来，决定承继皇位。

于是，他派成忠郎黄永锡带着自己的亲笔信去见张邦昌。信中说："今奉来教，详述始终，方知相公有伊尹之志，周公之权。赵氏九庙不毁，天下生灵获全，皆相公之功。相公已不愧于伊、周矣。"

四月十日，张邦昌又派吏部尚书谢克家将唯一未被金人掠去的玉玺"大宋受命之宝"呈送给康王赵构。赵构痛哭良久，终于跪受，然后交给汪伯彦掌管。

十一日，张邦昌请元祐皇后垂帘听政，自己则正式"退位"，以太宰身份退居资善堂。张邦昌自"僭立"至此，共三十二日。

## 宋高宗南京登基

决定承继皇位之后，康王赵构马上面临的问题就是在哪里登基了。

虽然张邦昌已经“退位”，元祐皇后也已经入住延福宫，但康王赵构并不想回开封登基，因为那里毕竟曾是大楚的国都，那里的官吏军民也毕竟都曾是大楚的官吏军民，他可不想将自己置身于危墙之下，哪怕仅仅是可能的危墙。河北兵马副元帅宗泽建议在南京应天府（现河南商丘）登基，因为那里曾是宋太祖赵匡胤的龙兴之地，并且地处四方之中，漕运十分发达，适宜充当帝都。于是，康王赵构决定赴南京应天府登基称帝。

张邦昌听说康王要到南京登基，急忙率原朝廷的文武百官赶赴南京，奉表劝进。同时将开封宫中现有的乘舆、服御、仪仗，甚至宫女、太监等全部装船运往南京。一时之间，汴河上舟船如鲫，鳞次而行。

四月二十六日，张邦昌赶到南京，面见康王赵构，伏地恸哭请死。康王赵构忙命人扶起张邦昌，以宾主之礼相见。张邦昌除了将自己被金人所逼的经历又面述了一遍之外，还说到了靖康元年二月康王离开金营后他仍被留在金营为质的悲惨遭遇。说到痛心处，禁不住涕泪横流。康王赵构听着，也是泪流满面。

二十七日，元祐皇后命内侍邵成章将一顶道冠呈献给康王赵构。同时，邵成章还传元祐皇后的话说：“此冠是从祖宗传下来的，为皇帝退朝之后所戴。到神宗时，改戴头巾，不再戴此冠，戴头巾的制度也就从神宗传到如今，这都不是祖宗的制度。愿殿下继位之后，退朝时改戴此冠，重现祖宗时的太平气象。”

听了元祐皇后的旨意，康王赵构立刻严肃起来，流着泪说：“上天眷命，群臣爱戴，幕属将佐上书劝进，以至于五六次，我都未敢应承。但太上皇帝写来血书，如今元祐太后又赠送此冠，已不容我再有犹豫，自当奉旨。”

于是，康王赵构命于南京谯门左侧筑坛，命朱胜非撰策文告天命，于靖康二年五月一日寅时登坛受天命，然后回应天府正衙正式登基即皇帝位。耿南仲充礼仪使，耿延禧读册告，汪伯彦、黄潜善等原元帅府僚属皆登坛侍侯，上殿侍立。随后，张邦昌率文武百官称贺。

康王赵构由此成为南宋的第一位皇帝，史称高宗。从靖康二年五月一日起，改年号为建炎元年（1127 年）。

## 张邦昌封王

高宗称帝之后的第一件事是大赦天下，然后，就是任命百官了。

汪伯彦早在赵构身为康王与王云一起出使金军路过磁州时，就有“救驾之功”；开河北兵马大元帅府之后，作为心腹之臣，汪伯彦更是从未离开康王半步，一直在为赵构出谋划策。此时赵构当上了皇上，第一个受到重用的，当然非汪伯彦莫属。如今的高宗赵构先是命汪伯彦为知枢密院事，不久就又拜其为右仆射，位列宰相。

黄潜善也是大元帅府的属僚，因率兵勤王有功，曾任大元帅府的副元帅。高宗即位，即命黄潜善为中书侍郎，不久就进其为右仆射兼中书侍郎，后又再进为左仆射兼门下侍郎（李纲拜相之后），位居汪伯彦之上。

黄、汪二人是高宗初时最受重用的肱股大臣，高宗任命百官，总要先找黄、汪二人商量。

登基大典结束之后，张邦昌率文武百官退下，高宗便问黄潜善等人，该如何处置张邦昌。

黄潜善说：“张邦昌罪在不赦，但却是在特殊情况下的权宜之计，现又已主动退位，似可以从宽处置。至于究竟该如何处置，该由陛下圣裁。”

高宗说：“处置张邦昌不得不考虑金人的反应。朕准备封他为王。如果以后金人因此事而责问本朝时，朝廷可以张邦昌不忘本朝，主动避位的意思回复金人。如此可以省却许多麻烦。”

黄潜善等人听后，都异口同声道：“陛下圣意高远，非臣等浅智所及。”

当晚，高宗便颁下圣旨，徙张邦昌为太保、奉国军节度使、封同安郡王，每五日一次赴都堂参决大事。

## 李纲拜相

早在靖康元年，因解救太原失败，李纲被钦宗贬到建昌军安置，后来，又被再贬至宁江。

康王赵构开大元帅府时，急于招徕主战的人才，便亲自写信给李纲，称李纲为“不世之才”，希望李纲来辅佐他勤王。结果李纲还未赶到大元帅府，京城就已经失陷，此事只得不了了之。

此时高宗赵构南京登基，除了黄、汪这两个心腹和张邦昌之外，他想到的第一个人选就是李纲。因为第一次京城保卫战时，李纲给他的印象实在是太深了。正因为如此，当此艰难中兴之时，高宗自然而然地就想到了这个忠直不阿、勇于担当的国之干臣。所以，在李纲人还未到南京时，高宗就迫不及待地直接拜李纲为尚书右仆射兼中书侍郎，命李纲立即赴南京上任。

令高宗没有想到的是，在公布这个任命的第二天，就受到御史中丞颜岐的反对。颜岐上书说：“当下最要紧的，是要与金人搞好关系。金人喜欢张邦昌，所以虽然张邦昌已被封为郡王，但为了表示我们看重张邦昌，看重与金人的关系，还应给张邦昌加上同平章事一职。而李纲是金人所厌恶的，所以虽然已经任命他为宰相，但为了不与金人把关系搞僵，应在他未到任之前就免掉他。”

与金人有亡国之仇、夺父之恨的高宗如何听得进颜岐的如此议论？只是由于刚刚登基，高宗不愿意给人留下一个阻塞言路的印象，才忍了，没有驳斥颜岐的谬论，只是扣下他的奏折，留中不发，想让他知难而退。

没想到颜岐根本不去体会高宗的苦心，见高宗不理睬自己的进谏，竟三番五次一再进言要高宗罢免李纲。见颜岐如此不知进退，高宗也生气了。在颜岐又一次进言时，他便毫不容情地当面驳斥道：“卿总说金人不喜欢李纲，恐怕朕即位为帝，也不是金人所喜欢的吧！”一句话把颜岐驳了个哑口无言。

说颜岐是一根筋，实在是名副其实。他认为对的，就一定要坚持。

在高宗那里吃了个大窝脖居然还不死心，又把自己写给高宗的奏折抄写一份，派人拿给李纲，希望李纲知难而退，不来赴任。李纲哪会把颜岐放在眼里？看过颜岐的奏折后，照样进南京面圣。

听说李纲到了南京，高宗非常高兴，特意赐宴为李纲接风洗尘，然后在内殿单独接见。非常时期，君臣相见，感慨良多。李纲涕泗交集，高宗亦为之动容。

待情绪稍稍平定之后，李纲面奏道："臣到南京之前，御史中丞颜岐将呈给陛下的奏折抄了一份给我看，大意是说：张邦昌为金人所喜，应增重其礼；而我为金人所不善，不应当命我为宰相。臣愚钝，只知有赵氏，不知有金人。如果颜岐说我才能不足以胜任宰相一职，我可以请辞；但说因为金人不喜欢我，所以我不能担任宰相，实在荒唐透顶。金人和赵氏为仇敌，金人所喜欢的人怎么可以成为赵氏之臣呢？如果用金人喜欢的人为宰相，则古往今来的卖国贼就都是忠臣了。现在陛下想委臣以重任，但外廷却有如此议论，臣实不敢接受陛下的任用，愿回归故里，请陛下圣断。"

高宗当然懂得李纲这是在以退为进，试探自己的态度，并不是真要请辞，于是就真心地挽留道："朕早就知道卿忠义智勇难得，要想敌国畏服，四方安宁，非以卿为相不可。卿勿辞。"

李纲本就是在试探高宗的态度，如今见高宗是真心挽留，也不再坚持请辞，当即叩头领旨谢恩。

李纲不愧是国之栋梁，极富治国安邦的才干，早在来南京赴任的路上就想好了当下朝廷面临的最为急迫的问题。于是，在谢恩过后，当即取出他的施政大纲呈递给高宗，请高宗定夺。

李纲认为，当下最为急迫的是"议国是"，就是要确定下对金的基本战略。在李纲看来，在对金的问题上，应清醒地认识到，能守而后才可战，能战才有资格谈和；能守能战是和谈的前提。靖康之败，就败在既不能守又不能战上。我们现在的情况是军力不足，所以我们现在的基本战略是以守为主，先努力发展自己，等国力强盛之后，再谋进取。

其次是"议巡幸"，也就是在哪里定都的问题。黄潜善、汪伯彦等人主张放弃故都开封，建新都于有长江天险的建康（现江苏省南京）。

李纲则认为如果开封真的不适合再当国都，最好迁都于长安，其次是襄阳，最后才是建康。

再次是“议僭越”。李纲坚决反对对张邦昌的任命。在李纲看来，作为国家的重臣，张邦昌不仅不能临难死节，反而挟金人之势易姓改号，僭逆称帝，实为不赦之罪，应明正典刑，以垂诫万世。

第四是“议伪命”。李纲认为，面临国破之大变，朝中百官少有仗节死义之士，而接受金人伪命屈膝称臣者却不可胜计。在这样的大是大非面前，一定不能姑息纵容。应模仿唐肃宗的做法，分六等给受伪命者定罪，以整肃朝廷风气。

另外还有“议战”、“议守”、“议本政”、“议修德”等等，共十件大事。

见李纲刚一接任就马上提出施政大纲，高宗是一惊一喜，认为自己的确选对了人才。等到接过李纲的奏折细读之下，则是喜忧参半。李纲关于对金的基本战略的观点，令高宗真有醍醐灌顶之感，眼前一亮，并坚定地贯彻在以后决策当中。纵观整个高宗朝，高宗一直都在奉行这一基本战略。而关于对张邦昌及其他接受伪命官员的处置办法，则让高宗感到为难：首先是法不责众；其次是与张邦昌同在金营为质的经历总使他有种兔死狐悲的感觉，不忍对张邦昌痛下杀手；而最重要的是他不能不顾及金人可能发生的反应，在百废待兴的当下，如果轻率地与金人撕破脸，后果是极难预料的，他可不愿意冒这样的险。在这种种复杂的情绪之中，高宗隐隐地感到了他与李纲之间有某种说不清楚的不和谐。

高宗没有当场回复李纲的建言，在总体上仍是欢喜融洽的氛围中，结束了与李纲的这第一次会面。

## 罢免张邦昌

第二天早朝，高宗将李纲的施政大纲交给大臣们朝议，惟独将“议僭越”、“议伪命”两件留中不发。

见高宗将自己奏疏中最重要的部分留中不发，李纲十分不满，当场抗言道："张邦昌当朝十年，钦宗时擢为宰相。在国家危难之际，如能以死守节，金人未必不存赵氏。而张邦昌正位号，处宫禁，自以为得计。及知天下不听命于他，不得已而后才请元祐皇后垂帘听政，才归位于陛下，才遣使奉迎，有何功可谈？有罪不治，无功反而以高官尊崇之，是何道理？开封人感激张邦昌，是因为张邦昌称帝而使他们免遭金人屠城，又免除了重课金银的困扰，给了他们一条生路；元帅府宽恕张邦昌，是因为张邦昌主动推举陛下。但这都是私情，天下人愤恨张邦昌，是因为他建号易姓，这是公愤。不能以私情代替公愤。这是大是大非，决不能有半点含糊！陛下欲建中兴之业，如果以尊崇僭逆之臣示天下，则天下必然解体！"

执政大臣中有不少人并不同意李纲的说法，仍然认为张邦昌建号易姓实出无奈，并且他的僭越是对外不对内，从未居大殿接受百官朝拜，虽说有罪，也是罪不至死。更何况，他毕竟保全了百官和百姓，保全了赵氏宗庙不毁，所以不应该赶尽杀绝。其中黄潜善就说了张邦昌不少好话。

高宗的倾向是十分明确的，他不愿意因为处置张邦昌一个人而使自己处在与金人决裂的风口浪尖，但面对李纲的慷慨陈辞，又不好直接驳斥。环顾左右，见到了吕好问，他知道吕好问似乎与张邦昌十分友善，过从甚密，于是就问吕好问道："卿当时正在城中，当知其中原委，究竟如何，请如实讲来。"

张邦昌如何寻死以抗金人的旨意，如何不御殿，不用天子礼仪，不称朕，不称圣旨，只称"手书"等等，吕好问当然十分清楚，至于遣使奉迎康王（即高宗）继位，就更是他的主意。但当事到临头，该向当朝皇上表明这一切的时候，他却退缩了，玩起了太极功夫。他含糊其辞地说："张邦昌僭窃位号，人所共知。既已自归，唯陛下裁处。"丝毫不顾信义，只求自保。

高宗万没想到吕好问会如此回话，一时竟不知该说什么才好。

见高宗迟疑不决，李纲惟恐高宗会当场回绝自己的建言，急忙上前一步叩头再拜，哭着说："张邦昌僭逆，岂可使之立于朝廷，让人说：这也是一天子？臣不可与张邦昌同朝为官。若陛下必用邦昌，臣请辞！"

李纲这手以辞职相威胁的做法大出高宗的意料，他万没想到，作为臣下，李纲竟会如此强横地要挟自己。而李纲那一句"这也是一天子"就像一个炸雷，惊得他立时清醒过来。一山不容二虎的道理他是懂的，太祖皇帝容不得李煜在自己身边"酣睡"的掌故他更是一清二楚。金人对自己的威胁，还是遥远的、想象中的；而在自己身边再有一个"天子"，对自己的威胁则是直接和现实的。

转瞬间，高宗想了很多，也权衡了许多，最终下诏道："邦昌僭逆，理应诛夷，原其初心，出于胁迫，特与赦免，授昭化军节度副使，潭州安置。"还是留了张邦昌一命，只将他降职逐出了南京。

同时，对王时雍、吴幵、莫俦等一些伪楚时的大臣，也分别做了程度不同的惩罚。

李纲的当廷抗争，几乎完胜。

## 李纲施政

处置了张邦昌，李纲身居相位，开始着手实施自己的大政方略。他上书给高宗说："若想中兴可图，当下急需的就是巩固河北、河东的防御。因为河北、河东是国家北部的一道屏障，只有河北、河东强固了，中原才可保，东南也才安全。现在河北失去的只有真定、怀、卫、浚等四州，河东失去的也不过太原、忻、代、泽、潞、汾、晋等几州，其余大部分土地仍在两路士民兵将的控制之下。对这些忠义之士，朝廷应于河北置招抚司，于河东置经制司，选有才能者为使，宣谕天子的恩德和不忍弃两河于敌国之意。并示以高价悬赏：凡能保全或收复一州一县者，朝廷当命其为本州或县的节度使、防御使或团练使，使自为守。这样就可以鼓舞他们抵御金人的意志，根绝他们可能顺从金人的念头，使朝廷永无北顾之忧。"同时，李纲还举荐了张所和傅亮分别作为河北招抚使和河东经制副使的人选。

见了李纲的奏折，高宗非常高兴，他现在最担心的就是金人翻脸，而李纲的进言正好解除了他的担心。他当即下旨任命张所为河北招抚使，任命傅亮为河东经制副使。

见高宗如此全力支持自己，李纲十分振奋，接连又上奏本，要造战车以制衡金人的骑兵；要造战船、募水军，以控扼江河；又要募兵买马扩充军队；还要劝民出财以助兵费。

谏议大夫宋齐愈听到李纲的这些建言后很不以为然，他对好友虞部员外郎张浚说："李丞相的这些措施无一可行。"

张浚不知道宋齐愈为什么会这么说，就追问其根由。宋齐愈解释道："我们就以募兵、买马、劝民出财为例。所谓劝民出财，其实就是搜刮民财。近年战事不断，百姓已经十分困苦，我们怎么还可以这样无休止地搜刮呢？而所谓买马，西北之马根本买不到，东南之马则无法当战马使用，所以，这根本就是一句空话；至于募兵，每增兵二千，每年就要多花费千万缗，当下朝廷新立，国库空虚，这笔费用从哪出？对如此不切实际的想法，我定会上本驳斥。"

听了宋齐愈的解释，张浚大吃一惊，赶紧劝阻宋齐愈道："万万不可贸然上本。你若上本，定有塌天大祸。"

此时正是李纲整肃朝廷风气，惩治伪楚大臣的风头上。张浚在荐举张邦昌为帝之时逃入太学中，躲过了在举荐信上签名，所以是安全的。但宋齐愈虽不是什么重要的大臣，却在举荐张邦昌的事情上说过话，签过名，有过把柄。也正因为他是无名之辈，所以整肃之风还没刮到他的身上。但如果他此时跳出来，后果可就不堪设想了。张浚正是想到了这一层，为朋友担心，所以才极力劝宋齐愈不要惹火烧身。

谁知宋齐愈根本就是一个书呆子，对于官场这一套根本就不懂，根本就不想理会，只知道自己认为对的就该坚持。所以不仅没听张浚的劝阻，坚持上书给高宗反对李纲的举措，还在奏折被李纲扣下后（宰相扣下大臣们上给皇帝的奏折似乎是大宋一朝的传统，从未间断过），仍然一再上本反对（这似乎也是大宋的传统）。对于如此不知进退的大臣，可把李纲给气坏了，便以曾举荐张邦昌为名，将宋齐愈抓了起来。结果在京城陷落期间积极为金人搜刮金银、劫掠妇女的王时雍等人仅仅被放逐岭南，而什么坏事都没做的宋齐愈却被砍了头。

天下没有不透风的墙，更何况是大臣上书不成竟至于丧命这种事？很快，宋齐愈的死和他所上奏折中的内容就都传到了高宗的耳中。高宗并没有马上做出什么反应，但他却通过宋齐愈的死清楚地看到了自己与李纲之间的不同。

高宗之所以同意设立河北招抚司和河东经制司，是因为他以为如此可以使自己不必花费太大的人力物力，就能放心地在江南建立新都；但从李纲随后的举措看，李纲设立河北招抚司和河东经制司的目的则是要恢复中原已被金人占领的土地。所以，李纲在着手于这一系列举措的同时，还极力劝高宗在局势稳定之后还都开封，坚决反对建都于建康，试图将高宗留在北方。

徽、钦二帝因滞留开封而被金人掳去的事刚刚过去，高宗对此是刻骨铭心。对于所有试图将自己置于危墙之下的做法，不仅是他万万不能同意的，也是不能容忍的。所以，当他发现李纲的所有措施中都隐含着将自己留在北方的意图后，他对李纲的信任和依赖顿时改变了。更何况李纲的这些举措中，都明显有与金人直接对抗的意味在其中，对于曾亲眼目睹了金人的强悍和父兄皆被金人掳为人质的高宗来说，这也是他目前要极力避免的。

经过深思熟虑之后，高宗的第一个反应，就是准备封黄潜善为宰相，其潜台词就是与李纲分权，为罢免李纲做准备。第二个反应，就是吩咐黄潜善等加紧筹划南巡避敌。而就在此前不久，他才刚刚接受了李纲的劝谏，下诏要还都开封。

听说高宗要改诏巡幸东南，李纲急忙进宫面见高宗，当面劝谏道："自古中兴之王起于西北，则足以据中原而有东南；但起于东南者，却不能恢复中原而有西北。因为天下精兵健马全在西北，一旦弃掉，不仅金人可以乘机侵扰内地，盗贼也将蜂起为乱。臣主张还都开封，就是出于这种考虑。如果我们现在乘船顺流而去东南，方便当然很方便，怕的是一旦离开中原便会失去中原，并且还会危及东南。所以，即使想退保一隅，也不是那么容易的。更何况陛下刚刚降诏要留在中原，怎么能墨迹未干，就失信于天下呢?"

高宗的心思当然不能向李纲透露，而李纲的道理高宗也无从驳斥。左右为难之际，高宗虽然心中恼恨李纲，但口头上还是敷衍李纲说，只是太后及六宫去东南，自己则留在中原。李纲相信了高宗的话，说道："陛下英断如此，即使是汉之高祖，唐之太宗，也不过如此。"

## 罢免李纲

加封黄潜善为相的旨意很快就下达了，李纲隐隐感到不安。不久，他又听说高宗根本就没有留在中原的打算，仍在筹划南巡之事。这让李纲在感觉受到欺蒙之余，顿生请辞之意，这是真正的、发自内心的请辞。在他看来，南巡与否是国之存亡的大事，也是他中兴之举的立脚点。一旦皇帝南巡，他所为之奋斗的事业将不复存在，他留任宰相也就失去了意义。

此时，正是河北招抚司和河东经制司筹建之时。张所拟将河北招抚司的办公地点设置在北京（现河北大名），希望在得到朝廷的批准后再渡河。而傅亮在接到设立河东经制司的旨意后，正在大量筹措粮草、征集兵马，准备在筹措妥当后再动身。

高宗既然已经认识到了李纲这一系列举措中的含义，当然就不能任由这一方案继续实施下去。于是，就通过黄潜善指使北京留守张益谦上书，称置河北招抚司于北京不妥。奏折中说："自从置招抚司以来，河北盗贼越发猖獗，所以还是不成立的好。招抚司所司职责，可由现在的帅司负责。"

汪伯彦也顺着高宗的意思，以傅亮接到圣旨后迁延不行为由，强令傅亮在粮草兵马尚未准备妥当的情况下立即动身。

虽然李纲已经有些心灰意冷，但刚毅的性格使他在得知黄潜善和汪伯彦阻挠自己方略的实施后，仍不甘心，决心要再搏一搏。于是，上书高宗说："张所现仍在京师，还未到北京，张益谦就说招抚司扰民，实在匪夷所思。河北百姓流离失所，聚而为盗，怎么能归责于招抚司？招抚、经制二司是臣建议设立的，张所、傅亮二人又都是由臣举荐的，黄潜善和汪伯彦给张所、傅亮设置障碍，其实就是针对臣的。臣鉴于靖康之失与大臣之间的不和有关，所以每次决策前，臣总是在与他们商议之后才实施，没想到他们竟如此出尔反尔。愿陛下明察。"

在李纲看来，虽然高宗已经对他有些不满，但他毕竟还是宰相，皇帝对宰相的面子总还要顾及一下。让李纲万没想到的是，高宗不仅根本就没理会他的反对，反而直接就下诏取消了经制司，并命傅亮赴京师待命。

圣旨下到李纲手中，李纲再也不忍不下去了，当即上本请辞："圣意必欲罢免傅亮，请将圣旨交由黄潜善处理，臣请归身田里。"

张浚一直对李纲假公济私杀死宋齐愈一事耿耿于怀，得知高宗与李纲的矛盾已经激化之后，现已升为殿中侍御史的他立刻上本弹劾李纲，说李纲虽有才气，负盛名，但杜绝言路，独擅朝政，擅易诏令，任吏为奸，窃庇姻亲，滥杀大臣，令士大夫皆侧立不敢仰视，不可居相位。

此时高宗的内心有些矛盾，虽说对李纲已经十分不满，但李纲毕竟是自己选定的，毕竟是栋梁之才，总不愿意如此轻率地就免了他的相位。于是，在接到张浚的奏折后，特地召李纲进宫，准备当面挽留。

高宗没有谈到张浚的奏折，只谈到张所和傅亮的去留。高宗问道："卿所争的事情，只不过是两个中层官员的去留，也不是什么大事，为什么要以请辞相要挟呢?"

李纲倔强地争辩说："皇上的职责，在于选择任免宰相；宰相的职责在于向皇上举荐人才。从眼下的情势来看，恐怕没有比举荐任免优秀的将帅更重要的事了，这决不是什么小事。退一步说，如果这确实是小事，那么，如果臣下以辞职来争取这样一件小事，而陛下仍不肯允诺，那臣下又怎敢再居相位而不去呢?"

见李纲如此直言相抗，高宗知道再说也无益，索性不再开口。李纲见状，也知事情已无可挽回，随即泣辞而去。

第二天，高宗下诏，将李纲罢为观文殿大学士，提举洞霄宫。从六月拜相到八月十八日被免，李纲在相位仅仅七十五天。后来，李纲又被贬为单州团练副使。

在钦宗时就曾为李纲聚众上书请愿的太学生陈东，得知李纲被免，又一次伏阙上书，请求朝廷挽留李纲。同时还建言高宗应率兵亲征，救回徽、钦二帝。高宗本就对陈东聚众请愿一事深恶痛绝，认为伏阙上书是对君主权威的最大挑战，如不严加惩治，将来必然会发生握兵之臣劫制天子的事情发生，五代时期的历史难免会重演。所以，在私下里他曾对人说过："倘若再有伏阙上书的事情发生，决不宽宥!"这次陈东不仅故伎重演，还对自己该怎么做指手画脚，这叫高宗实在忍无可忍。于是，高宗当即吩咐黄潜善，将陈东等人斩首示众。

随着李纲的去职，招抚司和经制司正式寿终正寝，而李纲所规划的收复两河的所有军民之政，也全部不了了之。

# 第十二章　高宗南巡

## 驾离南京

粘罕得知张邦昌主动退位和高宗即位的消息后，十分震怒，认为这是对大金国权威的极大挑战。他立即召集诸将，准备继续征讨中原。

八月，金军兵分三路，窝里嗢攻山东，娄室攻陕西，粘罕亲率主力攻西京。宋帅贺师范率陕西兵与娄室军大战八公原，宋兵大败，贺师范当场战死。西京在靖康年间曾被粘罕所占，后被宋人夺回，这次重又被粘罕攻下。

真是怕什么来什么，金人再次举兵并连破数地的消息纷至沓来，高宗的心顿时提到了嗓子眼，父兄的遭遇又一次清晰地浮现在眼前。他不再犹豫，立刻下诏南巡。同时，为了避免金人再立张邦昌为帝，与自己分庭抗礼，还专门下诏赐张邦昌死。可怜张邦昌，枉背僭越之名，屈做千古冤鬼。

宗泽是在李纲的举荐下就任开封留守的。当他得知金人南下，高宗准备南巡时，当即上书挽留高宗："近来金人再兴兵端，又闻陛下要巡幸东南。陛下巡幸东南，事关王室安危，天下治乱，无可非议。但若因此而使两河军民误以为陛下要弃他们于不顾，恐会失去民心。倘若金人乘机灭宋，我们将无以抵御金人。"

黄潜善和汪伯彦此时主持朝政，见宗泽的奏折是反对高宗南巡的，怕惹高宗生气，所以根本就不呈给高宗看。

等了几天，宗泽见没有回音，就又上书道："汴京是祖宗二百年积累下来的基业，陛下怎么能如此轻易就送给金人呢？陛下不仅不该南巡，反而应回守汴京。只要陛下能回到汴京，中兴之业就一定能成。

景德年间，契丹入侵澶渊，当时，王若钦劝真宗巡幸金陵，陈尧叟劝真宗巡幸成都，只有寇准请真宗亲征，才最终得以成功。臣不敢自比寇准，但不敢不以真宗的事劝陛下。望陛下不要只听一二大臣的建议，而要更多地听听广大将士的心声。”

高宗当然知道真宗朝澶渊之盟的事情，但他不仅知道澶渊之盟是由于真宗亲征才使宋辽之间的矛盾得到解决，更知道真宗后来后悔了，并因寇准拿自己做赌注而从此疏远了寇准。他可不愿意拿自己的性命去做宗泽的赌注。于是，宗泽的第二本奏折，同样石沉大海。

十月上旬，经过一个多月的准备，高宗终于登船从南京出发，开始了他的东南巡幸之旅。

得知高宗终于还是南巡了的消息，宗泽十分失望，又上书道：“陛下奈何偏听奸佞之语，以巡幸之名，以偏远州军为朝宗之地?”言词中充满了无奈和不解。

十月下旬，高宗一行来到宝应县。高宗的御营军全是北方人，自从离开南京便开始有怀乡的情绪，随着离南京越来越远，离扬州越来越近，这股怀乡的情绪逐渐演变成了不满。有相当多的下级军官和普通士卒，对这种抛弃家小、离乡背井、毫无返乡希望的逃跑产生了极大的抵触情绪。干柴早已堆好，只等火种将它点燃。到了宝应县，只因一个偶然的契机，有个叫孙琦的下级军官跳出来振臂一呼，就有不少士卒公然响应，坚决反对继续南下，要求返回南京。左正言卢臣中当时正在出事的船上，见士卒们喧哗，就大声呵斥，出面制止。谁知士卒们不仅根本不将他的斥责放在眼里，反而推推搡搡地将他挤落到水中。卢臣中完全不识水性，竟至于溺水身亡。

高宗得知此事，即命船工下水搜寻卢臣中。结果发现已经死了的卢臣中，在水中仍是直立如初。

为此，定国军承宣使韩世忠因治军不严导致兵变而被降为观察使，孙琦等兵变的为首者受到军法处置，一场风波才告结束。

## 两河失陷

十一月，金人陷河间府（现河北保定附近）。

十二月，金将洛索进犯同州（现陕西大荔一带）。

早在一个月前，同州守臣郑骧得知高宗南巡之后，当即上本，希望朝廷允许陕西各郡招兵自保。黄潜善等人当时只想着南巡逃命，根本就没将军事防御放在心上，所以对郑骧的奏本视若不见，也没上报给高宗。直到十二月中旬，金兵已来到了附近的韩城，还未等到朝廷的答复。没办法，郑骧只得带领已有的士卒据隘御敌。无奈兵力相差太过悬殊，结果大败而归，金兵趁势来到同州城下。随着宋军的失败，同州城内通制以下的官员全部逃之夭夭，唯有郑骧不走。有亲信劝郑骧留得青山在，不怕没柴烧。郑骧说："太守太守，就是至死都要守。"誓死不肯离开同州。第二天，面对围城的金军和斗志全无的残存士卒，绝望的郑骧最终选择了投井自尽，以死明志。

太守死了，城中军民群龙无首，乱哄哄不知如何是好。就在此时，洛索在城下要与守城者对话。于是，众人便推举前知沙苑监周良上城与金军对话。洛索许诺，只要投降，绝无杀戮。在没兵没将的当时，周良其实也没有选择的余地，只得同意。洛索当场就封周良为定国军节度使、同州知府。大军也没进城，只派了十几个骑兵进到州学，找了一些书籍带走，就继续南下了。

同州就这么陷落了。

相州（现河北邢台）的陷落也大同小异。相州在真定府路经略安抚司公事赵不试的指挥下，坚持到粮食尽绝。在内无粮草外无援兵的情况下，赵不试公开征求军民的意见，对他们说："现在，我们是内无粮草，外无救援。作为宗室一员，我决计不会投降。你们不是宗室，或守或降，可以自做决定。"在场军民，没人大声回话，只在底下小声议论，但意思却十分明确，就是不想死守。赵不试听懂了众人的意思，也不再多说，立即登城与金人约降。然后，派人具降书开城门投降，自己则先将家属投入井中，随后自己也纵身跳入，并命提辖官将井填上。既保住了自己的名节，也保住了百姓的性命。得知赵不试的死讯，相州军民，人皆哀之。

邓州（现河南邓县）的情况则稍有不同。金将尼楚赫也以只要投降就绝无杀戮为条件劝降，邓州太守李操本想与城共存亡，但士曹参军赵某却劝李操说："谁都知道尽节而死为忠，但这忠只是个人操守，若大人为此而害了一城的百姓，代价是否太大了?”正是在赵参军的劝谏下，李操未做抵抗就交出了邓州，以个人的操守，换取了一城百姓的性命。

至建炎二年（1128年）正月，只短短几个月的时间，除开封由于宗泽将周围几百里的地方坚壁清野，使金人因找不到粮食而未去攻取外，两河的大部分地区都已被金人占领，并根本就没有发生过大规模的对抗。当时就有人说，宋朝百余年未经历过大的战事，将帅士卒都已不适应了惨烈的厮杀，胆怯怕死的情绪十分普遍，若想与金人相抗衡，恐怕还需十年的时间。从后来的情况发展来看，这话还真被说中了。

## 徽宗的遗愿

早在高宗称帝改元之后不久，高宗就派王伦以刑部侍郎的身份以问徽、钦二帝起居的名义出使金国，来到云中。结果金帅粘罕不仅不让他们见二帝，还扣下他们，不让他们返回宋朝。

建炎二年二月，有商人密告王伦，二帝被关在黄龙府。得知二帝的确切消息，王伦立即秘密潜往黄龙府觐见二帝。知道高宗已经在南京称帝，徽宗非常高兴，认为自己终于有了回归故土的希望。于是，就给金太宗皇帝写信请和，并由前御史中丞秦桧润笔。信中说：“唐太宗复突厥，而沙陀救唐；冒顿纵高帝，而呼韩赖汉。契丹灭了石氏，想自己称帝，结果是称帝不成反丢了性命。两相比较，高下立判。近闻嗣子被人推戴，这全赖祖宗积德至深至厚，未被百姓忘记。若大金能效法唐太宗或冒顿，使我赵氏仍享有宗庙社稷，我可以派一人，带着我的亲笔信，说服嗣子，使我子孙后代永远贡奉岁币玉帛。对于大金来说，这可是万世之利!”

在宋徽宗的信中，他一共借用了三个历史典故来表达自己的意思。

第一个是唐太宗李世民先灭突厥，后又恢复突厥的典故：

贞观四年四月，唐太宗李世民打败突厥的颉利可汗，突厥灭亡。其统治的部落或北附薛延陀，或西奔西域，四分五裂。另有约十万户投降了唐朝。李世民不知该如何处置这些降民，就下旨令群臣廷议。朝官们大多认为应将他们全部迁徙到河南等地，使他们分散居住在各个州县，教他们耕田织布，将他们转化为农民。

中书令温彦博不赞同这种做法，认为应仿效汉光武帝，将投降的突厥人安置在幽州一带，保全其部落和风俗，使其成为中原的屏障。

时任秘书监的魏征反对温彦博的办法，认为戎狄之人未经教化，力量弱则请求归顺，一旦强盛起来又会叛乱，从来如此。如果将其留在中原，数年之后必成心腹大患。西晋初年的前车之鉴不可再蹈，应让他们返回自己的故乡。

温彦博见魏征反对自己的建议，十分不服，就驳斥道："君主对于天地万物，应包容一切，勿使遗漏。现在突厥困窘，前来附我，怎么能抛弃他们不管呢？如果拯救他们于将亡之际，他们只会感恩于我们，怎么会成为后患呢？"

最终李世民采纳了温彦博的建议，将大部分突厥人安置在幽州一带，小部分安置到长安。并将突厥各部落的首领一百多人封了五品以上的官职，其中颉利族人阿史那思摩甚至被封为怀化郡王。

但到了贞观十三年四月，原突厥突利可汗的弟弟因对所封官职不满，竟聚众谋反，夜袭皇帝御营。虽最终谋反不成，虚惊一场，但此事在朝廷上却引起了不小的震动，大臣们纷纷上书要求将突厥人迁出中原。经此事变，李世民也感到了民族问题的复杂性，决定接受群臣的建议，将留在中原的突厥人迁回故地，重新建国。于是，赐怀化郡王阿史那思摩国姓李氏为李思摩，立李思摩为新的突厥可汗，让他统领突厥各部落重新回到故地生活。同时公开宣传："先前攻打突厥，只是因为颉利可汗为害百姓，大唐是要替天行道，并不是要贪图突厥的土地。现在恢复你们的故国，望今后与大唐和睦相处。"

正因为大唐于突厥有复国之恩，所以才有唐僖宗中和三年，雁门节度使李克用（沙陀人，突厥族的一支）打败黄巢，帮助僖宗收复长安一事的发生，避免了唐朝覆灭的命运。为此，唐僖宗进封李克用为陇西郡王。

第二个典故与第一个大同小异，是汉高帝刘邦的一段经历，也是一个善有善报的故事。

宋徽宗想用这两个历史典故说服金太宗皇帝，成全自己剩下的半壁江山，放自己回国，自己及子孙后代将永远俯首称臣，岁岁进贡。

而宋徽宗用契丹皇帝耶律德光灭后晋在中原称帝，最后反丢性命的典故想说的是，如果大金一味要灭赵氏，恐怕会事与愿违。即从相反的角度，强化自己建议的说服力。

宋徽宗写好信交给王伦，想由王伦经由金帅粘罕转呈金太宗。

王伦回到云中面见粘罕，呈上宋徽宗的书信，并进言道："海上之盟，两国结为兄弟，是贵国先皇帝的意愿。贵国先皇帝在世时，就曾拒绝过贵国大臣们毁约南下的建议。而今贵国举兵南下占我疆域，不是违背了贵国先皇帝的意愿了吗？更何况自古以来，地分南北，互不能属。从两国关系的长久来考虑，为什么不归我徽、钦二帝及皇族，恢复我疆土，使南北百姓免遭涂炭呢？这也一定会慰藉贵国先皇帝的在天之灵。望元帅明察。"

宋徽宗信中的三个历史典故，粘罕多少都知道一些，其中契丹皇帝耶律德光的事因发生的年代并不久远，并就发生在刚刚被灭掉的辽国，所以知道得还十分清楚。异族统治的难处他不是不懂，也正因为如此，所以他才要立张邦昌为皇帝，统治宋朝旧地。他之所以要灭赵氏，只是因为他上了赵氏太多的当，彼此之间再无信任可言。而此次再次发兵南下，则是为了大金的权威，他不能容忍在金国立的张邦昌被废之后，金国不做出强硬的反应。

所以，他见了徽宗的信，听了王伦的进言后，没做出任何反应，也没将宋徽宗的信转呈金太宗，王伦也仍被扣押在金国。宋徽宗的这最后一个愿望就这样完全落空了。

但在此期间，金兵还是逐渐放缓了进攻的态势。随着金人陆续将洛阳、襄阳、颍昌、汝州、郑州等地的百姓迁徙到河北，金兵也撤到了河北。

到建炎二年五月，金宋之间的战事暂时平静下来。

## 拒回开封

随着金兵北撤，开封留守宗泽再次上书请高宗还都开封。宗泽写道："臣留守开封，重新加固了城墙，疏浚了护城河，士卒们都经过了严格的操练，精通战阵，士气旺盛，兵器充足。汴河、蔡河、五丈河也都经过疏浚，运输十分便利。陕西、京东、京洛一带敌兵皆已被我掩杀击溃。天意悔恨，人心助顺，正是陛下中兴之时。望陛下勿听奸邪之言，归御九重，为四海九州做主。"

高宗久居扬州已觉不便，见宗泽奏折，知金人已回河北，便也有了回京之意，于是下诏要回开封。

秘书省正字冯楫见到皇帝要回京的旨意，觉得不妥，急忙向黄潜善建言道："昨见皇榜，知道陛下要还阙，随陛下巡幸至此的从卫官吏无不欣喜。但以楫来看，陛下还阙，似有不妥之处。现在天气热了，金人是回去了，但若秋后凉时金人再来，又该如何？我们的军队未必挡得住金兵的南侵，难道到那时还要再次南巡不成？如今的蔡河和汴河已经有些淤堵，难保紧急时交通不便。如果陛下想以马上治天下，可只将兵将和懂得军事的大臣与陛下一起留在扬州，做或战或守的准备，而令其他的百官于建康建司，处理日常事务；军用之外的物资也可藏在建康。这样可战则战，可守则守，战守都不能时，行动起来也少了许多牵制。这才是万全之策。"

黄潜善本就不想重回开封，听了冯楫的建议非常高兴，也认为这才是万全之策。于是，便劝高宗放弃了还都开封的计划。

听说高宗又不回开封了，宗泽非常气愤，一连上了二十多道奏折劝高宗北上，甚至以辞职相威胁。但宗泽摆出的所有理由，都不如黄潜善的理由充分：万全。三镇未复，开封乃是危险之地，徽宗之子三十多人，如今只剩高宗一人留在中原，再也容不得有半点闪失了。

其实，在高宗的心中，隐隐地还藏着一个未解的困惑：即宗泽的话真的可以全信吗？京城的防御和士兵们的士气，真的就那么靠得住吗？靖康年间，他出使金国路过磁州时，亲眼见过宗泽谎报军力的事。而前朝宰相寇准拿真宗做赌注这件事，给他的印象也是极深。他总在怀疑，宗泽似乎也拿他在做着相似的赌注。

宗泽见无论怎样努力都无法劝高宗还都开封，忧愤成疾，疽发作于背，终于不治身亡，享年七十岁。临死前，宗泽没讲半句家事，连呼三声"渡河"，就咽气了。

## 一定要活捉康王赵构

建炎二年七月，高宗派王师正为议和使者，去金国奉表请和。为了早日和好，迎回二帝，高宗还秘密给在金国有较高地位的辽人和汉人写信，希望他们能多说好话，从中斡旋。不想此事败露，信被金太宗所得。金太宗为此十分恼火，认为这是暗中勾结，耍阴谋诡计。于是下诏说："即刻起兵，一定要活捉康王赵构。"从此开始了又一次的南征。

高宗真所谓是聪明反被聪明误。

九月，金人陷冀州，再犯永兴军。

十一月，金人陷延安府，陷开德府，陷相州，陷德州。

十二月，金人犯济南府，刘豫以城降。金人陷大名府。

此时，杜充代替宗泽任开封留守，他决黄河水阻止了金兵进攻开封。

建炎三年（1129 年）正月，金人再陷青州、潍州、泗州。

## 扬州出奔

得知金人已到泗州（现江苏宿迁），身在扬州的高宗再也坐不住了，又开始了继续南巡的准备。他命黄潜善将御舟停靠在河边，不分昼夜地将内帑搬运到船上，准备随时顺流而下。

二月一日，高宗再一次提出要乘船南巡。黄潜善劝高宗说，库藏的金帛还需一二天就要搬完了，还是等一下战报，看看敌人究竟到哪里了，到那时再做决定不迟。见黄潜善似乎胸有成竹的样子，高宗也就没再坚持。

谁知当天就有战报说，金人骑兵已有几百人就要到天长军了。黄潜善得知消息，急忙派江淮制置使刘光世率兵阻截。

扬州居民听到这个消息立刻就炸开了锅，上万人争相拥挤着要出城避难，结果被踩死者无数。

百官听到这个消息也是心中惴惴不安，慌忙去都堂向黄潜善和汪伯彦询问究竟。此时二人为左右宰相，主持朝政。他们安慰百官说："已有措置，不必惊慌。"完全是一副气定神闲的样子。百官见他二人如此安定，认为最了解情况的莫过于宰相，也就放下心来。

高宗听到消息后留了个心眼，他没再一味傻等黄潜善派兵之后的结果，而是另派亲信内侍郑询专去天长军打探消息。

结果，刘光世的军队全无斗志，还没与敌人碰面就当了逃兵。只过了一天，金兵没有遇到任何抵抗就占领了天长军。

走到半途的郑询探知天长军已经失陷，急忙掉头赶回扬州向高宗报信。

天长军距扬州近在咫尺。高宗得知天长军失陷，吓得从龙椅上一跳而起，连知会黄、汪二相的时间都没有了，当然就更顾不上护卫仪仗，当即穿上甲胄，骑上战马，一溜烟儿地直奔镇江而去。只有随时侍候在身边的御营都统制王渊和内侍省押班康履等五六人随侍。

高宗一行人纵马疾驰，从街面上过，被行人认出，立刻就有人高叫道："官家去也！"紧随其后，就有宫人从大内蜂拥而出。城中立时大乱。

此时，黄潜善和汪伯彦还在都堂宽慰前来打探消息的人说："不要害怕，尽在掌握之中。"忽听有堂吏叫道："圣上已经走啦！"这一声大喝，满堂皆惊。黄、汪二人只打了一个愣神，马上就反应过来了，撇下众人，急忙戎装策马随驾南行。

消息得到晚些的军民百姓再次拥挤在城门口，又是践踏而死者无数。

不仅御敌无策，并且还置百姓的生命财产于不顾，扬州军民恨透了宰相黄潜善。混乱中，司农卿黄锷来到江边，也要逃命。有军士也分不清谁是谁，只知道他是姓黄的大官，就高叫道："黄相公在此！"将黄锷误当做黄潜善。还大声斥责道："误国害民，全都是你的罪！"黄锷急忙分辩自己并非黄潜善，但闻声蜂拥而至的军民早已出离了愤怒，哪容黄锷分辩？黄锷话还未出口，就已经身首异处了。

愤怒的情绪是会传染的。少卿史徽、丞范浩紧跟着来到江边，也被愤怒的军民打死了。给事中兼侍讲黄哲步行奔江边而来，走到半路，被一骑马的士兵射中四箭，当场毙命。左谏议大夫李处遁被乱兵所杀。还有太府少卿朱端友、监察御史张灏等生死不知，下落不明。

惊魂未定的高宗策马扬鞭，将所有人都远远抛在了后面，一口气跑到扬子桥头。守桥的卫士哪认得皇帝，见有人擅闯禁地，大声喝止，出口不逊。气急败坏的高宗哪受过这个气，当即拔出宝剑，一剑就将卫士刺死了。

最早追上高宗的是吏部尚书吕颐浩和礼部侍郎、御营使司参赞军事张浚，追上时，高宗正一个人坐在水帝庙前的台阶上，取剑就靴擦血，身边连一个侍卫都没有。吕、张二人急忙寻得小船，将高宗渡到镇江。

当天晚上，金军的骑兵就来到了扬州，只因长江阻隔，高宗才逃过一难。

其实，此时来到扬州的金军，不过几千骑兵，并且是历时五个多月，经云中、太行、濮州和山东诸州才来到扬州的。军队早已是疲惫之极，完全是强弩之末，只要稍做抵抗，情况就会完全不同。无奈此时的宋军，根本就是惊弓之鸟，闻风便溃。

## 再弃镇江

这一夜，高宗就住在镇江府衙。由于没来得及带卧具，高宗只得将随身穿的貂皮大衣半铺半盖地凑合了一宿。

第二天一早，高宗就召集随后赶来的众大臣们在大堂商议下一步的去向。

谁知高宗的话音刚落，就有奉国军节度使都巡检使刘光世窜到高宗面前，顿足捶胸地大哭起来，弄得高宗茫然不知所以。哭过之后，刘光世向高宗诉苦道："御营都统制王渊专管江上海船，平时总说，一旦有事需要渡江，绝不误事。今日真有事了，他却毫无作为。臣所率领的几万步兵和几千骑兵，如今全被隔在江对岸。没有兵将，叫臣如何护驾？"

还没容高宗反应过来，黄潜善就急忙接口道："将军不要着急，现已安排了几百只船在接送军队。"

高宗眼下最关心的还是去留问题，见军队问题已有措施，急忙再问众臣：是留在镇江，还是继续南下？

吏部尚书吕颐浩闻声立即拜伏在地，高声请求高宗留在镇江，聚集兵马粮草抵御金兵，并帮助江北的百姓撤退到安全的地方。继吕颐浩之后，又有户部尚书叶梦得等几人跪拜于地，也请高宗留在镇江。

高宗没有说话，将目光投向黄潜善，想听听宰相的意见。还没容黄潜善开口，吕颐浩又大声说道："臣愿留此地为江北声援，否则一旦金人乘势渡江，后果将无法收拾！"

见吕颐浩等人态度如此坚决，黄潜善当即表示赞同留在镇江，以长江为屏障，抵御金人。

高宗见众大臣都主张留在镇江，也不再多说。随即命黄潜善主持大局，号令江北诸军。众大臣也随即散去，准备抵御金人。

高宗回到后堂，还未坐定，就有江北统领官安义派人报捷，说今晨有数百敌骑来犯，皆无器甲，现已率所部用箭射退。高宗听后心中稍感安慰，当即下旨升安义为江北统制，并命安义率本部兵马保护瓜州渡。

报捷的人刚走，御营都统制王渊就来到府衙求见。刘光世在早朝上参他时他并不在场，后来听到此事，马上就将具体负责海船的江北都巡检皇甫佐给杀了，想拿皇甫佐当替罪羊。此时他急忙赶来求见高宗，除了将耽搁运兵的责任全部推给皇甫佐外，还想劝高宗继续南下。所以，王渊分辩完海船的事后，再劝道："以臣来看，镇江虽有大江为屏，但只能屏住北面，若金人从通州（现江苏南通）渡江，先据姑苏，断我南下之路，又将如何是好？臣以为，与其守镇江，不如去杭州更为安全。"

刚刚将心放回到肚里的高宗，一听王渊的分析，一下子又紧张起来，赶紧叫人传唤黄潜善等大臣再来府衙议事。

不到午时，大臣们又都回到府衙。高宗将王渊的建议征询大臣们的意见，众大臣竟面面相觑、无言以对：他们谁也不敢说留在镇江是安全的，当然就更不敢在没有安全保障的前提下要求高宗留在镇江。

半天，在高宗再三催问之下，不得已，黄潜善才支支吾吾地说："王渊既如此说，臣实在无言再留陛下于镇江。"

见大臣们竟如此忽视自己的安全，高宗心中是又气又怕，当即宣布继续南下。谁知话音刚落，就听大堂之外有人高声叫道："城中起火啦!"然后就有喧哗骚乱之声传入大堂。

喧哗之声还未平息，有一内侍进大堂向高宗禀报：站在大堂之外负责警卫的禁卫们突然哭了起来，嘴里还骂骂咧咧地不干不净。

高宗心中一惊，马上吩咐中书侍郎朱胜非出去查看一下。

原来，因随高宗出逃得仓促，这些禁卫们的家眷全都留在了扬州。此时听说还要南下，便心生愁怨。

朱胜非探得缘由，为了安抚众士卒，便假传圣旨道："陛下已有圣旨，这就派专船去接禁卫们的家眷，你们不必心焦。"

众士卒听了，这才安定下来。

见事有缓机，朱胜非又进一步要求道："你们一定要认真护驾，若护驾有功，定有重赏。"众士卒此时心情早已平复，又见有重赏允诺，便欣然领命。

安抚了士卒们，朱胜非返回大堂。

朱胜非出大堂去探查时，高宗心中忐忑不安，唯恐会有兵变，便和众大臣一起到门旁探听动静，朱胜非和士卒们的对话，高宗是听得清清楚楚。此时，朱胜非回到大堂，正要回禀刚才的处理结果，高宗一摆手止住了朱胜非，说："刚才朕已全部听到了，这里的善后就全权交由你来处理，事毕之后，你再来杭州。朕即刻出发。"

随即，高宗连午膳都没来得及吃，就上马离开了镇江。

当日夜，高宗住在吕城。

临行前，王渊将部将杨沂中及三百精兵留在镇江，约定：如见金人过江，焚甘露寺以报警。半夜，留在镇江的宋兵听到北岸瓜州方向人声喧哗，便以为是金人在趁夜渡江。杨沂中也没派人去核实一下，便自作主张地烧了甘露寺，然后遁去。

住在吕城的宋军见甘露寺方向火光冲天，赶紧向王渊禀报，王渊也以为是金人渡江，便急忙唤起高宗，只身乘马仓皇南行，将大批官员抛之脑后。

五日，车驾到常州。

六日，到无锡。

七日，到平江（现江苏省苏州）。连惊吓，带劳累，连续三天赶路，把高宗累得实在有些吃不消。加上又得知金人并未渡江，疲乏至极的高宗决定换下甲胄，穿上龙袍，在平江休息一天。

随后的行程，就从容了不少。

二月十二日，高宗一行来到崇德县（现浙江桐乡）。在这里，高宗对军队进行了统一部署：拜吕颐浩为同签枢密院事、江淮两浙制置使，率兵镇守镇江；命御营中军统制张俊率兵守吴江；命刘光世守京口，王渊守姑苏。加上韩世忠和范琼带兵在外，此时护驾的军队只剩下了统制官苗傅手下的八千人。

十四日，高宗来到杭州，以州衙为行宫安顿下来。

## 苗傅兵变

远离金兵肆虐的扬州，山清水秀的杭州使高宗产生了一种熨帖的安全感。他突然觉得很满足，并因此而对王渊留下了极好的印象。

不过，左右宰相黄潜善和汪伯彦自扬州出逃以来的表现，却令高宗极为失望。他们不仅肆意向自己隐瞒敌情，并且在危机时刻束手无策，险使自己陷于困境当中。

所以，高宗在安定下来之后，第一件事就是罢免了黄潜善和汪伯彦的宰相之职，而命朱胜非为尚书右仆射兼御营使，总揽全局，并兼顾自己的安危。然后，就升王渊为同签枢密院事，并召来杭州，想让王渊主持枢密院。

高宗任命王渊为同签枢密院事的事，引起了扈从统制官苗傅的强烈不满。应该说，王渊升官主要在于他给高宗出了个好主意：即离开镇江，南下杭州。但苗傅却不这样看。他认为王渊不仅以往全无战功，并且还曾借平乱之机滥杀无辜，夺富民的财产归己，是个地地道道的小人。此次王渊之所以升官，全是由内侍省押班康履举荐而成；而康履之所以举荐王渊，则是由王渊贿赂康履而成。

而对于内侍省押班康履，苗傅更是一肚子的气。康履最早是康王府的内侍，康王赵构为人质时曾随康王一同进过金营，自以为与康王共过患难。在康王开元帅府时，就已得宠；康王即皇帝位后，康履就更是恃恩用事，妄作威福。由于是高宗身边的内侍，康履平时狗仗人势、狐假虎威，根本就没将武将们放在眼里。曾经模仿刘邦，在洗脚的时候将武将们叫到身旁申斥，许多武将都对之恨之入骨。这次南巡，开始一段时间还没什么，进入浙江之后，因敌情趋缓，又故态复发。见路边河中有鸭子戏水，竟叫来众多内侍一起射鸭取乐，还名之为“射金兵”，以此取悦高宗。国破家亡、背井离乡之际，居然还如此招摇娱乐，负责扈从高宗的众将士们都十分气愤，恨不得杀了这媚上的奴才。

和自己辛辛苦苦、任劳任怨地护卫高宗却没得到任何赏赐和提拔相比，王渊只因结交了康履，就官运亨通，实在让苗傅咽不下这口气。于是，苗傅就与同样对王渊心怀不满的威州刺史刘正彦相勾结，想以朝臣与宦官勾结，意图谋反为名，先斩王渊，再杀内侍。

三月二日，苗傅以临安县内出现巨盗为名，向王渊禀报，要求出兵抓捕。王渊哪知是阴谋，当即就准了。

三月三日，康履的手下发现了一个小黄卷文书。这小黄卷文书只在卷末有两行文字，分别是“统制官田”和“统制官金”的签名。

康履拿着这小黄卷文书看了半天，没弄明白这是个什么东西，就问手下。手下说：据说，军中有人预谋作乱，这就是作乱的组织者征集作乱人的空白名单，作乱人都要在统制官的签名前写上自己的名字，以示效忠。据可靠消息，作乱者将于明日在城外天竺寺集结，以图不轨。

康履闻言大惊失色，赶紧将这个消息奏报给高宗。高宗听说之后也是吃惊不小，他没想到看似平静的杭州竟也是危机四伏，忙吩咐朱胜非通知王渊早做准备。当晚，王渊就派出五百精兵潜伏于寺旁，企图将作乱者一网打尽。

其实，这全都是苗傅和刘正彦的计策：谎称临安有盗，是为了名正言顺地调动军队；谎称有人要在天竺寺作乱，则是声东击西之计，就是要王渊派兵出城，以便自己在城中动手。而小黄卷文书上的“统制官田”，就是苗傅，“统制官金”就是刘正彦，有意让康履得到小黄卷文书，就是为了使这出戏演得更像真的。

三月四日，王渊认为一切都安排得天衣无缝，便于早晨照常上朝。见王渊毫无异常，苗傅和刘正彦则派中大夫王世修率兵潜伏在王渊下朝时必经的城北大桥下。王渊哪知这些，早朝散后，照常打道回府来到城北大桥。埋伏已久的王世修见王渊来到桥旁，立即率伏兵一拥而出，没等王渊做出反应，转眼间就将王渊从马上摔下，捆绑起来。守候在附近的苗傅、刘正彦此时来到王渊面前，苗傅当场宣布王渊有勾结宦官意图谋反之罪，也不容王渊辩解，随即就由刘正彦就地正法。

杀了王渊，苗傅立刻分兵包围了康履家。当时康履不在家，闯入康家的士兵也不论青红皂白，凡见无胡须者，一律斩杀。当天被杀的内侍竟有上百人。

然后，苗傅张榜于街市。榜文上说：“统制官苗傅谨伸大义，播告天下民庶、官吏、军民等：大金侵扰江淮，皆因奸臣误国，内侍弄权，致使生灵涂炭，百万金帛被掠。社稷存亡，悬于金人之手。国势已经如此，而大臣们不思悔改，仍循故态，欺上罔下；进退大臣，尽出阉宦；赏罚士卒，出自私门。每念及此，宁不伤感。朝廷微弱，皆因未能明正典刑。现上天假以我手，为民除害。望士庶军兵，一心一意共图中兴之业，万勿疑惧。只要百姓能保安居乐业，苗傅死而无憾。昭示此心，诚贯日月。”

随后，与刘正彦一起，带兵来到行宫，陈兵于北门之外。

中军统制吴湛负责守护行宫，见苗傅带着军队黑压压一片直奔宫门而来，吃惊不小。立刻吩咐手下士卒关闭北门，同时慌忙派人飞快地向高宗报信。

高宗闻言惊得从座位上跳了起来，忙不迭地命尚书右仆射兼御营使朱胜非去问个究竟。

朱胜非急匆匆来到北门城楼上，厉声责问苗傅擅杀王渊的理由。苗傅答道：“王渊与康履勾结，意图不轨。苗傅不负国家，只为天下除害。”

苗傅斩王渊，杀宦官，围行宫的事，此时早已在杭州城里传得沸沸扬扬，一时间民心浮动。杭州知府康允之见事情紧急，忙带人扣内东门求见，请高宗御楼慰谕军民，安抚民心。

将近午时，在百官的陪同下，高宗从内殿走出，登上城门楼。

随着一声大呼："圣驾来!"苗傅等抬头见一只黄罗伞盖出现在城楼之上，即率众兵将在门楼下齐刷刷跪倒。

高宗来到城垛前，向苗傅询问围行宫的缘由。苗傅高声答道："黄潜善、汪伯彦如此误国，却只罢了宰相之职，惩罚太轻；王渊遇贼不战，只因结交康履，就当上了枢密，难服众望；臣我自陛下即位以来，立功不少，却至今仍只是一个团练使；军士们兢兢业业、护驾有功，却也没有得到任何赏赐。陛下如此只信任中宫，不体恤将士，赏罚不公，太不公平。刚才，我已将王渊斩首，宫外的中官也全都被我杀了。现在，请陛下交出康履、蓝珪、曾择这三名中官，斩之以谢三军。"

堂堂一国的皇帝，竟被手下一名小小的团练使如此指责、命令，高宗是又恨又气又怕。但身边没有一兵一足，他也无法发作。压了压火，平定了一下情绪，高宗委婉地拒绝道："内侍有过错，应当流放海岛。卿可与军士们先回军营。"

苗傅根本没有理会高宗的回话，仍坚持说："今日之事，全是我的主意，与三军无关。不过，天下生灵无辜肝脑涂地，全因中官擅权。不斩康履等人，我们决不回营。"

没有办法，高宗只得当场封官许愿道："朕知卿等忠义，现封苗傅为承宣使、御营都统制，刘正彦为观察使、御营副都统，军士们皆免罪，决不追究。如何?"

苗傅虎着脸，没有作答，但仍不退兵。

这时，苗傅手下有人扬言："我等若要升官，只须结交内侍即可，何须来此?"

见局面有些僵住了，高宗转身向百官问计。

朝散郎主管时希孟说："中官之患，确实非常厉害，若不尽除，天下不得安宁。"

高宗没想到竟会有人如此回话，心中有些不悦，便说："朕的左右岂可无人差使?"

在场的百官无一人回话。

过了一会儿，军器监叶忠锷直截了当地说："陛下何惜一个康履?

姑且以康履安抚三军吧。”

高宗再次用目光询问在场的百官，竟无一人支持他。不得已，高宗只好命吴湛将康履抓来，交给苗傅。

康履在城门下望上大呼道：“官家，为什么单单要杀我?!”城楼之上死一般的静，毫无声息。

苗傅当着高宗的面，当场腰斩了康履，然后将康履的头砍下，悬挂在高杆上，与王渊的头遥遥相对。平日里凭借高宗宠幸，肆意妄为，凌辱诸将的康履，怎么也想不到今日竟会如此成了刀下之鬼。

## 高宗退位

康履已死，高宗再次下旨，要苗傅带兵归营。

但苗傅仍滞留不走。

苗傅是个武将，粗人，头脑有些简单。在围行宫时，为泄心中愤怒，曾公开责骂过高宗，说高宗不应该即位称帝，不该占了钦宗的位子，害得钦宗一旦回来无法自处。

说句实在话，从当时的法律来说，就是单凭这些大逆不道的话，苗傅就该被灭九族。但说出去的话，泼出去的水，想收是收不回来的。唯一的办法就是继续强硬下去，逼高宗退位，免得高宗秋后算账。这就是苗傅仍赖着不走的原因。但这事又不能由自己直截了当地在大庭广众之下公开说出来，所以也只能赖着不走，等高宗走下一步。

高宗也不傻，见满足了苗傅的要求后，苗傅仍然不回军营，就知道事情还没完。于是，命尚书右仆射兼御营使朱胜非坐着大筐，从城楼上下来与苗傅谈判。

苗傅的条件是请隆祐太后（元祐皇后在高宗即位后被尊为隆祐太后）听政和遣使与金人议和。所谓请太后听政，其实是要高宗退位的委婉表达。

高宗没有听明白苗傅的意思，还以为苗傅是要太后和自己共同执政，便当即宣布请隆祐太后听政，而并未同时宣布自己退位。

事情既已做到这一步，再不明说也不行了。苗傅索性将话挑明：

“既由太后听政，就该由太子继位。徽宗皇帝已有先例放在那里，应照办。”

直到此时，高宗才完全明白了苗傅的意思。此时的高宗实在为难：作为人家肉板上的肉，他只能答应；但作为一国之君，竟然要听一个小小团练使的摆布，他又实有不甘。

他没有马上回话，而是仔细权衡当下的局势。在他面前，其实只有两条路：或接受条件，让位给太子，这样就不会有性命之忧；或宁死也不退位，而不退位的结果非常有可能就是死。权衡了好一阵子，最后，高宗才不情愿地对朱胜非等大臣们说：“朕应当退位，但此事应请太后做主。”

朱胜非当场表示反对。

颜崎也反对说：“一旦请太后做主，如果太后准了，可就再无回旋的余地了。”

此时高宗决心已下，便一面派颜崎将此事禀明太后，请太后出面解决；一面派人通知苗傅，说太后将出来与他们当面商议。

既已决定请太后出面，高宗马上就从龙椅上下来，站到楹柱的旁边，任百官再怎么劝也不回到龙椅上了。

不一会儿，隆祐太后坐着黑竹轿子出得行宫北门，在城楼下见苗傅，众执政大臣皆随侍而至。

苗傅、刘正彦在轿前跪下，说：“今百姓无主，肝脑涂地，望太后为天下做主。”当面表达了请高宗退位、太子继位、太后垂帘听政的意思。

太后隔着轿帘说：“今日之祸，全由徽宗皇帝任用蔡京、王黼，变更祖宗法度，擅起边事，招致金人入寇所致，当今皇上全无过失在内。眼下的困境，也全是黄潜善、汪伯彦的责任，皇上也重责了他们，你们难道真的不知道?”

苗傅并不解释，只是坚持说：“臣等主意已决，不敢再有犹豫。”

太后又说：“那就依你们所请，我与皇帝一同听政。”

刘正彦挺直了身，同样坚持说：“今日大计已定，虽死不敢改。望太后早赐许可。”

太后有些急了，大声说：“皇子才三岁，太后以妇人之身，帘前抱三岁幼子，何以令天下？夷狄之人听说了此事，不更要轻视我们了吗？”

苗傅、刘正彦根本不听太后的解释，坚持着非要立皇太子，但太后却连听也不听。

苗傅、刘正彦见此计不成，便转身对着军士们大叫道：“太后不答应我们的要求，我们还是自杀了吧！”

说罢，第一个脱去甲胄，袒胸露背，举刀做自杀状。

一见要出人命，太后有些慌了，急忙阻止道：“统制乃名门之后，难道真的不明白，今日之事实难从命吗？”

苗傅仍不理会太后的责难，反而对太后威胁说：“三军将士，从早至今，一直饿着肚子，再拖下去，难保不会生变。”然后盯着站在一旁的朱胜非，质问道：“宰相为何不说一词？今日大事，不正要大臣决断吗？”朱胜非无言可答。

正在这时，颜崎出行宫来到太后的轿前，对太后说：“皇帝令臣奏知，已决意从苗傅所请，乞太后下旨。”

谁知太后仍是不答应。

苗、刘见状，开始哭闹起来，言语也更加急迫无状。

太后见再说也无益，索性也就不说了。吩咐起轿，转身返回行宫。朱胜非等大臣们也一同回到行宫。

高宗见事已无可挽回，便决定自行禅位。朱胜非闻言，哭着跪拜于地，说：“兵变如此，臣作为宰相，义当死国。望陛下允许臣下楼面斥逆贼，虽死无憾。”

高宗急忙劝阻道：“凶焰正炽，卿若面斥逆贼难有善果。王渊已死，卿若再有意外，将置朕于何地？”

随后，命左右散去，叫朱胜非近前，附耳对朱胜非说道：“现在朕与卿利害相同，当为长远谋，谋之不成，再死也不迟。”

于是，命朱胜非再出宫与苗傅等约四事。一：尊事皇帝，供奉之礼，务极丰厚；二：禅位后，诸事由太后和嗣君处置；三：降诏后，将士们随即解甲归寨；四：禁止军士们劫掠杀人。

朱胜非至楼下与苗傅等面商，苗傅等一一承诺。

见苗傅等人承诺所约四事，高宗当即就龙案前亲笔书写退位诏：

“朕自即位以来，强敌侵凌，远至淮甸，其意专以朕躬为言。朕恐其兴兵不已，枉害生灵，故畏天顺人，退避大位。由皇太子即皇帝位，恭请隆祐太后垂帘听政。以消弭天变，慰安人情。”

写毕，传旨官至楼下向苗、刘二人宣诏。宣诏毕，苗傅、刘正彦带着军队退回军营。

三月五日，高宗搬出行宫，移驾至显忠寺，被尊为睿圣仁孝皇帝，以显忠寺为睿圣宫。

六日，隆祐太后下诏，宣布高宗禅位、新皇登基的消息。同时，按惯例，大赦天下，包括赦免了苗、刘二人的罪。

苗傅兵变就此告一段落。

# 第十三章 勤 王

## 巧谏苗傅

当时，礼部侍郎、御营使司参赞军事张浚在平江节制军马。八日接到高宗的退位诏书，立刻就意识到朝廷发生了变化。赶紧一边吩咐平江守臣汤东野扣下诏书，一边派人去杭州刺探消息。

几乎与此同时，两浙转运司干办公事吕摭也派人将苗傅等人兵变的消息告诉了张浚。

八日夜，张浚召两浙路提点刑狱公事赵哲和汤东野密谋起兵救驾，令赵哲以防金人渡江为名，马上征调浙西弓箭手来平江集结；同时令汤东野筹措钱粮财物，以备军需。

十日，御营中军统制张俊率兵来到平江府。张俊本屯兵吴江县，苗傅以朝廷的名义令张俊只身赴凤翔上任，而将军队交由赵哲统领。张俊刚接到调令还未来得及动身，就有统制官辛永忠乘小船偷偷从杭州来到张俊军中，向张俊详述了苗傅兵变的经过。张俊及军中将士闻言大惊，一时间人心浮动，议论纷纷。张俊告诫将士们说："你们不要喧哗、冲动，我会请张侍郎决策此事。张侍郎忠孝智勇，必有良策。"就这样，张俊带着本部兵马来到了平江府。

平江军民不知就里，见大批军队要开进平江，惊惧万分。汤东野得知之后，也是忐忑不安，直闯张浚的府堂向张浚禀报。张浚知道张俊深得高宗赏识，而张俊又淳厚朴实，可与谋事，便叫汤东野大开城门，迎张俊的军队入城。

两人见面，感慨万分。张浚流着泪对张俊说："太尉可知皇帝为什么逊位吗？这全是苗傅等要危害社稷！"

张俊闻言大哭，说不出话来。

张浚见状便将自己准备起兵问罪之事告诉张俊，张俊止住哭声跪拜于地，郑重地说：“此事全由侍郎做主，张俊虽死不辞!”

与此同时，同签枢密院事、江淮两浙制置使吕颐浩在江宁（现江苏南京）也接到了高宗退位的诏书。他私下与亲信李承迈说：“恐必是兵变。”

李承迈认同吕颐浩的看法，说：“诏书中有‘畏天顺人’这样的话，可见陛下是出于不得已。”

李承迈的儿子李抗当时正在旁边，插嘴道：“主上春秋鼎盛，哪有让位给不足三岁的皇子的道理？定是兵变无疑!”

吕颐浩随即也是派人去杭州一探虚实。同时，还分别给张浚和刘光世写信，相约起事。信中有这样的话：“时事如此，我们何以袖手?”

张浚见到吕颐浩的来信，心中大喜，知道大事可成。于是，写信约吕颐浩、刘光世共同起兵，一起勤王。

随后，公开向朝廷上书，请求高宗复位。奏折中说：“今建炎皇帝(以年号代人名）不闻失德，一旦逊位，岂所宜闻（皇帝怎么能下台)?”

张浚派白衣进士冯輻将奏折送到朝廷。在高宗被迫退位的风口浪尖上，有人公然上书要求高宗复位，这真如巨石坠入深潭，一石激起千层浪。苗傅、刘正彦根本没想到居然会有人这么大胆，一时竟不知如何是好。

思前想后，在发出通缉张浚的文书后，苗傅和刘正彦决定以保护高宗安全为名，派自己的军队替代禁军守护睿圣宫，以便控制高宗；但被尚书右丞张澄拒绝了。后来，又同样以高宗的安全为借口，想挟持高宗巡幸徽州、越州，又被朱胜非给制止了。劝阻他的理由，无非是为了他好。还给他戴高帽子，说他是忠义之士，讲信用，决不会为难高宗。弄得苗傅、刘正彦也不好一下子就翻脸动粗。

另外，他也知道，自己的兵并不多，真要翻脸，也得不到什么好结果。这使苗傅、刘正彦二人心绪非常烦躁，每日便以杀人为事。每到都堂，总有悍卒随从，看谁不顺眼，动手就杀。一时间，闹得杭州城人心惶惶。

冯轓将张浚的奏折送到之后，并没有马上离开，他还想看看事态的发展。如今见杭州城闹得人心惶惶，便决定再入虎穴，劝谏苗、刘二人悬崖勒马，及时收手。

于是，他来到苗傅的军营，对苗傅和刘正彦说："今天我未征得将军同意，自作主张，专为国事而来。可能我一句话说得不好，触怒将军，会立刻就死在将军面前；但如果我不说，他日若引起更大的麻烦，我也会死在乱兵之手。虽然同样是死，但向将军说过之后死，总还能让将军知道我不是苟活之人，也不算白死。自古宦官乱政，根株相连，根本无法彻底铲除，铲除者也一定会给自己惹来祸事，东汉末的事就可为证。二公诛除宦官，为国家除去数十年顽疾，天下蒙福。但主上春秋鼎盛，天下未闻其有什么过错，怎么就可以传位于襁褓之子呢？况前日之事，名为传位，实为废立。废立之事，从来都应由朝廷来定，怎么能由军队来定呢？二公本是为公之心，怎能担此恶名于天下呢？"

冯轓的话绵里藏针，滴水不漏，让苗傅这种粗人听了是又恼怒又无从发作。他手扶剑柄，瞪着冯轓喘了半天的气才说："金人南侵，全因建炎皇帝。现建炎皇帝传位于太子，太母垂帘，国家将再现太平，天下百姓都这么认为。张浚只是一个小小的侍郎，如何便敢如此议论朝政？"

冯轓毫不退让，说："太母深居九重，如何能率领军队与金人周旋？天下自有清议。还望太尉熟思。"

苗傅再也按捺不住，正要发作，刘正彦忽上前与苗傅低声耳语了一阵。苗傅的脸色立刻平缓了下来，对冯轓说："张侍郎要高宗复位当然不错，不过此事重大，不可过于草率，还望请张侍郎前来面议商定。"

第二天，苗傅便以朝廷的名义，派宣义郎赵休与冯轓一起去平江约张浚来杭面议。

## 假传圣旨

保义郎甄援对苗傅等人逼高宗退位和滥杀无辜之事十分气愤，但苦于人微言轻，又无半点兵权，一时也不知该如何是好。听说张浚派布衣进士冯轓来杭请高宗复位，非常兴奋，当即悄悄找到冯轓，商议应对苗傅等人的对策。

他对冯轓说："苗、刘二凶势头正盛，公以布衣身份，呈三寸之舌，忠是十分地忠，但恐怕难达目的。如果真因此而死，实在是可惜了。我准备出城寻找勤王之兵，来杭施压，使二凶有所畏惧；公如果能以大义责之，使其悔祸，则相辅相成，大事必然可成。"

冯轓深以为然，所以才有了上面冯轓巧谏苗傅一幕。

却说甄援与冯轓商议妥当，便自行准备出城。当时，杭州城与外界消息断绝，通缉张浚的文书并不为外人所知。甄援便抄录了通缉张浚的文书，准备从余杭门潜逃出城。谁知刚到余杭门就被巡逻的官兵捉住，被送到苗傅处。苗傅看了从甄援身上搜出的通缉文书就要杀甄援，甄援笑着说："将军刚刚为国家立了功，为什么要杀我呢?"

苗傅骂道："你个无耻小人，为什么要带这些东西出城，是要给谁通风报信?"

甄援仍然笑着说："眼下误国奸贼多在外地，我就是想拿将军的文章，纠正天下忠义之士的偏见，诛杀漏网之鱼以报答将军。"意思是说，他是要以二凶的通缉令为凭据，组织人刺杀张浚。

苗傅到底是个粗人，竟没听出这完全是骗人的瞎话，还认为说得在理，也就信以为真，气也顿时就消了。正要放甄援，还是刘正彦多了个心眼，赶紧上前制止道："此人的话未必可信，还是先关起来再说。"于是，就将甄援软禁了起来。

一开始，对甄援的看守还算严密，时间一长，也就松懈了。甄援瞧准一个机会，乔装改扮，跃墙而出，逃到平江。

见到张浚，甄援假传圣旨道："我曾在别宫见到高宗皇帝，高宗皇帝对我说：'今日，张浚、吕颐浩必起兵。刘光世、韩世忠、张俊等必竭力相辅。叫他们一定要来。'"

张浚一听，就察觉到其中颇多蹊跷。一个小小的保义郎，如何这么容易就进入别宫见到高宗，得到高宗的信任，将这么重要的事情交给他办？并且还没有只字为凭？但这样的假圣旨正是他所需要的，所以他并不去核实这圣旨的真假，而是吩咐甄援到张俊军中再传"圣旨”。

甄援极有口才，善为说辞，在张俊军中添油加醋，再传“圣旨”，传得张俊等诸将人人都以为高宗十分看重依望自己。所以，不仅将张俊军中原有的疑虑一扫而光，并且由此军心士气大振。

张浚见效果极好，就再派甄援又到常熟韩世忠的水军中三传“圣旨”。

韩世忠原是王渊的部下，听到王渊被杀、朝廷生变的消息后，疑虑百生，不知事情究竟如何，更不知是否会牵连到自己，所以一直留在船上不肯上岸，以预防不测。此次听说张浚派人来，一开始也是不肯上岸与来者见面，及见了张浚的书信后才与甄援见面。甄援再次发挥他的口才，将苗傅逼宫的经过和恶行详细描述给韩世忠听，消除韩世忠的顾虑，最后，才将高宗的“圣旨”传达给韩世忠。韩世忠听罢放声大哭，举杯发誓道：“誓与此贼不共戴天！”

三月十八日，韩世忠率兵来到平江。见张浚哭着说：“我与张俊皆愿听公调遣。愿公勿忧。”

张浚十分高兴，在府衙大摆筵席犒赏张俊和韩世忠的将佐。酒过三巡之后，张浚引诸将至府园，屏去左右，大声问道：“今日之举，孰顺孰逆？”

众将佐齐声回道：“我顺贼逆！”

张浚又说：“苗傅等人已开出赏格，以高官重金买我的人头。若我此举违天悖人，你们可以取我的项上人头交给苗傅，即日便可富贵；不然的话，一有退缩，当以军法从事！”

众将齐声应诺：“唯张侍郎马首是瞻！”

## 引而不发

韩世忠来平江前，苗傅曾以朝廷的名义命韩世忠屯兵江阴，以扼金兵。听了甄援所传的“圣旨”后，因要救驾，便假称部队经沭阳一战损失惨重，人马所剩不多，想赴杭州保驾。苗傅见奏折信以为真，加上手中的军队也确实不多，急需补充，便同意了。韩世忠就是这样以赴杭州保驾的名义来到平江的。

与张浚盟誓之后，韩世忠旧事重提，当即表示要借苗傅已经同意他保驾的机会，赶赴杭州，一举铲除苗、刘逆党，保护圣驾。

张浚说："投鼠忌器，此事万不可急。圣上在贼人手中，急则恐有不测。我已派冯轓先去杭州安抚苗傅，使他不敢对圣上不利。你急趋秀州（现浙江嘉兴），只据粮道，不可出战，以候大军至。"

韩世忠没再坚持，接令去做准备。

十九日，冯轓和赵休来到平江，带来苗傅的信。信中许张浚以右丞之职，请行周公之事，并约张浚赴杭州面议高宗复位之事。信中还言之凿凿地说："苟可安社稷、利国家、息干戈，傅当听命。"

自苗傅兵变以来，张浚只从甄援口中了解到一些杭州城内及高宗的情况，这些信息对他决策勤王这一大事远远不够。所以，张浚想借苗傅邀他面议的机会，去杭州面见高宗，以确定最终的方案。

张俊、韩世忠听说张浚有意赴约，便急急赶来劝阻道："苗傅知道在外面主持勤王大事的是你，邀你赴杭州议事定是阴谋，千万不要上当。"

此时正好吕颐浩和刘光世率兵来到附近，派人送来消息，声言听从张浚的统一安排。张浚见勤王兵已齐聚，便取消了单身赴杭的安排。一面命韩世忠立即出兵秀州，阻断杭州的水上通路，搜索并销毁从杭州发出的一切朝廷文书；一面给苗傅回信，命宣义郎赵休带回。在信中直斥苗傅、刘正彦擅自废立，理当诛讨。信中还说："建炎皇帝，从来就有上天庇护，所以出质于金而金人不敢拘，出使在外而获百姓拥立。天之所属，谁能废之？愿二公畏天顺人，不要留下不忠不义的名声，得罪于天下后世！"

二十日，韩世忠赴秀州，舟行不绝几十里，军势甚振。兵到秀州后，即以生病为由，停在秀州不走。随后，就地大造云梯和其他攻城工具。

一开始，苗傅得知韩世忠来杭，很是高兴；后来见其停在秀州不走，很是困惑；再后来，见韩世忠在秀州大造云梯，又见到张浚的来信，才知上当，才知道韩世忠不是来护驾的，而是来勤王的。

时至今日，苗傅第一次切切实实地感到了害怕，他急忙找来刘正彦商议对策。最后决定，要太后和小皇帝下旨诛杀张浚。

无奈朱胜非在太后面前极力阻止，假言恐怕激化矛盾，万一急中生变，反而会使事情不可收拾，托言只须罢张浚兵权，将兵权交由吕颐浩，便可确保无虞。苗傅一介武夫，头脑简单，哪里斗得过心思缜密的朱胜非？他一听朱胜非说得似乎也在理，也就不再坚持。另外，兵变之后，吕颐浩曾上书朝廷，申斥宦官之罪，这让苗傅对吕颐浩产生了假象，以为吕颐浩是支持自己的。所以，苗傅便同意了朱胜非的建言，只以朝廷的名义罢了张浚的官，将他贬至郴州安置，没要他的命，而将兵权交给了吕颐浩。

但仅仅罢免张浚，将兵权交给吕颐浩并不能让苗傅完全放心，他同时还派自己的亲弟弟、御营都统司统领官苗瑀和参议官马柔吉，率领赤心队及王渊旧部中的精锐共三千多人进驻临平，守住平江通往杭州的咽喉要道，以拒勤王之师。

## 离　间

最急迫的问题解决之后，苗傅和刘正彦开始对韩世忠等动起了心思。

在苗、刘二人看来，张浚所可依仗的军队，不过是韩世忠、张俊等人。如果能使韩世忠、张俊背叛张浚，张浚对自己就不再是威胁了。而当时，韩世忠的家眷又正好随太后住在杭州城中。于是，二人商定，一方面将韩夫人梁氏和韩世忠的儿子保义郎韩亮抓起来，关押在军中当做人质；一方面以朝廷的名义封韩世忠为定国军节度使。苗傅认为，如此一压一拉，不愁韩世忠不归顺自己。

应该说，苗傅的计策的确是高，如果真的实施了，韩世忠即使不归顺苗傅，起码也会多了许多顾虑。可苗傅不仅是个粗人，还是个笨蛋，如此高的计策，竟被朱胜非三言两语说得给放弃了。

朱胜非不愧是宰相，得知苗傅的计策后，立刻就意识到这个计策一旦实施，后果极其严重，便急忙禀明太后，然后以太后的名义找苗傅要人。他对苗傅说："为确保杭州的安全，太后想召梁氏和韩亮，准备命她二人去秀州安抚韩世忠的军队。”

这明明就是放虎归山之计，可苗傅竟没看出来，还认为太后真的是在为杭州的安全考虑，认为是太后的旨意就必须照办，居然将梁氏和韩亮给放了。

见苗傅真的放人了，朱胜非大喜过望，私下对人说：“苗傅、刘正彦真是两个笨蛋!”

太后召梁氏入见，封梁氏为安国夫人，赏赐甚厚。临别时，太后抓着梁氏的手一再嘱咐道：“国家艰难至此，韩太尉是第一个来救驾的，叫他快点来。”

接了太后的旨意，梁氏带着儿子急忙乘车出城。半路上遇到苗翊，告诉苗翊说自己是奉太后的旨意出城的。谁知苗翊见梁氏貌美，竟没听明白梁氏说了些什么，也不知自己该说些什么，淫念一起，不自主地用手揉起了自己的耳朵。梁氏一看就知道不好，再不敢耽搁，赶紧驱车便走。急驰一日夜，到秀州见到了韩世忠。

第二天，苗傅派人送来了封韩世忠为定国军节度使的诏书。夫人和儿子都在身边，韩世忠再无顾虑，更何况他早就接到了高宗的“圣旨”，所以，他一心只要除掉逆贼，根本就不接受苗傅的进封。他对来使说，：“我只知有建炎，不知有其他。只有太后下诏，封睿圣皇帝（高宗）为天下兵马大元帅，我才不进兵。”

仿钦宗故事，请太后下诏封高宗为天下兵马大元帅，是张浚与韩世忠等为应付当前局势，想出的一个折中、过渡的办法，目的就是先让高宗掌握兵权，为进一步恢复帝位做准备。

随后，韩世忠斩来使，焚诏书，吩咐来使的从者回杭复命。

几乎同时，苗傅也给张俊送来了封其为武宁军节度使的诏书。张俊同样没有接受苗傅的进封，但他没有杀来使，而是将来使送进了大牢。

苗傅的离间计完全失败了。

## 明修栈道　暗渡陈仓

三月二十四日，吕颐浩率军来到距平江之北四十五里处。张浚得到消息，乘船去迎。半路上遇到一只小船，上有邮筒。打开邮筒，里面有贬张浚郴州安置的诏令。原来，苗傅知道张浚控制了杭州与平江的交通，也就控制了朝廷政令下达的通道，所以，他特意将贬张浚的诏书由湖州转递，以避开张浚的控制，不想还是被张浚截获了。张浚见到诏令，怕影响士气，就谎对亲随们说："朝廷命我去杭州，七日后启程。"然后乘船继续前行。

到了吕颐浩的军中，二人相见，感慨万分，都流下了热泪。

张浚说："主上待我辈甚厚，今日唯以一死报国。我日夜盼枢密至，以为盟主。"

吕颐浩答道："侍郎但放宽心，即使勤王失败，也不过就是灭族，有何惧哉！我颐浩曾谏开边之失，差点死于宦官之手；接手漕运，几乎被困在边鄙之地；最近仓皇南渡，又险些全家丧命。如今是为社稷而死，岂不快哉！"

吕颐浩言辞豪迈，深深打动了张浚。因贬职诏令所带来的种种不快也一扫而光。

张浚希望吕颐浩也能支持自己与韩世忠等人商议的计策，于是就说："圣人说：名不正，则言不顺。没有睿圣皇帝（高宗）的旨意，妄自勤王，总有不妥之处。我有一策，睿圣皇帝曾被渊圣皇帝（钦宗）拜为天下兵马大元帅，我们以天下大乱，应由马上皇帝统兵为由，举渊圣皇帝的旗号，要求恢复睿圣皇帝为天下兵马大元帅，统领天下兵马。只要兵权归到睿圣皇帝手中，睿圣皇帝复位就指日可待了。"

吕颐浩同意在非常时期采取非常之计。于是，张浚再派冯轓去杭州，以暗中促成此事。

当晚，冯轓就来到了临平。参议官马柔吉一见冯轓的面，知道他还要再去杭州，非常吃惊，问："你怎么还敢来这里？前两天，苗傅和刘正彦看了赵休带回的信大怒，发誓要出兵征讨。这个时候面见苗傅，不是找死吗？"

冯轓说："张公本没有别的意思，只不过想规劝一下苗都统，所以言辞激烈了一点，苗都统一定是误会了。"

见冯轓如此说，马柔吉也就放宽了心。当夜二更时分，和冯轓一起，坐着大筐进了杭州城。第二天一早，冯轓便作为张浚的说客来到苗傅的军中。

苗傅见到冯轓，果然勃然大怒，问冯轓又是为何而来。冯轓也不忙答话，只是将张浚的书信取出，交给苗傅，然后站在一旁侍立。

张浚的信中说：前两天，我给苗都统写了一封信，信中谈到睿圣皇帝的事。后来，我又见到了一位从杭州来的客人，才知道二公对朝廷并无不利之心。我对自己不知事情原委，就随意指责二公甚感惭愧。请你不要误解，我的本意是恐怕二公污了忠义大节。

要说苗傅是笨蛋、缺心眼，还真没冤枉他。本来他是要将冯轓关押起来问罪的，看了此信，还真的以为张浚没有兴师问罪之意，心中一喜，便将冯轓给放了。

冯轓出了苗傅的军营，几经转折，找到朱胜非的府上，将张浚的计策告诉了朱胜非，希望朱胜非促成此事。朱胜非一直想使高宗复位，只是苦于没有办法，所以冯轓一点即通，一拍即合。当即悄悄进入后宫，劝太后下诏复封赵构为康王，重领天下兵马大元帅之职。为稳住苗傅和刘正彦，还要太后特意赐他二人每人一块免死铁券。

太后一一照办，下诏书称，“睿圣皇帝（高宗）宜称皇太弟，领天下兵马大元帅，复封康王。皇帝称皇太侄，监国。”

如此非常时期，太后下如此诏书，当然不能事先不与苗、刘二人通气。可笑又可怜的是，这二人见睿圣皇帝只复封为康王和天下兵马大元帅，并没有皇帝的名义，而他二人又得到了免死铁券，竟爽快地答应了。

倒是朝中的文武百官，第二天在朝堂之上听到这道不伦不类的诏书之后，全都惊呆了。他们搞不懂，昔日的皇帝、今日的太上皇，怎么会被降为兵马大元帅，变成了臣的身份。他们不理解其中的奥秘，只觉得难以接受。

御史中丞郑珏首先站出来反对，他说：“若以睿圣皇帝为大元帅，则是臣的身份。子为当今圣上，父为臣下，这实在不妥；所以，才又降当今圣上为皇太侄，但这仍然不妥。睿圣皇帝被尊为太上皇，以太子嗣位，太后垂帘听政，虽说仓促，在形式上毕竟还合于礼法。但将睿圣皇帝降为大元帅，成为臣下的身份，实在是滑天下之大稽，是悖逆天道。应效法唐睿宗，以太上皇的身份掌管国家大事，与当今圣上共同听政，以安人心。只有皇太弟和皇太侄而没有皇帝的国家，必将导致天下大乱。”

紧接着，殿中侍御史王庭秀也反对道：“女真蚕食我国，而将士们不能北向射一箭，就因为群龙无首。现在，应收回诏书，命百官去睿圣宫迎请睿圣皇帝还皇帝位，总揽朝纲，则大事可定。有异议者，杀无赦。”

朱胜非听了大臣们的谏言，心中是又好气又好笑。他何尝不知道将皇帝降为大元帅是滑天下之大稽？何尝不知道反对高宗复位应该杀无赦？这些大道理谁不懂？但眼下的问题是这些做法行得通吗？“杀无赦”三个字说起来轻巧，但在眼前的情况下，苗傅掌握着军队，一旦矛盾激化，究竟会是谁杀谁？本就是一个权益之计，没想到竟招来这些书呆子的反对。朱胜非唯恐更多的人反对，最后将闹得不好收场，急忙站出来圆场说：“睿圣皇帝以太上皇身份与当今圣上共同听政，还是称为天下兵马大元帅，其实是一回事，不必计较。”止住了这场争辩。

随后，朱胜非率文武百官至睿圣宫向睿圣皇帝（高宗）禀明此事，并宣读诏书。当时，天降大雨，睿圣皇帝（大元帅？高宗？康王？不知哪一个称谓更合适）冒雨接了诏书。事毕，他对朱胜非说：“如果这样传之后世，岂不贻笑天下？”

朱胜非则将此计的来龙去脉详细禀明睿圣皇帝，请睿圣皇帝但放宽心。

而张逵则私下对王世修说：“如此一来，赵氏安矣，苗氏危矣。”此二人本是苗、刘的死党，苗傅兵变就是王世修为之谋划的。从此以后，二人开始萌生了去意。

## 反戈一击

中大夫王世修，靖康末为荥泽知县，因守城有功，改为京官，在苗傅府上做幕僚。王世修痛恨阉宦恣意妄为，曾向尚书右丞张澄建言要惩治阉宦，可张澄并不采纳。于是，王世修便转而向刘正彦建言，获得响应。

不久，就有王渊升官一事，苗、刘认定是宦官举荐而成，便与王世修及其门人王钧甫、马柔吉、张逵等策划杀王渊、逼高宗退位的阴谋。王世修在其中扮演了军师的角色；王钧甫和马柔吉是燕人，掌握着赤心军。

虽然杀王渊、康履等人，出了胸中一口恶气，王世修自觉心中畅快了许多，但随后局势的发展却总让他高兴不起来。高宗是被废了，小皇帝也被他们控制在手中，但外地的军队却并不听从朝廷的指挥，反而以勤王的名义向杭州进逼，这叫他十分忧虑。就在这万分紧要关头，又出现了高宗恢复天下兵马大元帅之职、统领天下兵马一事，这让他隐隐感到不安。而张逵“赵氏安矣，苗氏危矣”这句话使他猛然惊醒，顿时悟出了皇帝降为亲王的全部秘密。也使他清醒地意识到，苗傅不是做大事的人，该给自己找一条退路了。

就在恢复高宗天下兵马大元帅的当天晚上，王世修悄悄来到朱胜非家中，磕头认罪，希望求得赦免，并主动提出要促成高宗复位。

此时的朱胜非正在为高宗复位一事烦恼。白天在朝堂之上，郑珏等人的反对虽说书生气十足，可也提醒了朱胜非，此事必须彻底解决；而高宗本人的态度，更使朱胜非感到了此事的急迫性。但如何既劝得苗、刘二人同意，又能保证高宗的安全，他却是百思找不到妥善的解决办法。正在心烦意乱之时，王世修来他家拜访。

一开始，他感到有些困惑，不敢相信王世修的诚意。但随着王世修磕头认罪，并主动提出要促成高宗复位，这让他眼前突然一亮，知道该如何办了。他当即扶起王世修，温言宽慰，然后与王世修约定，若能劝得苗、刘二人不反对高宗复位，则晋升王世修为六部侍郎。王世修此次来只想在高宗复位之后留得一条性命，没想到还有了升官的机会。大喜过望之余，便一口答应下来。

第二天，朱胜非将此事禀明太后，希望得到太后的认可。太后听过之后当即表示：若此事促成，何止侍郎，就是想做执政也可以答应给他。朱胜非见万事俱备，便开始谋划高宗复位之事了。

## 高宗复位

高宗复为康王、天下兵马大元帅之时，吕颐浩和张浚的军队正驻扎在吴江。苗傅先以朝廷的名义升张浚为同知枢密院事，随后就以高宗已就大元帅位为名，派人去吕颐浩、张浚军中传话说："康王已开始处理兵马重事，要求勤王之师暂屯秀州。宣吕颐浩、张浚单骑入朝。"仍然是想骗吕、张二人入朝，然后伺机下手。

谁知吕颐浩等并不上当，居然回奏说："臣所统将士忠义干云，可合不可离。臣愿带着军队一起朝见康王。"明摆着是仍要进兵勤王。

张浚提出要高宗复为康王、天下兵马大元帅是计，苗傅、刘正彦同意高宗复为康王、天下兵马大元帅同样也是计，谁都是醉翁之意不在酒，但结果是苗、刘二人的计落空了。知道上当之后，苗、刘二人一时竟不知该如何是好。

由于有王世修的承诺，三月二十九日，朱胜非召众执政来都堂议高宗复位一事，想先试探一下众执政的想法，再与苗、刘摊牌。众执政早就不满苗、刘二人飞扬跋扈，废立皇帝，只因手中无兵，才隐忍至今。如今见宰相提出要高宗复位，全都表示赞同。摊牌的时候到了，朱胜非便命人召苗、刘，以及王世修等人也一齐来都堂议事。

此时，秘书省正字冯楫正在苗傅军中游说苗傅，刘正彦等也站在一旁。冯楫说："太尉你应该懂得，张枢密派冯轓请圣上为大元帅，其实是一障眼法。降为臣下是假，掌握兵权，为复大位做准备是真。既有了兵权，再复大位为皇帝，到那时，你太尉能拒绝吗？如不能拒绝，则是他人有复辟之功，而太尉你自得废君之罪，后果可想而知；如能拒绝，则近有张枢密，远有杜充、王庶等人，会起问罪之师，群而讨之，后果仍难预料。太尉你结圣上一人之怨，是与天下为仇，实为失算。昨天，太后赐你免死铁券，那不管用。你要主动奏请圣上复位，得圣上赐的铁券那才有用。另外，你还要请圣上答应，若你要外出，可以率兵而行；若留朝内，仍保留现在职位，还要保证不追究你诛杀内侍的罪，不再谈内禅的事。只有如此，才可以既保身又保名。"

冯楫的一段话中，威逼利诱应有尽有，听得苗傅、刘正彦心惊肉跳，似醉似醒，满脸流汗，如坠五里雾中，不知该如何应答。

正在这时，有内侍传话，说宰相朱胜非请他们都堂议事。苗傅等一肚子困惑正不知如何排解，闻召便赶紧赴都堂想问个明白。

待他们赶到都堂时，文武百官全都在场。还没等他先开口，朱胜非抢先说道："请圣上复位之事已定下迎请之日，朝廷百官皆有奏章，公等可另写奏章一同呈上。"此时的朱胜非一反平日里的商量口吻，完全是命令的口气。

苗傅一肚子的话，一下子全都被噎了回去，脸涨得通红，半天不知道该说什么好，只得回过头去看刘正彦。

刘正彦上前一步说："前日请高宗内禅，本为和金。只因道路不通，致使通金使始终未能派出。但和金一事，却并未改变。如此仓促请圣上复位，恐怕与和金一事相违，反而不美。"

朱胜非反驳道："既然道路不通，通金一事便不急。眼下的大事是，勤王之师之所以还未大举进发，就是因为他们要给我们时间，好让我们自己纠正自己的错误。以前因为王渊不该做枢密而做了枢密，结果闹得人心相背。今天这事，不是比王渊那事还大吗？如果不下诏率百官与六军请圣上还宫，公等六人将置身何处？作为将帅，全是凭借国家给予的官爵才能号令军队，一旦是非曲直的标准明确了，就是不足三尺的小孩，也知道什么是对，什么是错。到那时，将佐军士们也不再容易受迷惑了。"

刘正彦不同意朱胜非的反驳，但一时也想不出合适的说辞，便没再答话。

站在一旁的苗傅此时突然意识到高宗复位对自己生命的威胁，正在犹豫着是否要提出冯楫所提到过的一些条件以求自保，但又总觉得在如此大庭广众之下提出有些不妥，怎么也说不出口。想了半天，忽然长叹一声："看来只有死了。"

朱胜非见二人仍在犹豫，就将脸转向王世修，明着是逼问他自己的态度如何，隐含着是在责怪他没兑现承诺，说服苗、刘二人。其实，王世修还是做了工作，只是话说得不是那么明确，而苗、刘二人当时也未回绝。王世修本以为大功告成，没想到事到临头还是出了问题。

情急之下，他便直言责怪苗傅不该出尔反尔，坏了君臣之道。

堡垒最容易从内部攻破。本来还在犹豫、还想坚持的苗傅和刘正彦，见自己营垒内部都出现了分裂，心气儿一下子全泄了，不再坚持。

当时已近中午，朱胜非见机不可失，当即命令堂厨开火做饭，所有大臣，包括苗、刘等人都不得离开都堂。然后又命王世修马上草拟军队请圣上还宫的奏章，并由王世修立刻亲自送到军中，请准备将以上的所有将校签名。

傍晚，王世修带着军队将校们签名的奏章回到都堂。朱胜非合并军队和百官的奏章，立刻率众执政进呈太后。太后见事情办得如此顺利非常高兴，说："这下我可解脱了。"于是，立刻着手制作高宗复位的所有文书。

高宗复位一事，至此大定。

四月一日，朱胜非率百官至睿圣宫上表请高宗还宫。照例，诏不允。然后上第二表、第三表，直到接近午时，高宗才开始临殿，但仍迟迟不肯还宫。朱胜非一再恳请，高宗才乘马从睿圣宫回到行宫。杭州百姓听说高宗还朝，都夹道焚香，热烈庆贺。

高宗复位后，升苗傅、刘正彦并检校少保，以示恩宠和安抚。王世修也因劝苗、刘，及送奏章至军营签名等事有功，晋升为尚书工部侍郎。

从三月五日高宗搬出行宫到四月一日搬回，前后不过二十六天，对高宗来说，却恍若隔世。

## 勤王讨逆

就在朱胜非率文武百官迎请高宗还朝之时，吕颐浩、张俊率大军来到秀州。早已驻扎在那里的韩世忠率手下将佐迎吕、张二人来到郊外，三人一见如故，相言甚欢。

吕颐浩问韩世忠："与苗贼对垒，可知苗贼近日动向？"

韩世忠说："苗贼自恃有铁券在手，性命无忧，行为倒也收敛。"

吕颐浩又问："若我师与苗贼终有一战，可必胜乎？"

韩世忠说："以顺讨逆，以众敌寡，必胜无疑。只是圣上现已复位，此战还打吗？"

吕颐浩说："国家艰危，君父被废，绝非小事。虽然现在圣上复位，但贼仍握兵居内，包藏奸谋。一旦遇到时机，必然会以恶名反加于我们。等到那时再做计较，就一切都晚了。诸位一定不要以为只要圣上复位，就万事大吉，千万不能掉以轻心。汉朝的翟义、唐朝的徐敬业的例子就活生生地摆在面前，前车之覆，就是后车之鉴。"

韩世忠当然知道，翟义是王莽摄政时的东郡太守，起兵讨伐王莽，拥立刘信为帝，结果事败而死。徐敬业则是武则天废唐中宗时的柳州司马，以前太子李贤为名，举兵讨逆，也是兵败而死。经吕颐浩这么一提醒，韩世忠猛然发现自己现在所处的环境，竟与翟、徐二人的确有些相似。拥立之事关系到富贵荣辱和身家性命，决不可中途而废。一旦拥立不成，自己还真是难保性命。于是，立刻坚定了将勤王进行到底的决心。

当天夜里，张浚正在案前读书，忽有一陌生人来到面前，从怀中取出一纸交给张浚说："这是苗傅、刘正彦招募刺客要暗杀你的密函。"原来，在高宗复位之后，苗傅、刘正彦仍对张浚等人不放心，为确保无虞，决定刺杀张浚，以除后患。这才有了现在的一幕。

张浚见密函大吃一惊，赶紧起身离座，扶起来者，询问究竟是怎么一回事。来者说："我是河北人，粗读书，知顺逆，虽被苗傅招为刺客，却不愿为贼所用，落千古骂名。我来见您，是因为见您这里防备太过松懈。我唯恐还有刺客来会于你不利，这才现身打扰。"

张浚感激莫名，对来者深深一揖，询问来者姓名，以图后报。来者不发一言，躬身一拜，转身离去。

第二天，张浚找一相貌相似的人公开问斩，并将此事在军中广为传播，以激励士气。

四月三日早朝，朱胜非、颜岐、张澄、路允迪等朝中大臣向高宗请辞。他们说："作为朝中大臣，臣等对三月之变，负有不可推卸的责任。发生了这样的事，臣等本该舍生取义，以尽臣节，之所以隐忍偷生至今，正是为了挽回局势。现在陛下既已就位，臣等也该请辞了，以承担臣等本该承担的责任。"

高宗当然不会同意他们的请求，当场驳回了他们的请辞。

这件事让高宗困惑不解，他不懂得大臣们为什么在立了大功之后却要请辞？于是早朝散后留下朱胜非，摒去闲杂人等，私下问道："你们为朕复位费尽心思，立了大功，朕正要重用你们，可你们为何却要请辞?"

朱胜非解释说："从实际情况来看，在城中的臣下，非常危险并且很难做出功绩；而在外的将帅们不仅十分安全，还很容易博得名声。他们可以发檄文，豪情万丈地说：当与天下共讨贼！从而获得天下的赞赏。他们这么说当然是对的，但未必就是聪明的。从实际情况看，如果因此而逼得狗急跳墙，后果是不堪设想的。其实，是苗、刘二人无能。如果他们以保护为名，分守两宫，将陛下和太子扣为人质，勤王兵就是胜了，又能如何呢？但这些人却未必这么想，他们总会责备臣等未尽臣节。这些人很快就会来，臣等也必会辞职。只请陛下将此意转告他们，以缓和他们对我们的敌意。"

高宗闻言，恍然大悟，也明白朱胜非是在以退为进。为平衡勤王将帅的情绪，当即下诏进张浚为知枢密院事。张浚当时年仅三十三岁，如此年轻就身位执政，是真宗朝寇准之后所仅有。

不过，高宗进张浚官职的诏书还未送到张浚的手中，张浚、吕颐浩的勤王兵就已经在临平和苗翊、马柔吉的士兵交上了手。苗翊、马柔吉在水中植木为鹿角阻碍船只的进攻，以重兵背靠大山摆出阵势，准备与勤王兵决一死战。

勤王兵进攻的主力是韩世忠的军队。这些兵士曾与金人交过手，结果是不战而溃。此次上阵，韩世忠恐怕士卒们仍然故伎重演，事先便将这些士卒的家属悉数骗到军中，临阵前，将载着这些家属的船停靠在岸边作为人质，明确告诉士卒：不服从指挥，临阵逃跑者，连家属一起处斩。然后，亲自率这些士卒冲在最前面。士卒们被绝了后退逃跑的念头，前面又有大帅身先士卒，士气顿时大振。张浚率兵紧随其后，刘光世率兵又跟在张浚的后面。三路大军，潮水般扑向叛军。

苗翊、马柔吉的军队是燕人，生性剽悍，面对数倍于自己的勤王兵并不畏惧。再加上道路泥泞，战马跑不起来，韩世忠最初的进攻并不顺利。几个回合下来，勤王兵又显现出胆怯畏缩的苗头。韩世忠见势不好，跳下战马，高声命令士卒："今天必以死报国，若战后发现有人脸上没有箭伤，杀无赦！"然后持矛徒步，第一个冲向敌阵。在韩世忠的激励下，韩世忠手下的士卒，发起了又一次更为猛烈的进攻。

吕颐浩也身穿甲胄，站在水边督战。

由于将帅身先士卒，再加上兵力相差实在太大，苗翊终于败走。

吕颐浩等一鼓作气，率兵来到杭州的北关外。

苗傅、刘正彦说到底也不过是个武将，是个粗人，根本就没想过，眼下只有将高宗或太后、太子扣为人质才是最安全的办法。见勤王兵打到了城下，首先想到是竟然是逃跑。朱胜非最担心的就是苗傅将高宗等扣为人质，如今见苗傅只想着要逃命，当即顺水推舟地以朝廷的名义令苗傅、刘正彦撤出杭州。而苗傅竟也只是面见高宗，当面约定一切不再追究。

高宗当然懂得其中的利害，不仅毫不犹豫地赐给苗、刘二人免死铁券，还大大方方地赐万两黄金给苗傅作为粮草军费。苗傅见高宗如此不计前嫌、慷慨大度，十分感动，辞过高宗之后对朱胜非说："我这才知道天子有如此度量。"

当夜，苗傅、刘正彦带领二千精兵从涌金门撤出杭州。出城前命令纵火焚城，恰遇大雨，没烧成。

虽是虚惊一场，但对高宗来说，毕竟还是完美结局。得知苗、刘二人已经离开杭州城，高宗终于将始终悬在嗓子眼的心放了下来。

## 尘埃落定

四月四日，韩世忠、张俊、刘光世率亲兵进入杭州城，来到行宫门前。守门官兵见勤王兵到，赶紧入内禀报。高宗一听是勤王兵到了，抑制不住内心的激动，快步走到宫门口，握着韩世忠的手，忍不住痛哭起来。一边哭还一边小声诉苦道："中军吴湛助逆最甚，现在还留在朕的身边，能替朕先将他诛杀了吗？"

韩世忠闻言大怒，转身用眼睛在守卫行宫的官兵中寻找吴湛。发现吴湛后，韩世忠即快步迎上前去，假作寒暄的姿态与吴湛握手，顺势折断吴湛的中指，趁其疼痛难耐之时将其擒获，随后，即斩于街市。

刘光世和张俊随后也与高宗一一见面。高宗将三员大将引入内殿，说了无尽的好话。

王世修虽为苗傅一党，但因在高宗复位的过程中立了功，并有朱胜非的许诺，自以为很安全，所以在苗傅等撤离时并没有一起走。谁知韩世忠在获高宗召见之后，在清理逆党时，在没有圣旨的情况下，竟将工部侍郎王世修及其妻子儿女都给杀了。王世修从因功当上工部侍郎到作为逆党被杀，仅仅四天。

四月五日，吕颐浩、张浚率勤王师主力进入杭州城。杭州百姓围观如堵，人人以手加额，表示尊敬。

吕颐浩、张浚及众将来到行宫求见。因吕颐浩位居枢密，属于执政大臣，所以首先得到单独召见。见到吕颐浩，高宗自然少不了鼓励、许愿的话。朱胜非作为当朝宰相，也在一旁陪着。令朱胜非没有想到的是，吕颐浩竟然当场就提出要重新审查高宗退位以来朝廷发出的所有政令文书，这让朱胜非明确感受到了强烈的敌意。

召见结束，吕颐浩退下，大殿中只剩下了朱胜非和高宗二人。此时的朱胜非再次请求辞职，且态度十分坚决，不再像上次仿佛是一种试探。

高宗仍然不解，问道："为什么非要辞职?"

朱胜非答道："国家遭此厄运，臣作为宰相不能说没有一点责任。陛下如此圣德尚且避位二十多天，臣岂敢安居相位不动?"

此话说得十分堂皇，令高宗无从驳斥。但他也没马上接受朱胜非的辞呈，而是说："容朕再想想。"

随后，又接见了张浚及其他众将。张浚本也被升为枢密，只是因为圣旨还未正式下达，所以才同其他众将一起被共同召见。

张浚率众将进得大殿，伏地涕泣待罪。高宗慌忙令其平身，温言宽慰，并说："朕在睿圣宫时，全不知宫外发生的事情。一天正在喝羹时，忽听小黄门传太后旨，说不得已要贬爰卿至郴州。听到这个消息，朕不觉失手将羹翻倒在地上。朕当时就想，如果卿被贬到郴州，还会有谁来此救驾呢?"言语间充满了温情。

刚刚站起在一旁侍立的张浚，听高宗如此说，感动得再次跪倒在地，泣不成声。

与众将召见结束后，高宗特意将张浚单独留下，将自己所佩玉带解下当面赐给张浚，然后说隆裕太后知他忠义，要见他一面。其实是想封他为宰相，想先试探一下他的态度。结果张浚以自己资历尚浅、年龄还轻为由推辞了。

四月六日，张浚正式就任知枢密院事。早朝时，张浚上本提出要派兵追讨苗、刘等逆贼，并提出赏格：生擒或斩首逆首苗傅、刘正彦者，赏钱十万缗，或无官者升官为观察使；捕获王钧甫、马柔吉、张逵、苗瑀、苗翊者，升官七级；其他官兵将校，一概赦免无罪。高宗当即准奏，立刻传旨尚书省，将追捕苗傅等人的榜文发往各地。

韩世忠闻言，当即出班请令追讨，还说："金人自然厉害，苗傅之流不过汉儿（在金国生活的汉人），何足畏哉！"

高宗十分高兴，也即准奏。

早朝之后，朱胜非再次留身未退，依旧请辞。

这时，已有御史中丞张守上了弹劾朱胜非的折子，说朱胜非不能防范于未然，致使贼人猖獗，不称职，应免去宰相之职。

但高宗仍然挽留。高宗说："张守所言，卿不必在意。兵变发生时，卿拜相才三日，所以卿与此事毫无关系。倒是全仗卿大力周旋，才使事变不足一个月便已平息。以卿平难之谋，用以中兴，必能成功。"

高宗所说，确是实情。张守所指责，实是无中生有。

但朱胜非却有自己的考虑，他说："臣若不去，人们必有所顾忌，不敢畅所欲言，这于朝廷不利。臣去之后，公议就会出现，国家也才会中兴。"

牺牲自己以利朝廷，如此胸怀是高宗所没有想过的。他不再坚持，便问："朕深知你心，暂且同意你辞去宰相一职。那么，谁能继任你的职位呢？"

朱胜非说："从目前的局势来看，吕颐浩或张浚都可以。"

高宗其实也有此心，只是不知朱胜非为什么要举荐此二人，就问："是因为他们有勤王之功吗？他们可是在朕复位之后才到的。"

朱胜非说："臣曾经说过，虽然圣上复位之时勤王兵还未到城下，但外援对圣上复位的帮助是不可或缺的。另外，如果任命此二人为相，勤王的诸将一定会非常高兴，这在当下是非常重要的。”

一句话点醒了高宗，他不再犹豫。接着问道：“二人中哪个更好呢？”

朱胜非说：“吕颐浩阅历多但有时粗暴，张浚喜欢做事但思虑不够缜密，各有长短。”

高宗回味了一下朱胜非的回答，又说：“张浚还是太年轻。”

朱胜非不同意高宗的判断，申辩说：“自从臣被陛下从苏州召来朝廷，军旅钱粮等事就全由张浚负责。后来的勤王之事，实际上也是张浚在主持。”

高宗沉思了一会儿，没再说话。

第二天，高宗下诏说，应朱胜非所请，免去朱胜非尚书右仆射、中书侍郎兼御营使之职，降为观文殿大学士，知洪州。同时封吕颐浩为尚书右仆射、中书侍郎兼御营使、兼同中书门下平章事。没有拜张浚为相。

# 第十四章　避敌海上

## 建康失守

五月，在吕颐浩的建议下，高宗将行宫由杭州迁到了江宁，住在神霄宫。改江宁府为建康府（现江苏南京），本想就此长住。不想到七八月间，又有金人南侵的消息传来。

经过扬州出逃和杭州兵变，此时的高宗早已是心力交瘁，再也不想过那整日提心吊胆的日子了，再加上江淮十余州又有李成等一伙强人纠集了数十万众，一路上攻城拔寨，大肆杀掠，闹得是人心惶惶。内乱不除，哪还有力量去对抗强大的金军？在与众大臣商议之后，高宗决意请和。

于是，便于八月间派朝散大夫、京东路转运判官杜时亮至大金国，向金国皇帝完颜晟请和；同时高宗还写亲笔信给金军左副元帅粘罕，服输请和。信是这样写的：

“八月日，书于国相元帅阁下：自古以来，国家面临危亡之时，不过有坚守与逃亡两种对策。中原全大之时犹不能抵抗大国征讨，更何况眼下军兵战败，盗贼日盛，财富日减，疆土日蹙之时？中原现已守无人、逃无地，只需偏师便已束手听命，何须大军劳顿？我从汴城迁到南京，再从南京迁到扬州，更从扬州迁到杭州，现更是身处荆蛮之地。天地之大，竟无一处使我容身，我日夜处在恐惧之中。还望阁下因怜悯而赦免我的罪过，我愿削去国号，做大金的藩臣。我国的金珠玉帛，就是大金国存放在仓库里的财物；我国的臣民，就是大金国最低等级的奴仆。古人说：将山中野兽打尽的猎手不是好猎手，将水中的鱼全部网尽的渔夫不是好渔夫。望元帅阁下恢宏远之图，念孤危之国，偃甲班师，赐我以余年。”

谁知无论是金国皇帝还是金军左副元帅，此时仍一门心思要活捉高宗，报高宗灭楚之辱，对高宗的请和竟毫不理会。金军于九月间相继攻陷了单州（现山东单县）、沂州（现山东枣庄）和南京（现河南商丘）。

一方面请和的书信如石沉大海杳无回音，另一方面金军的攻势丝毫没有减弱的迹象，高宗在建康城里又坐不住了，急召众大臣商议对策。

众大臣全都经历过靖康之难、二帝北迁和刚刚的扬州出巡，所以虽然建康城墙坚固、虎踞龙盘，但还是没有一个人建议固守建康。吕颐浩身居相位，既不敢置高宗于险境之中，又不甘心一味逃避，便进言道：“金人这次是决心以陛下为目的，不达目的很难罢休。所以，眼下的万全之策就是且战且避，以陛下的安全为首要目的。臣愿留在常州死守，以确保陛下的安全。”

见吕颐浩提议离开建康，高宗不由得松了一口气。但他又不愿意吕颐浩离开自己，身边少个拿主意的人，于是，便当面拒绝了吕颐浩留下拒敌的要求，说：“朕的左右岂可无宰相?”。然后下旨，由杜充留守建康，韩世忠守镇江，刘光世守太平，借长江这一天然屏障，确保江南免遭侵凌。而自己则先回杭州（此时已改为临安府），看情况再决定进退。

于是，升吕颐浩为左仆射同中书门下平章事，随行侍驾；升杜充为右仆射同中书门下平章事兼御营使，镇守建康。一切安排妥当后，高宗于十月初离开建康回到临安。

十月，金人兵犯庐州（现安徽合肥巢县），守臣李会献城投降；同月，金人兵犯和州，守臣李俦献城投降；同月，金人兵犯黄州（现湖北黄冈），刘光世引军遁，金兵自黄州渡江。

却说杜充既懦弱无能，又残忍暴虐、驭兵无方。随着金人攻陷庐州、和州、黄州，一步步逼近建康，内心的恐惧与慌乱也与日俱增。面对人心浮动的军队，除了杀人，他再无别的办法，以至于杀人竟无虚日。其结果是军队内部个个猜忌，人人自危，将士离心，斗志全无。这又使他更加恐惧：不仅恐惧金人，同时也恐惧自己的军队。

十一月二十二日，有谍报说金人已近建康。听到谍报，杜充再也坐不住了，决定出逃。此时的建康城早已四门紧闭，全城戒严。杜充便下令打开水门，准备乘船出逃。没想到杜充要弃城逃跑的消息传得飞快，水门刚刚打开，四面八方的百姓闻风蜂拥而至，将水门附近堵塞得水泄不通。杜充闻讯赶紧派人传话，说杜大人要出城迎敌，希望百姓能给他让出一条水路。百姓们闻言也大叫道："我们也要去迎敌!"结果是谁都出不去。无奈之下，杜充只好作罢。

当晚，便有市井传言，说杜大人枉杀了许多人，怕遭报复，所以要急着逃出城去。杜充本就胆怯，听到这个传言心中更加害怕，忙以犒赏军士为名，命诸军到蒋山下寨。待支走诸军后，杜充匆匆带着三千亲兵，弃城渡江逃奔宿州。

## 万全之策

自从逃离扬州之后，高宗除了派杜时亮出使金国外，还曾派洪皓、崔纵、张邵等出使金国请和。但所有这些使者都被金人扣押，有去无回；而金人的南侵则越发猖獗。

从一个多月前离开建康，在杭州没待几天，高宗便在浙东开始了漫无目的的游荡。不过，一个多月居无定所的逃亡生活，让高宗在恐惧害怕之余，又暗暗地滋生了一丝反抗的念头。毕竟他还有几十万大军，还有长江天险作为屏障，还有反抗的本钱。俗话说，兔子急了也咬人，更何况是人？于是，他决定亲自驾往平江，抗击金人。

十一月二十二日，也就是杜充弃建康出逃的同一天，高宗下诏将往浙西迎敌。诏书中，悲愤之情溢于言表：

"朕自即位以来，因父兄在金国为质，百姓生活困苦，不想再陷于争斗之中。故一直包羞忍耻，退避再三，多次遣使，卑辞厚礼，以至甘愿自贬为藩臣，奉金为正朔，无不曲尽哀祈。就算金石无情，也应当为之感动。怎奈近闻金人又兵分两路，一自采石，一自黄州渡江，仍旧图谋。真不知生民嗷嗷，何时宁息。朕已移陛浙西，为迎敌做准备。与其束手待毙，不如奋力一搏，以存国家。"

十一月二十五日，高宗从越州出发，签书枢密院事周望与韩世忠、张俊率兵同行，当晚住在钱清堰。谁知刚刚安顿妥当，就得到杜充弃建康逃跑的消息。突如其来的坏消息给刚刚萌发了反抗意识的高宗兜头泼了一盆冷水，吃惊之余马上召吕颐浩等来居处商议对策。

高宗说："近来，坏消息不断：杜充镇守长江不利，陈淬战死，王燮拥兵南逃。金国人马必来浙西追袭。事情很紧急，众卿以为该如何做?"

众大臣面面相觑，不发一言，都将眼光盯向吕颐浩。作为宰相，吕颐浩也知道这是自己无法推卸的责任。他眼下最担心的是高宗的安全，于是便说："以目下的形势看，再西行迎敌恐有不妥。臣有一策，望陛下仔细斟酌。"

高宗急忙问道："什么计策?"

吕颐浩说："金人以骑兵取胜，而我们由于有皇族、百司、官吏、兵卫及家小，人数太多。如果从陆路行走，不仅行走速度慢，一旦遇到不好走的路，粮运不畅，还极易生变。金人既入浙江，必分遣轻骑追袭，如此一来，我们必然十分被动。如果我们乘海船，走水路，敌骑的优势就没了。江浙一带夏季炎热，敌人不能久留。我们可以等金人退走之后，再返江浙。敌进我退，敌退我进，此正是兵家所谓的奇计。"

高宗低头想了半天，最后说："此计似乎可行。你们几位大臣先讨论一下，明天召侍从台谏等来都堂一同决策。"

看来，兔子终究还是咬不了人的。

二十六日，高宗一行重新返回越州，城都没进，连夜召侍从官们就在河边的亭子里商议对策。

侍御史赵鼎说："眼下局势是寡不敌众，无法与金人直接对抗，应避敌为上。"

吕颐浩唯恐引起争议，便直奔主题，说道："以眼下来看，避敌一事恐无异议。现在最要紧的是商定该如何避敌，是否应该航海避敌。"

新任吏部侍郎郑望之表示反对，说："自古以来，还从未有一位皇帝要乘船漂泊海上以避敌，实在闻所未闻，不可思议。"

但绝大部分大臣都不反对吕颐浩的提议。权户部侍郎叶份就说：

“如果有别的办法当然好，否则，不走海路如何才能确保圣上的安全?”这其实也是没有办法的办法，没有可选择的余地。

见众臣也想不出什么更好的办法，吕颐浩当即向高宗禀奏商议的结果。

此时的高宗已经又想了一天，见吕颐浩来回奏，也不容吕颐浩开口，就说：“昨天夜里朕想了一晚上，航海避敌一事断在必行。卿可速寻海船准备航海。”并当即决定，速往明州，准备航海避敌。

吕颐浩接旨后又进一步进言道：“海船有限，乘船人数不能太多。望陛下允许暂时遣散侍从官以下的官吏随从，允其自寻生路。”

高宗有点不解地问道：“士大夫当知义理，哪能不扈从皇帝？如无人扈从，朕这个皇帝和林间草寇又有什么区别?”

虽然高宗有些不高兴，但现实情况确实不允许带更多的人航海避难。吕颐浩再三解释之后，高宗也就不再坚持，将许多低等级的官吏或留在越州，或干脆就遣散回家了。

侍御史赵鼎就因为赞同航海避敌，升为御史中丞，伴驾随行。

高宗一行人随即直赴明州（现浙江宁波）。

## 节外生枝

经过十几天的筹措，航海避敌的各项准备工作基本就绪。

十二月八日，众执政通过反复斟酌推敲，终于商定了随高宗航海避敌的最终名单。除皇族和三省六部的主要官员外，还对随行护卫的禁卫人数做了特别的规定，不仅明确规定每条船只配备六十名禁卫，还规定每名禁卫只可带两名家属随行。

其实，这也是不得已而为之的办法。谁知消息一经传出，立刻引起禁卫们一片哗然。他们十分不满，抗言道：“我有父母、有妻子儿女，不知该带哪两名家属?!”于是纷纷向主管禁卫的入内内侍省都知陈宥申诉，要求取消这条规定。陈宥左右为难，无法决定。

正好此时宰相吕颐浩上朝路过这里，禁卫张宝等百余人便立刻迎上去，拦住吕颐浩要讨个说法。有人情绪失控，为发泄不满，说了一些难听的话。

吕颐浩哪受过这个，立时火冒三丈，大声责问道："你们都是军人，平时长官都是怎么教你们的，难道不懂得作为军人就该服从命令吗？不要聚众闹事！"

众禁卫本就心中不平，吕颐浩的指责无异于火上浇油，当时就有几个禁卫抽出兵刃要杀吕颐浩。

也巧，参知政事范宗尹正从此路过，见状急忙上前拦住闹事的禁卫，然后一边扯着吕颐浩的衣服，一边悄声地告诫道："此时怎么可以做口舌之争？还是赶紧上殿为是。"就这样连拉带拽地将吕颐浩拖进了大殿。随后，马上命人关上大门，将闹事的禁卫们挡在门外。

高宗在殿内对外边发生的事听得一清二楚，见吕颐浩和范宗尹进得殿来，便说："禁卫们如此人情汹汹，不听命令，缓急之时难免会因避敌不及而酿成大祸，一定要好好安抚他们。"

于是，命吕颐浩等赶紧将御案搬到龙椅前，摆上笔墨，高宗亲笔写了一道手谕，安抚禁卫们。聚集在门外的禁卫们见到皇帝的亲笔手谕，人情稍定，纷纷散去。

解决了眼前的危机，高宗打发走其他大臣，只将吕颐浩单独留下，下密旨道："这些禁卫要坏朕的大事。卿等赶紧传朕的旨意，今晚，在朕的后花园埋伏下五百中军，明天早朝时，卿等带中军到殿外，将今天闹事的禁卫全部抓起来，为首者杀无赦。"

吕颐浩接旨赶紧去做安排。

九日一早，吕颐浩命御营使司参议官刘洪道率兵在宫门外布防，预防发生意外；命中军统制辛企宗和亲军将姚端带兵进入行宫，见到禁卫就抓。禁卫们平日里养尊处优，哪见过这个阵势，一见大势不妙，上房的上房，跳墙的跳墙，纷纷作鸟兽散。

高宗这时也从偏殿中走出，全身甲胄，手持弓箭，亲率伏兵剿逆。高宗的箭法着实了得，连发两箭，将两名逃到房顶的禁卫射伤，滚落地上。其余的禁卫全都吓傻了，束手就擒。不到一个时辰，闹事的禁卫全部被擒。

第二天，张宝等十七名为首者在明州街市上公开问斩，剩下的禁卫被发配到其他各军，此事才算了结。

## 首次告捷

完颜宗弼（即金兀朮）攻下建康后，于十二月七日沿水路趋临安(也即杭州)。沿途百姓听说有大军向此处进发，还以为是朝廷的溃兵，为了不让这些“溃兵”为害地方，广德军（现安徽广德）知军事周烈派人与之联系，并许诺，只要不骚扰地方，将犒军。金兀朮将错就错，假意答应下来。等快到广德军时，才派人下通牒，要周烈投降。周烈全无准备，闻言大吃一惊，慌乱中也顾不上排兵布阵，抓过手边的战马，上马就跑。金人早有准备，如何逃得脱？终于周烈被杀，广德军失陷。

十二月十一日，金兀朮进军来到湖州（现浙江吴兴）附近，浙西安抚使康允之也以为是溃兵游寇，便遣将迎敌，还真杀死了两名游骑。将士们带了死者的头颅来报功，康允之一见头颅，才知来的是金人。吃惊之余，也顾不得细想，赶紧率兵弃城远遁。

对于金军来说，从湖州到杭州，已是一片坦途。

十五日，天大雨，高宗在明州。早朝时，群臣至殿门，被告知有旨免朝，只执政官入内。众执政进得殿来，高宗从御袍中取出前一天越州知府李邺呈送的关于临安已陷的奏折，告诉众执政说，他已决定即刻去定海县登御船航海，要众执政随行。随即下旨，百官有司皆留浙东各郡，高宗自已则在众执政的簇拥下乘马出东渡门赶赴定海。

十二月二十七日，金军追逐高宗来到明州附近，再无退路的宋军终于奋起反抗。浙东制置使张俊派统制官刘宝率主力与金人战于明州，统制官杨沂中、田师中和统领官赵密配合刘宝皆率兵殊死战，主管殿前司公事李质得到消息后率舟师前来助战，知州刘洪道也率州兵射金军侧翼。金军自南侵以来，从未遇到过抵抗，早已心浮气躁，十分轻敌，万没想到会遭此痛击，一时竟也手足无措，伤亡数千兵马，大败而去。

张俊的明州之捷，是自靖康以来宋金交战史上的第一次胜利。宋军士气为之一振，金人不败的神话就此破灭了。

建炎四年（1130年）正月初一，已登上御船的高宗闻报非常高兴，立刻下旨，每个有功之人升官七级。王进本是一名普通士卒，因在此次战斗中勇于争先，奋勇杀敌，被破格授以武翼大夫之职，进入了将校的行列。

不过，这第一次胜利显然有偶然的因素在其中。张俊在胜利后，并未乘胜追击，扩大战果，而是见好就收，撤出明州。结果，在建炎四年正月十五日，金人攻陷明州。高宗由此开始了海上漂泊。

## 高宗纳谏

建炎四年正月末，高宗在海上已经漂泊了半个月。最危急的时候，金兵距高宗的御船仅一天的距离。金人还曾派出战船想袭击御船，可惜未能成功。随着活捉高宗的希望越来越渺茫，日益疲惫的金军也基本放弃了无望的追击，转而将重点放到了劫掠财物上，准备打道回府了。

漂泊中的高宗也开始了下一步的打算。他下诏令所有随行的官员，无论职位高低，都要畅所欲言，谈下一步的打算。高宗要集思广益，以应对新的局面。

正月三十日，给事中兼直学士院汪藻上书斥责将帅无能。他说："自古以来，夷狄从来就强大，但从未像现在这样肆无忌惮；中国也经常被欺凌，但也从未像现在这样懦弱无能。一个国家再羸弱，一个君主再胆怯，面对敌人也总要搏一下，从未有似我堂堂大国，敌人长驱万里侵我疆界，竟如入无人之境：到山东则破山东，到淮南则破淮南，到浙江则破浙江，嬉笑而来，饱满而去。这全是因为将帅不得其人，而陛下驭将帅又不得其术所致。眼下陛下的将帅，不过韩世忠、刘光世、张俊之辈，陛下给了他们极大的权力，就连前朝宰相韩琦、文彦博都没有他们那样受宠。他们的家里金帛充盈，锦衣玉食，平时飞扬跋扈，不循朝廷法度，为害乡里，甚于外患，陛下连问都不能问；无事时，拥重兵躲在安全的地方，还要邀功请赏，陛下也不能不给面子。陛下之所以如此容忍，就是要他们在危急之时出死力排难解困，为君王解忧，使百姓安业，谁知他们并非如此。明州之捷，张俊虽有小胜，但随即引兵而遁，致使陛下海上漂泊。为大局计，陛下以为建康、京口、九江是要害之地，故令杜充守建康，韩世忠守京口，刘光世守九江。陛下的安排是不错，无奈将帅们根本没有为陛下御敌的念头。杜充是敌未临城，就先弃城而遁；韩世忠更早在八九月间就将镇江物资装船载运一空，然后烧城逃之夭夭；刘光世同样不理军事，整日与韩梠饮酒作乐，敌兵已至几十里处尚且不知，以致造成敌犯二浙，六宫流离。君父有难，逃亡在外，韩世忠根本不放在心上，就在前不久的正月十五，还在秀州与民间女子张灯高会，寻欢作乐。如此将帅，若依古法，个个当诛，以立纲纪。眼下所急者，应在偏将中择可用之人才，择机付给独当一面的机会，待其有功之时，加以爵秩，以取代这些不称职的将帅。"

历经劫难之后，高宗对汪藻的奏折颇有感慨，将帅无能已使他深受其害。另外，奏折中提拔偏将架空主帅的驭将之术也给他留下了极深的印象，后来，他就是采用这一策略解除了韩世忠等三大帅的兵权。只是汪藻的奏折中没有眼下该做什么的具体建议，让他稍感失望。

因杭州救驾，高宗对韩世忠颇为器重。但从汪藻的奏折中看，韩世忠的所作所为却颇让高宗失望。高宗不敢相信，也接受不了，他所器重的将帅，在他漂泊海上，每日惶恐不安之时，居然会与民间女子张灯高会，寻欢作乐。为此，他专门下诏，令韩世忠赴行在（皇上的临时办公地方）说明情况。

说韩世忠不守镇江，将朝廷物资运载一空，然后逃之夭夭是真，在军事上这叫坚壁清野。说韩世忠在正月十五与民间女子张灯高会，也是真，这叫迷惑敌人。元宵节过后，韩世忠将部队分成三部分，分别调动到青龙镇、江湾和海口，做好了在金人撤退时断其后路的准备。说因韩世忠放弃了镇江，致使高宗漂泊海上还是真，但韩世忠这样做的目的却并不是要置高宗的安危于不顾，而是为战略需要所必须付出的牺牲。

所以，当接到高宗召其至行在述职的旨意后，韩世忠并没有丝毫的心虚，而是合盘托出了自已的计划，希望得到高宗的批准："臣要留在江上截金人归师，尽死一战！"

见到韩世忠的奏折，高宗十分欣慰，高兴地对辅臣们说："吕颐浩在会稽时曾有过此策，世忠与之是不谋而合。"立刻下密旨批准了韩世忠的要求。

## 韩世忠大战金兀术

建炎四年正月过后，得知金人即将北归，韩世忠立即做出回师镇江、截断金人后路的决策。他率军长途跋涉上千里，从青龙镇等处赶到镇江布防。

三月十五日，金兀术带着满载战利品的船队北上经过镇江时，突然发现原先畅通无阻的大江，现在已经不通了：韩世忠据守焦山寺，牢牢控制了大江的出口。

金兀术自南征以来，从未遭遇过宋兵的抵抗，所以根本就不将阻拦自己北上的宋兵放在眼里。三月十六日一早即派人出战，谁知大战数十回合，损兵折将，却一无所获。

初次受挫，并未挫伤金兀术的锐气，他马上又派人下战书，约定第二天再堂堂正正地打上一仗。韩世忠也毫不含糊，当即答应下来。

送走金人来使，韩世忠马上召集手下诸将布置任务。韩世忠说："明日一战，事关重大，金兵定会全力拼杀。从地形上看，金山龙王庙是一关键，敌人必登此处窥我虚实，以指挥作战。现命偏将苏德率二百士卒埋伏庙内，另有二百士卒埋伏庙外。听得江中鼓响，庙内外士卒同时出击，两面夹攻，定能擒获金贼。"

第二天，宋金双方按约定在江中大战。庙中士卒在庙中偷窥庙外的动静。不久，果见有五个骑马的金人奔龙王庙而来。庙中士卒见果有金兵至此，并人数不多，心中大喜，暗自佩服大帅神机妙算。因为立功心切，也忘了要听到鼓声之后，再与庙外士卒同时出击的命令，当即呐喊着从庙中蜂拥而出。那五名金人见宋人早有埋伏，知道不妙，旋即调转马头就要逃命。就在此时，鼓声大作，庙外的士卒也随之蜂拥而出。那五名金人慌不择路，有二人当场被擒，三人逃逸。逃走的三人中，有一着红袍玉带者，慌乱中曾从马上坠下，然后又跳上马逃走了。事后审问被俘的金兵，才知那穿红袍者就是金帅金兀术。

受此一惊，金兀术再也不敢小瞧宋兵了，一连几日被困在船中。

金人长于骑战，短于水战。被困在船上的金人发挥不了自己的长处，无计可施，一筹莫展。

几日过后，金兀术眼见北归无望，愈加心慌，便派人至韩世忠军中向韩世忠许诺，愿将劫获的所有金银珠宝全部送给韩世忠，只求借道北归。

面对金军来使，韩世忠根本不予理会。金兀术见状无奈，又许诺将自己心爱的宝马也送给韩世忠。女真人是骑猎民族，视宝马为自己的性命。在金兀术看来，将宝马送人就像割自己的肉一样心痛，谁知韩世忠照样不予理会。

当时，左监军挞懒兵驻山东潍州。万般无奈之下，金兀术派人至山东向挞懒求救，挞懒派太一贝勒率兵至淮东增援金兀术。太一贝勒的船队在江北，金兀术的船队在江南，对韩世忠的水军形成夹攻之势。面对金军的两面夹击，韩世忠毫不退缩，将自己的海船分成两队，各与一支金人船队对峙。

出战前，韩世忠准备了许多用铁链连着的大铁钩，并精选出许多体格魁伟的壮汉。待两军对阵之时，韩世忠的海船高大坚固，居高临下，金人的刀枪弓弩对海船上的宋兵根本构不成威胁，要想登上海船更是不可能；而韩世忠则命壮汉们用大铁钩猛砸金人的小船。在大铁钩的砸击下，金人的小船就像石头下的鸡蛋一样，根本不堪一击。金人本就不习水战，人数再多也派不上用场。在实力如此悬殊的对抗下，更是一味挨打，全无还击之力。

金兀术黔驴技穷，再无办法可想，站在船头，要求与韩世忠当面对话。韩世忠并不直接与金兀术对话，而是在海船的甲板上，取随身所佩金凤瓶酒饮酒给金兀术看。

金兀术远远望着在甲板上饮酒的韩世忠，低声下气，说无尽好话，就差给韩世忠跪下了，只求借道回师。韩世忠放下手中酒瓶，朗声答道："借道不难，只要还我两宫，复我疆土，我一定会成全你！"

听了韩世忠的答复，金兀术顿时语塞。无奈之下，只得退守黄天荡。

获如此大捷，韩世忠愈发意气风发，接连给高宗送去报捷的战报，誓言要全歼被围的金军。

高宗见到韩世忠的捷报，高兴得闭不拢嘴，兴奋地对众大臣说：“自金人侵犯以来，我军皆望风奔溃。张俊虽有小捷，最终仍是丢了明州。不像韩世忠，以八千敌十万，还将敌人陷于困境，似有全胜之理。古往今来，恃众而败者，不在少数。”

执政范宗尹接口道：“以臣看来，临阵取胜，全在于要有先定之谋。韩世忠此次以少敌众，就全赖谋略在先。由韩世忠军大捷可见天意稍回，只要陛下加意修德，天下之事就都不难做到了。”

为了鼓舞士气，高宗特命尚书省将韩世忠的报捷书以皇榜晓谕中外。韩世忠立时名声大噪。

受韩世忠大胜的鼓舞，宰相吕颐浩认为应抓紧大好时机，以御驾亲征为号召，乘机出锐兵夹击金兵，活捉金兀朮。高宗也感到这是扬眉吐气的大好时机，马上就同意了。

正要下旨亲征，不想翰林学士、御史中丞赵鼎表示反对。他说：“待浙西宁静、建康之寇全部北渡之后再回跸，是既定的方略，现只因韩世忠的捷报，就认为敌人已是强弩之末，就可以一举歼之，就仓促改变既定的方略，似有不妥。万一韩世忠所报不实，在建康的金人还未北上，一旦冲突起来，陛下的安危该如何保障？”一句话将高宗刚刚燃烧起来的热情浇了个灰飞烟灭。

作为翰林学士，赵鼎自建炎以来还一直担任着御营使一职，总揽军中事务。吕颐浩虽贵为宰相，掌管着枢密院，但赵鼎根本不把吕颐浩放在眼里，专权不二。所以，吕颐浩实际上有名无实，兵权真正掌握在赵鼎手中。由于赵鼎从中作梗，亲征一事便没了下文。

吕颐浩本就对赵鼎专权不快，加上此次反对高宗亲征，便愈发地不满。于是，凭借宰相的任免之权，以赵鼎本为翰林学士为由，下令命赵鼎重回翰林院，试图以此夺取他的兵权。谁知赵鼎不仅根本不买吕颐浩的账，不去翰林院就职，反而以此次高宗海上避难全是因吕颐浩措施无方、指挥失当为由，弹劾吕颐浩，说他不宜为相。

结果是赵鼎没事，吕颐浩却被降为镇南军节度使，充醴泉观使。范宗尹摄行相事。

就在朝廷上为亲征与否闹得不可开交之时，镇江宋金两军对峙的局面又发生了天翻地覆的大变化。

金兀术被困黄天荡，一困就是一个多月。既然与韩世忠谈不通，金兀术便多方高额悬赏募集高人出谋划策。俗话说：有钱能使鬼推磨。这话几千年来就从未失灵过，高额的报酬还真就为金兀术寻来了脱身和破敌的良策。

金兀术的船队之所以打不过韩世忠的船队，不仅在于韩世忠的船只高大，居高临下占尽天然优势；还在于韩世忠的海船是帆船，在有风的情况下，船借风力，韩世忠船行的速度就比金人摇橹的船行走的速度快得多。这样，韩世忠的船队，既居高临下，又机动性强，金军当然就只有挨打的份。

于是，就有高人指点金兀术，先将摇橹的船改装成摇浆的船，以增加船的机动性；然后配上火器；最后，选择无风天气出击，定能获胜。金兀术闻言大喜，赶紧督士卒改装了船队，并配备了火器。

四月末的一天，天空中一点风都没有。金兀术自割额血以祭天，求老天保佑。然后，率金人船队出发，直奔韩世忠的船队而来。

韩世忠站在高大的船头之上，眼看着迎面而来的金人船队由远及近，心中焦急，却只能呆在原地束手无策。金人的船队接近了韩世忠的船队，金人将无数支火箭射向韩世忠海船的船帆。船帆见火就着，随即就引燃了桅杆和船楼。韩世忠的水军本是水陆两用，不仅有兵，还有战马，另外还有家属和辎重。等到船桅和船楼被点燃之时，海船上人呼马惊，顿时乱作一团，坠江而死者不计其数。着了火的海船顺流蔽江而下，金人则以轻舟追袭，金鼓之声惊天动地。韩世忠率余军弃舟登岸，从陆路奔回镇江。宋军损失惨重，金兀术则率军绝江而去。

经此一役，金兀术虽然最终获胜，但从此以后，金军再也不敢过江了。

## 富平战役

因勤王之功，张浚得到高宗的赏识，一跃而成为寇准之后最年轻的执政。平定了苗、刘之叛后，高宗向张浚问计。张浚认为，若要中兴，守住关陕至关重要。只有守住关陕，东南才可确保无虞。同时，张浚慷慨请行，愿赴关陕击退来犯的金人。高宗十分高兴，即命张浚为川陕宣抚处置使，可以便宜行事。

张浚雷厉风行，一到汉中，即访问民俗，罢斥奸佞，以搜揽豪杰为先务，民心、军心为之一振。短短几个月的时间，就汇各路兵马四十余万人，其中骑兵七万。另外，又向百姓借租五年以充军用，金钱粮草不绝于路，仓库里也是堆积如山。

此时，金兀术已退到淮西。张浚想牵制他，使他不敢再来东南，于是决定用兵，便召集手下诸将商讨攻敌之策。

张浚年轻气盛，在他看来，张俊、韩世忠以几千兵马尚且与金人一战，何况自己现有四十余万士卒和充足的粮草？所以在大堂之上，众将面前，张浚踌躇满志，慷慨激昂，对战胜金人表现得信心饱满。

没想到面对张浚主动出击的作战方略，陕西路军前军统制王彦却认为不妥。他反驳道："我军人数虽多，但各不相属，相互之间全无默契，兵将上下之间也互不了解。如果进攻顺利，当然一切都好；可一旦进攻稍有不利，难免会指挥失当，各路俱损。不如先守住根本，如果敌人来攻，则令各路将帅互相呼应以御敌。这样，就算不胜，也不会有大的损失。"

见王彦如此灭自己的威风，长他人的志气，张浚顿感不悦，脸一下子沉了下来，大堂上的气氛也一下子变得紧张起来。

还没容张浚开口，站在张浚旁边的幕客先就说话了："我军数倍于敌，且粮草充足、士气旺盛，正是建功立业的大好时机，怎能如此缩手缩脚？提兵数十万还如此畏怯，如何可成大事？"

见自己的建议受到反对，王彦也不申辩坚持，而是当场提出请求调离前军统制之职，改赴他任。张浚二话不说，当场就准了。

处理完王彦，张浚将目光转向威武大将军曲端，希望自己的方略得到曲端的支持。没想到的是，曲端同样表示了反对。曲端说："国家太平日子过得太久了，士卒们都已经不适应打仗了。金人目前兵锋正盛，难与争雄。我们现在应该做的是训练兵马，保住目前的疆土，而不是去进攻。要想主动进攻，还需十年的磨练。"

从后来的发展来看，曲端还真有先见之明，宋军在真正意义上与金军对峙，还真在十年之后。但从眼前来说，曲端的这番话，却大大地惹恼了张浚。他万万没想到，他手下的这些将帅竟如此的“不堪大用”。

他沉着脸，一字一顿地说：“将军既然不想打仗，还当什么大将军呢？”随即让曲端交出大将军印，降为参谋。不久，曲端因与同为参谋的王庶意见不合，无法相处，又被转任为都转运使。

反对进攻的将军们被张浚免了兵权，剩下的将军也就不再表示异议了。

进攻的方略确定下来之后，张浚的智囊们便日夜为张浚的大战役出谋划策。说到兴奋处，慷慨激昂，忘乎所以。有人竟说：“只要我们的兵马集合到位，消灭金人就像扫垃圾一样，一扫帚就可以将金人扫个干干净净。”

听到这话，张浚爽朗地大笑起来。

没想到坐在一旁的干办公事郭奕此时竟不咸不淡地插了一句：“不知是怎样扫？是用扫灶台的炊帚扫，还是用扫院子的扫帚扫？”

见竟有人敢如此扫宣抚使大人的兴，在场的所有人都惊呆了。张浚也立刻变了脸色，但他隐忍着没有发作。

九月初，张浚以熙河路帅刘锡为都统制，亲自督战，举兵发自秦亭。

誓师会上，看着漫山遍野的兵马，张浚喜不自禁地对已经是都转运使的曲端说：“如此兵马，当可以直捣幽燕！”

谁知曲端不仅丝毫不被感染，反而冷冷地回答了“必败”二字。

张浚心中一沉，问道：“若不败如何？”

曲端说：“若不败，端愿伏剑而死！”

张浚正色追问道：“可敢立军令状？”

曲端立刻索来笔墨，写到：“若此战不败，端甘伏军法！”

张浚则立时高声应道：“浚若不胜，就割下自己的脑袋送与将军！”

两人闹了个不欢而散。

当时，金军娄室贝勒的主力驻兵在距富平（现陕西中部）八十里的大封县，主帅娄室不在军中。宋军到达富平后，张浚手下诸将纷纷建言应趁此之机攻打金军，定获全胜。

张浚说："万万不可。军队打仗不是盗贼行窃，应当堂堂正正地打。必须先投战书，约定日期，然后才可以打。"

于是，就派人到金营下战书。可连送了几次战书，金人都没有回应。

张浚认为是金人胆怯，就又公开贴出悬赏榜文，以刺激金军："生擒娄室贝勒者，官升十级，赏银万两。"

这时，娄室贝勒已经回到军中。见了张浚的榜文心中恼怒，也回敬悬赏榜文道："生擒张浚者，赏驴一只，布一匹。"

张浚见娄室的榜文不恼反喜，认为娄室终于肯应战了。于是再派人去金营约战。这次，娄室当即爽快地答应了。

决战的时间到了，张浚派兵排出阵势等待金军，谁知金军却照旧缩在营垒之中毫无动静。只娄室贝勒偷偷地带着数十名卫士，骑马到附近的山上偷窥宋军的阵势。

后来数日，张浚又派人去金营约战，娄室仍是答应得很爽快，却总不肯出战。

张浚心中大喜，认为娄室一定是被自己的阵势给吓住了，不敢出战。便兴奋地对众将们说："此战必灭金贼!"

但金军总是不应战也叫张浚心中十分不悦。这时，就有幕客给张浚出主意，要张浚在再给金军送战书时，附带上一件女人的衣服给娄室，侮辱娄室连女人都不如。想以此激怒娄室，使之出兵决战。

先不说娄室见到张浚送来的女人衣服做何感想，却说宋军几十万大军野外扎寨，每天的吃喝就不是一件小事。所以，每天都有远近各路的乡民运粮运草，往来不断。到军前时，则以州、县为单位，将各自的车马围成一个个小营寨，散落在军营周围。而军营则安扎在一片平地上，与金军营寨间隔着大片的苇泽。

永兴军路经略安抚司公事吴玠对军寨安扎的地方很是担心，曾建议张浚将营寨迁往高岗，这样将不利于金人骑兵的进攻。但其他将帅都不同意吴玠的看法，认为我军数倍于敌，且两军之间又是大片的苇泽，金人骑兵根本无法展开进攻，所以不必杞人忧天。此时的张浚早已认定金军怯战，便采纳了众将的意见，未迁军寨。

从最初向金军下战书一直到九月二十二日，半个多月的时间过去了，张浚想尽各种办法想与金军决战，却始终不见回应。宋军从上到下，原本紧张警惕的心理慢慢地松懈下来，并开始弥漫出一种莫名其妙的优势气氛。

二十三日，太阳照样升起。但刚刚升起的太阳看到的却是三千金军用马驮着装满泥土的草袋子，迅速填满两军间的苇泽，然后径直奔往乡民的小寨，践寨而入。惊恐的乡民慌乱中本能地逃向军寨，毁寨墙涌入宋军大营。金军则在这种混乱中，向宋军发起了进攻。

毫无准备的宋军睁着惺忪的睡眼，立刻就陷入在军民相杂的混乱之中。

泾原路军帅刘琦身先士卒，第一个率士卒冲向敌阵。金军虽然凶猛，但宋军毕竟人多。从辰时一直战至未时，双方僵持不下，胜负未分。

这时，又有一支金军攻向环庆路军。事也凑巧，此时环庆路军帅赵哲正要检视自己阵势的侧翼是否妥当，便骑马向右侧走去。未经过战阵的士卒本就心慌，一见军帅离开大旗向一侧走去，也不等号令，就本能地纷纷跟在赵哲的身后；远处的士卒不知其中缘由，见阵中尘土飞扬，以为大帅要逃，于是军心大乱，各自逃命。其他各路军见环庆军大溃，顿时斗志全无，高叫着："环庆赵经略先走!"立时诸军皆溃，纷纷作鸟兽散。

张浚本想约束诸将，重整军阵，无奈败势已成，非人力可以挽回。望着四散溃败的手下将士，张浚长叹一声，也乘马疾奔邠州而去。

## 一念之差

张浚兵败富平，斩赵哲以正军法，命陕西转运判官孙恂代理环庆经略使，然后率余部退保秦州。

俗话说，不怕没好事，就怕没好人。环庆军溃的责任本来只在赵哲一人，与其手下诸将没有多大关系，但就有人鼓动环庆诸将说："富平兵败，皆因环庆军。现在只有你们大帅被杀，你们诸将却一点事都没有，天底下会有这么好的事吗?”

一开始，环庆诸将并没有将这人的话放在心上，听过之后也就忘了。没想到这话竟传到了张浚的军事参议刘子羽的耳朵中，这叫刘子羽十分担心。为防意外，在禀明张浚后，刘子羽便以宣抚使的名义密令孙恂想办法除掉这些隐患。于是，孙恂就以兵败为由，杀了统领官张忠和乔泽。

一石激起千层浪。统制官慕容洧在军中素有威望，见孙经略使无故杀人如何心服？便联络了其他诸将一起找孙恂理论。孙恂本就接到张浚的密旨，要将这些隐患除去，如今见他们自己找上门来，当然不把这些人放在眼里，便大声斥责道："就你们还想替败将出头？也不掂量掂量自己的分量，摸摸自己的脑袋长得牢不牢!"

慕容家是环州大族，实力不容小视。一听孙恂恐吓，顿生叛意。当下也不与孙恂争辩，回到自己的军营后，便立即组织军马，想出其不意攻下环州城。孙恂本就是有意恐吓，私下早就做好了各种准备，结果慕容洧突袭不成，无功而返。既已翻脸，便无退路。慕容洧攻城不下，便投奔夏国去了。

听说慕容洧反叛，张浚忙派泾原路军帅刘琦率兵追击。接到命令，刘琦命统制官张中彦、干办公事承务郎赵彬守城，自己亲自率兵出击。谁知张中彦、赵彬二人本是曲端的心腹，素来看不上刘琦，又为曲端无故遭贬心中不平，于是，就乘刘琦追击慕容洧之机，投降了金人。

只因张浚一念之差，反叛的反叛，投降的投降。至此，陕西各路军四分五裂，土崩瓦解。事已至此，张浚只得退守四川，然后上书请罪。

高宗虽然心有不悦，恼张浚无知人之明，但值此多事之秋，也并未降罪责罚，而是手诏慰勉，此事也就不了了之了。

却说富平大败让张浚想起了曲端在战前的分析，如今看真的是一一应验了。他当然没有依约定自杀，但却萌生了起用曲端的想法。

此时，张浚已经兵退四川，就有许多四川人上书为曲端鸣不平，要求为曲端复职。人真是一种奇怪的动物，明明是自己想做的事，可一旦有别人也提出要做，却偏偏就不想做了。张浚就是这样，他不是从众人的请愿中看到自己想法的正确，恰恰相反，他从中突然无端地意识到曲端深得民心，对自己的仕途是一个潜在的威胁。所以他不仅没有顺应民心为曲端复职，反而隐隐地动了要除掉曲端的念头。也就在这时，发生了张中彦和赵彬降金的事件，于是，张浚便借口张、赵的降金与曲端有关，无缘无故地将曲端关进了恭州大牢。

有一个名叫康随的人曾在曲端手下当差，因触犯军法，曾被曲端罚了一百皮鞭，康随对此一直怀恨在心。张浚将曲端投入大牢之后，即任命由康随来主审这个案子，其用心昭然若揭。

曲端刚进大牢时，还以为这终究是一场误会，总有大白于天下的机会，与自己性命无碍。但在得知康随主审自己的案子后，立刻就明白了这其实是一场阴谋，自己死期已到。心有不甘的曲端对着上天高叫道："苍天无眼!"泪如雨注。

康随十分清楚自己的刽子手角色，所以他根本就没有审问曲端，其实也没什么好审的。上任后，他直截了当地就命狱卒将曲端用绳子捆好，然后堵上嘴，把曲端放到火上，用小火，将曲端活活烤死了。

曲端的死讯传出，蜀中士庶军民无不为之扼腕惋惜，无不痛恨张浚无端杀人，公报私仇。还编了一首民谣谴责张浚："一事无成，二帅枉死（指曲端和赵哲），三军怨恨，四川空虚，五路轻失，六亲招擢，七书旋学，八位自除，九重怎知，十诫不会。"

# 第十五章　秦桧归来

## 秦桧南归

钦宗时的御史中丞秦桧，在靖康时因不愿推立张邦昌为帝，上书金军二帅，致使被捉到金营。徽、钦二帝北迁时，秦桧与其妻王氏及砚童小奴、婢女兴儿同行，一起来到金国的上京。徽宗在上京由王伦口中得知高宗继位十分高兴，以为自己返回中原的日子快要到了，就给金国皇帝写了一封求和的书信，这封信就是由秦桧润笔的。谁知金国皇帝不仅没有采纳徽宗的建议，反而将徽、钦二帝迁往更边远的韩州（现辽宁昌图）。不过，金国皇帝这次没让秦桧随二帝一起迁徙，而是将秦桧赐给了左监军挞懒。挞懒十分敬重秦桧宁死也要反对立张邦昌的气节，任命秦桧为军中执事。

建炎四年，挞懒率军进攻山阳，秦桧以执事的身份同行。其妻王氏和砚童、婢女也一同随往。

十月，金军进攻楚州，秦桧等一行人住在城外的孙村。城陷之日，住在孙村的金人涌入城中抢夺战利品，秦桧则密约船夫孙静，以催办粮草为名，载着自己一家人进入涟水军境内，在丁家寨附近被巡逻的乡兵所捉。

秦桧知道这些人全是宋兵，便自报家门，说自己是朝廷的御史中丞，要他们将自己送往行在。谁知这些乡兵根本不知朝廷中事，只说他是奸细，动手就要杀他。秦桧见说不通，就急忙问道："你们中有秀才吗？是秀才就会知道我的名字。"

众乡兵见他不像瞎说，也怕杀错了人惹来麻烦，因水寨首领不在，就将卖酒的秀才王安道找来辨认。本来，王安道也不知道秦桧的名号，但他在乡人面前一直以见多识广自居，此时如何肯自曝其短？于是，见到秦桧后，假装相识，躬身长揖道：“中丞辛苦啦!”给自己长了大脸的同时也解了秦桧的围。乡兵们信以为真，才没要秦桧的命。

十一月初，水寨首领丁祀和秀才王安道将秦桧经海路送往行在。

秦桧的回朝，在朝廷之上引起了不小的震动。秦桧自己说，自己是杀了监视自己的金人，夺船而回的。但朝野上下却几乎没人相信他的话，绝大多数人都一致认为他一定是叛国投敌，是金人有意放回来的。可这也仅是猜测，因为谁也拿不出证据来证明这一点。

但秦桧在靖康时敢于直言保存赵氏的行为，给宰相范宗尹和同知枢密院李回的印象实在是太深了，他们无论如何也不相信，一个在金人的淫威面前不顾性命维护赵氏宗庙的人，会是一个投敌变节之人。所以，他们向高宗力保秦桧的忠诚。

十一月七日，高宗单独召见了秦桧。面对高宗，秦桧不仅描述了徽、钦二帝在金国的近况，还详述了徽宗关于南北分区而治，子孙世代向金国纳贡称臣，以保住半壁江山的设想：“如欲天下无事，须是南自南，北自北。”同时，还将早已准备好的和议书呈给高宗，建议与金人议和。

高宗早在靖康时就知道秦桧的忠诚，此次又从秦桧口中得知二帝和母后的消息十分高兴。更高兴的是他知道了徽宗的对金方略，使他终于看到了可以使自己结束终日恐惧、奔波的日子的希望了。

高兴之余，高宗当即任命秦桧为礼部尚书。没过两个月，又升秦桧为参知政事，位居执政之列。送秦桧来行在的丁祀和王安道也升了京官，就连帮秦桧出逃的船夫，也补了个承信郎的缺。

第二天早朝，高宗高兴地对众大臣们说到昨天与秦桧见面的事：“桧忠朴过人，朕得之，喜不能寐。皆因既得二帝和母后的消息，又得一嘉士也。自古以来，交战双方互派使者是正常的，但不能动辄就写国书。还是叫刘光世以个人的名义写信先做试探吧。”

刘光世当时镇守镇江，与金人接触较为方便。

## 百姓苦

兵荒马乱之际，最苦的就是百姓了。朱胜非从宰相的位置上下来，到江西安抚大使任上之后，走访民间，发现不少州县官吏以筹措兵粮兵饷为名，滥加名目，横征暴敛。本该交一斛米的田租，竟强收到五六斛；本该交一千文的人头税，也强收到七八千。以往的和籴米，都是由官府出钱购买，如今名义上还是和籴米，但官府根本就分文不付，分明就是明抢了。朱胜非来到衡州，发现这里有屋无人；来到潭州，发现有屋无墙；来到袁州，发现这里连人带房子都没有。民不能生，于是纷纷落草为寇。为此，朱胜非上奏高宗说，江西盗寇猖獗，全因苛捐杂税，贪官污吏。不时之需，无名之敛，几无虚日。若减免苛税，惩治赃吏，招抚游寇，使民安业，江西之乱指日可平。

其实，为满足越来越大的军费开支，横征暴敛的情形不仅仅出现在江西，而是包括江浙、两淮及四川等所有南宋管辖的区域之内。以浙西为例，自兴兵以来，就增加了经制钱、总制钱、月桩钱、城木税、麻皮税、牛皮税、羊皮税、糯米税等谁也说不清名堂的税目，与太祖、太宗时期相比，税负增加了竟有数十倍；再如四川，自张浚入川以来，竟以“借”的名义，一年收了五年的租，百姓困苦至极。

既要打仗，就要花钱。可如今是既要打仗，又没有钱。如此内外交困，令高宗十分头疼。于是，高宗又下旨，要侍从台谏出谋划策，畅所欲言。

翰林学士汪藻上书说：“军费开支越来越大，是因为其中有营私舞弊之处。如有的军队中存在大量吃空额的现象，有其名而无其人、或有其人而无其职者甚至占到全额的三分之二。州县衙门对这种情况根本不敢说三道四，但多花的银子却不可胜计。所以，现在的问题不是再如何敛财，而是整肃军队。”奏折中虽然没有明说，但明眼人都知道，其中的有些指责是冲着刘光世的。

给事中陈戬、中书舍人胡交修也将指责的矛头隐隐地指向武将，说他们强刮民脂，欺凌百姓。

为了敲打一下这些平素不服约束的武将们，高宗特命人将这些文官的奏折交给武将们传阅，以示警告。

谁知这些武将们见了文官的奏折，不是有则改之，无则加勉，而是纷纷指使手下的墨客写文章攻击文官们："自蔡京败坏纲纪至今，祸乱误国者皆是文臣：执政侍从以下的文官，持节则丧节，守城则丧城；建议者执讲和之议，奉旨者持割地之说；提兵勤王则溃散，防河据险则逃遁。少有的几个竭节死难、拼死抵御者则全是武将。更有甚者，大楚之张邦昌、大齐之刘豫，僭位称帝，也皆是文臣。"将所有的文臣骂了个狗血淋头。

高宗本想敲山震虎，没想到反招来了百犬吠日。当此用人之际，高宗哪敢招惹众怒？高宗思前想后，最后还是决定忍了，只对自己下手。于是下诏道："因军兴民困，贪吏横敛，致使盗贼蜂起，特将建炎三年以前的所有欠税免去，不再征缴。"

为防止地方官吏阳奉阴违，从中作祟，高宗还特命各地多贴皇榜，将皇上的诏书公之于众。同时还警告各州县衙门，如拒不执行，一旦发现，将罢官抄家。而对武将们的舞弊之事，则睁一只眼，闭一只眼，全无下文。

就因吏治不肃，时隔不久，高宗就罢了宰相范宗尹的职。

## 秦桧封相

绍兴元年（1131年）七月，范宗尹被免去宰相一职。高宗拖了很长一段时间没封新的宰相，宰相一职出现了空缺。

起居郎王居正充右文殿修撰，与秦桧是好朋友。秦桧当上执政以后，常与王居正一起坐论天下大事，见解十分精辟。有一次曾对王居正说到，中国百姓的要求其实很简单，就是穿衣吃饭，只要满足了百姓的这点要求，中兴之日指日可待。这话言浅意深、鞭辟入里，叫王居正佩服得五体投地。

此时，正是宰相一职出现空缺之时，秦桧在一次闲聊时就说："我有二策，数月间便可耸动天下。"

王居正有点不解地问："既有策，为何不说？"

秦桧说："现在没有宰相，说了也没用。"

王居正本就对秦桧十分佩服，听秦桧说他有良策可以耸动天下，当然深信不疑，便向执政大臣富直柔等谈到此事。

高宗之所以久虚相位，是因为他对上次罢免吕颐浩一事心怀歉疚，总想再复吕颐浩为相，但又为自己出尔反尔的行为有些犹豫。富直柔与吕颐浩素来不睦，得知高宗有意复吕颐浩为相后，恐怕吕颐浩一旦复相会对自己打击报复，便联络了韩璜、辛道宗等大臣向高宗举荐秦桧，说秦桧有治国良策，必能帮陛下中兴。

高宗本就对秦桧有好感，听了富直柔等人的举荐后，即于绍兴元年八月封秦桧为尚书右仆射同中书门下平章事、兼知枢密院事，即右宰相（宋朝官制，宰相常为多人）。

一个多月后，高宗还是按照自己的意愿，坚持封吕颐浩为尚书左仆射同中书门下平章事、兼枢密院事，即左宰相。

自建炎四年七月金人立刘豫为帝、治理着原来北宋的大江以北的土地以来，吕颐浩就一直劝高宗举兵北上，恢复中原。封相后不久，正好又有消息说金人要和刘豫一起合兵进攻川陕，于是，吕颐浩便再一次进言，认为应先发制人，兴王师攻打刘豫。

吕颐浩说："建炎年间，金兵分三路入寇江浙，我军望风而溃，散而为盗。后来陛下精兵简政，修饬器甲，至今已有精锐忠勇之师十六七万。想当年太祖取天下时，正兵也不过十万，远不及我现在。并且，近年来，朝廷已扫平各处匪患，天时和人和皆已具备，已能专心对外，我们还有什么可怕的？另外，张俊曾败金人于明州，韩世忠曾扼敌于镇江，虽非大捷，但与金人南侵之初相比，已是不可同日而语。可见，金贼贪残太甚，天意已要悔祸。宇文虚中曾于金国来密奏说，金人已厌战。此虽不可全信，但近年来，金人已不再入寇江淮。由此可见，宇文虚中所言也未必全虚。现韩世忠正在行在，臣愿陛下睿断早定，命臣与韩世忠、张俊等共议，决策北上。"

高宗封秦桧为相，本是准备与金人议和，但他同时对刘豫称帝一事一直如芒刺在背。他无法容忍过去的臣下如今竟成为与自己分庭抗礼的君王，必须除之而后快。

三天后的早朝上，高宗意气风发地对吕颐浩及辅臣们说："自古以来，就没有千里之国而怕人的，也没有端坐不动就可以中兴的。朕一定会亲自为北上的军队送行。汉世祖兵起南阳，以少击众，大破昆阳；唐肃宗也是用郭子仪、李光弼，才恢复了王室。所以，若想中兴，必须用兵。前日，朕召韩世忠入宫，谈到中兴之事，兴致盎然，以至错过了用膳的时间。晚上睡觉时，朕辗转反侧，浮想联翩，整夜竟未合眼。卿等可与众侍从仔细商议，把结果写成奏折呈报上来，朕再斟酌，以保万全。"

吏部侍郎韩肖胄非常赞同北上用兵，见高宗如此说，就接口道："今日之事，终当用兵。就像当初晁错论七国削藩之事。在晁错看来，不论削不削藩，汉的七个藩国都一定会反。与其等着他们准备好了再反，还不如逼着他们现在就反，这样更容易除掉他们。现在，金人的情况就和七国一样。"

秦桧是主张议和的，但见高宗如此积极支持吕颐浩的主张，便保持沉默，并不开口反对。

朝中其他大臣，见皇上和宰相都主张北伐恢复中原，便皆表态赞同北伐。

只有礼部尚书洪拟一人表示反对用兵。他说："国势强则战，将士勇则战，财用足则战，我为主彼为客则战。而我国现在的情况是，圣上前年住会稽，今年住临安，居无定所，就像唐肃宗在关中，光武帝在河内之时。近来诸将确有小捷，但从未有大的胜利。江浙一带农业还未恢复，淮甸一带商贾也未畅通。平时的供给还十分困难，一旦有事如何保证？古人说，千里送粮，则士有饥色。如果我们千里出战，则彼逸而我劳。在这种情况下，只可以言守，不可以言攻。我知道顺应潮流，主张北上用兵可以升官，但我决不会为了自己的前程而误了国家的前程！"

此时的高宗一门心思要收复失地，全不将洪拟的话放在心上，仍决策出兵。

这时，又有人进言：可仿春秋战国时越王勾践将文武二责分属范蠡和大夫种的做法，将朝廷的文武二责分属两位宰相，以确保战事成功。高宗一听在理，便下诏，命吕颐浩专治军旅，建督府于镇江；命秦桧留在行在，专理庶务。

谁知吕颐浩到镇江不久，就发生了前军叛敌事件，结果筹划了约一年的北伐就此胎死腹中。吕颐浩自知责任重大，便以身体不适为借口请求辞去左相之职。高宗倒是没有责怪吕颐浩，而是退回了吕颐浩的请辞奏折，只命他回朝复命。

## 秦桧罢相

吕颐浩早就知道，秦桧之所以拜相，是富直柔等人想排挤自己的结果，所以与秦桧之间一直心存芥蒂。赴镇江上任时，又有人向他告密说，他之所以到镇江开督府，全是秦桧的主意，是秦桧有意将他排挤出朝廷决策中枢，独揽大权。在镇江期间，他也为自己身为宰相，却只能掌管一方军旅之事心有不满，所以十分认同这全是秦桧在暗中捣鬼的说法。此次奉旨回朝，他便有了将秦桧排挤出朝廷的想法。但究竟该如何着手，却心中无数。

绍兴二年七月，吕颐浩还朝路过平江时，和守臣席益谈及此事。席益与他志同道合，是他无所不谈的挚友。席益叫他举荐朱胜非重新出山，认为有朱胜非的支持，此事定可成功。另外还提醒他，给事中胡安国是秦桧一党的关键人物，要去秦桧，必先除去胡安国。吕颐浩听后大喜，回到行在后立即上书，请高宗恢复朱胜非的旧职。

谁知胡安国得知消息后立刻上书反对这一举荐，认为苗、刘之变，朱胜非与黄潜善等一样有着不可推卸的责任，犯了如此大错而不受到处罚，视朝廷法纪于无物，是绝对不许可的。

将一个人的任免上升到朝廷法纪的高度，弄得高宗也不好再说什么。

但吕颐浩仍不死心，面见高宗时仍提及此事。

其实，高宗对朱胜非在苗、刘之变中的表现还是十分满意的，当初免他的职就十分勉强。于是，他对吕颐浩说："胜非担任宰相才三天，就发生了苗、刘之乱。幸亏胜非多方周旋，事情最终才圆满解决。朕当然知道他在平乱之中立了大功，但总有几个台谏非死缠着要他承担责任，弄得朕也不好说什么。”最后，高宗选择了折中的办法，命朱胜非提举醴泉观兼侍读。没恢复旧职，但留在了身边。

按照朝廷的任免程序，朱胜非的任命手续应由胡安国经手。吕颐浩知道胡安国反对对朱胜非的任命，如果到他那里去办手续难免会节外生枝，于是就叫中书门下省检正诸房公事黄龟年代办了任命手续。

这次轮到胡安国不干了，干脆就提出了辞呈：“由于臣愚陋，致使朝廷官员的任免，堕坏了纲纪。孟子说：‘有官职的人，如果徒有其名，不得其职，就应当离开。’臣待罪五旬，于职责毫发无补，既失职权，就不该再留在这个职位上。更何况，朱胜非本是有罪之人，现在又认为他没有罪了，出尔反尔，与过去的圣旨自相矛盾，有违春秋大法。我只能以春秋大法来服侍圣上。如对有违春秋大法的事，因贪恋禄位而不闻不问，即使臣不以为耻，公论又会如何呢?”

随后，就以有病为由，再不上朝了。

秦桧几次上奏章要求挽留胡安国，都被吕颐浩扣下，没呈报给高宗。

胡安国既已被除，吕颐浩便升黄龟年为殿中侍御史，为逐秦桧做进一步的准备。

不久，继胡安国之后，又有江跻、吴表臣、程瑀、张焘等二十多名言官被吕颐浩以秦桧一党的名义免去职务。由此，台省一空。

一日，高宗召兵部侍郎兼直学士院綦宗礼询问政事，綦宗礼拿出秦桧提出的和议条款请高宗裁决。高宗对南北分区而治的政治方略本来是赞同的，但一见到秦桧拟的具体条款，见到“河北人归金国，中原人归刘豫”的内容，则十分不满。在他看来，南北分治只是地域上的划分，不应涉及地域中曾经生活过的人的归属问题。当时就对綦宗礼说：“如果真的南人归南，北人归北，朕是北人，又将归谁?”接着又说：“秦桧为相之初曾言，‘为相数月，可耸动天下’。到现在快一年了，也未见耸动天下。”责难秦桧之意溢于言表。

綦宗礼是反对议和的，听高宗对秦桧如此不满心中暗喜，忙请高宗将所说写成手诏公之于朝廷。高宗当时正在气头上，闻綦宗礼所请，即索纸笔写成手诏交给綦宗礼。朝廷内外由此皆知高宗对秦桧不满。

第二天，黄龟年即上章弹劾秦桧，说秦桧专主和议阻止恢复，植党专权。并将秦桧比之于历史上的王莽、董卓，说他有谋权篡位之心。

绍兴二年八月，秦桧在被封为宰相一年之后，被罢为观文殿学士，提举江州太平观。在朝堂上公开贴出的皇榜上，还有“永不复用”的字样。

# 第十六章　谈谈打打

## 议和小插曲

几乎是秦桧被罢的同时，通问使朝奉郎王伦从金国回到宋国。

自高宗即位以来，朝廷曾派宇文虚中、王伦、朱弁、魏可行、崔纵、洪皓、张邵等人出使金国，因各种原因，都被扣留在了金国。此次，金军左副元帅粘罕命王伦南归，并带上他的书信，表示了求和的意向。高宗获知消息后，召王伦赴行在。

见金人有和解之意，高宗即派刑部员外郎潘致尧出使金国了解情况。谁知潘致尧刚到楚州，楚州通判刘宴就与手下商议，准备夜里打劫潘致尧，抢夺礼币物品。不巧，此事被巡检马贵得知，马贵立刻将此事禀报给了楚州守臣武功大夫柴春。柴春急忙预作防范，结果刘宴深夜偷袭没有得逞，大败而逃。

混乱过后，潘致尧刚要重新起程，不料刘宴偷袭不成又带兵来明抢了。柴春轻敌了，结果当场战死。刘宴抢走礼币物品及国信等文书，逃到齐国去了。

潘致尧没有办法，只得重新回到承州，重新置办所需文书及礼品，再次出境。

## 金兵攻打饶风关

绍兴三年正月，金人攻陷金州。

兴元知府刘子羽得到消息后，即派统制官田晟守饶风关拒敌，并发文书召陕西都统制吴玠前来支援。

按当时的制度，知府无权调动其辖区之外的军队，辖区外军队的调动需由宣抚司下文才行。见到刘子羽的求救信，直秘阁主管机宜文字陈远猷就说："金人举国来犯，其锋不可当。宣抚司曾有令命我们各守自己的防区，若只凭刘知府的求救信就擅自出兵，胜了当然好说，万一败了，恐怕会有天大的麻烦。"

吴玠没理会陈远猷的劝谏，说："事情太急，来不及请示了，马上出发！"

于是，吴玠立即率骑兵从河池出发，马不停蹄地赶路。中途刚刚停下想喘一口气，刘子羽又来信说："金人旦夕即至饶风岭下，不守住此关口，四川将不保。你若到不了，知会我一下，我马上赶过去。"吴玠再也顾不上休息，立刻又策马疾驰，一日一夜急行了三百里。刚到饶风关，就遇上了金军。

吴玠所带的军队只有几千人，早已人困马乏的几千人如果立刻就与金人交战，定败无疑。吴玠胆大心细，虚虚实实，兵行险招，以进为退。他不是坚守关口，也不是主动出击，而是派人给金军送去几大筐黄柑，并对金军统帅萨里干说："大军远来十分辛苦，聊奉黄柑以止渴。今日之战，各忠其事，万勿见责。"完全是一副胸有成竹、以逸待劳的架势。

萨里干出兵之前对宋军的布置早已熟烂于心，如今见本在几百里外的吴玠军队突然出现在眼前，不禁大吃一惊。他下意识地以杖击地，脱口说道："吴玠，你来得好快呀！"

吴玠的这一招还真把萨里干给打懵了，他没敢贸然应战，而是牢牢地扎下营寨，再探虚实。

几天之后，金房镇抚使王彦从西乡带着他的八字军也赶来了。

吴玠、王彦的军队加上原有的守军，宋军在数量上已不再处于劣势。

原有的守军大多是乡兵，这些壕寨将个个是山大王、土皇帝，从未受过管教。一见局势好转，立刻就忘乎所以，故态复萌，纪律松弛，不听帅令。

吴玠素来治军严谨，见原守军如此目无军纪十分愤怒，便公开威胁说要斩杀诸将以正军纪。杀一儆百的招数本来是百试百灵，但这次用在壕寨将身上却失灵了。这些山大王平时作威作福惯了，哪受过这等约束？一听吴玠要拿他们开刀，立马就翻儿了。不等吴玠动手，他们就先溜到了金人营中。

如此一来，宋军的虚实全在金人的掌握之中。

原守军统制官郭仲荀据守在饶风关之上的山寨中，此处虽地势险要，但士卒的战斗力极低。萨里干了解到这些情况后，决定先放回之前被他们掠走的寨中妇女，再自蝉溪岭绕出关的背面，以轻兵夜袭山寨。

果如萨里干所料，山寨士卒不管大敌当前，只顾与家人团聚，寨中全不设防。夜袭之下，根本未做抵抗就仓皇逃走了。

金人既得山寨，乘高下击饶风关。有战斗力的宋军本就不多，金人又是如此居高临下，占尽地利，结果宋军一触即溃。吴玠拼命组织力量抵抗，手斩无数逃兵仍扼制不住败势。仅六天，饶风关被金人攻陷。

兵败饶风关后，刘子羽又与吴玠约定再守定军山。吴玠一开始倒是答应了，可随即就后悔了，擅自率兵向兴州败去。刘子羽势单力孤，也只好退兵屯于三泉县。当时，刘子羽身边士卒不足三百，粮草全无，仅以草根树皮为食，但他决意死守定军山。于是，给吴玠写信道："子羽誓死于此，与公诀矣！"

看着刘子羽的绝笔，吴玠泪如雨注。

吴玠的心腹爱将杨政在一旁大声叫道："军门，不可负刘待制！不然，政等也会舍军门而去！"

吴玠再也控制不住内心的感动，当下即与杨政等几员大将一起连夜由小路赶往三泉县去见刘子羽。当时，金人游骑已到三泉县附近，可吴玠等人赶到刘子羽住处时，却见住处附近全无警戒，而刘子羽自己也正睡得大酣。吴玠责怪刘子羽太放松警惕，竟如此不顾敌情。刘子羽则慨然答道："如果命中该死，那就死吧！"

按刘子羽的想法，他是想约吴玠共同守在三泉县，吴玠当场表示反对。吴玠认为：金人之所以不敢轻易进入四川，就是因为在关隘之外还有宋军准备断其归路。所以，吴玠准备率自己的军队由兴州、河池绕到敌人身后。吴玠说："金人见有宋军在其身后，必会踌躇彷徨。这时我再据险击之，必能战胜他。这就叫'善败者不亡者也'。"

刘子羽听后大喜，认为此计甚高。于是，吴玠重回兴州，刘子羽则在三泉建造营垒。不久，又有统制官王浚率五千精兵来到三泉，与刘子羽共同扼守这四川的门户。

结果是饶风关虽失，而四川仍安然无恙。

金人既不得志，便班师回凤翔，将田地分给将士耕种，做长久打算。

## 和战之间

绍兴三年五月，潘致尧从金国出使归来，带回金人的口信，说希望宋朝派重臣出使金国，以表示对谈判的重视和诚意。为此，高宗立刻派端明殿学士同签书枢密院事韩肖胄出使金国。

十一月十三日，韩肖胄回国时，金国派出元帅府议事官、安州团练使李永寿作为金国使者一同来到宋国。

高宗对金国使者来宋一事十分重视，专门下旨令沿途州军权避金国皇帝讳，并由地方长官亲自接送金国使者。当时，淮东宣抚使韩世忠镇守镇江，十分反感接送金国使者一事，但朝廷既有旨意，他也不好直接违命。于是就特意上书请示道："臣本统兵之将，与北使无关，望免去接送金使一事。"高宗对韩世忠的想法心知肚明，也不点破，只是特为下旨，许他不见北使。

十二月二十六日，李永寿一行来到行在。由于李永寿等人沿途倨傲恣肆，全然不循中原礼节，朝廷恐怕他们见高宗时做出有失礼仪的行为，特命王伦以吏部侍郎的身份到驿馆接待，伺机教习中原礼节。同时，为表示对金使的重视，高宗不循旧例，特地赐李永寿等人安寝用具，圣旨上还明确表示不用拜受。王伦抓住这个机会，对李永寿说："皇帝赐寝具，并明确表示不需拜受，这是从未有过的恩宠，应拜受以示感谢。"

李永寿也没弄清这"不需拜受"和"应拜受"之间的区别，只觉得似乎在理，就糊里糊涂地循礼跪拜接受了高宗的赐物。

二十九日，李永寿入见高宗，众宰执分立御榻左右。稍远一点，工部尚书胡松年、假吏部侍郎王伦立于东朵殿，神武右军都统制张俊、神武中军统制杨沂中等立于殿西壁，张俊等武将皆裹巾戎装佩剑全副武装。

李永寿先在殿下递上国书，待高宗看过之后再上殿回话。

金人请和的条件是：遣还被宋军擒获的伪齐俘虏和已迁徙到东南的西北士民；划江为界，并将江北之地划给刘豫。

高宗看过国书问过话后并未多说，只是答应会派出使者与金国进一步谈判，然后就赐酒宴于殿门之外。

见金使走出大殿，殿中侍御史常同就对高宗上奏道："先振国威，则要和要战我皆主动；若一味求和，则要和要战主动全在对方。靖康以来的经验皆可为鉴。"

高宗也若有所思地说："如今国家已养兵二十多万啦！"

常同接口道："自古以来，未闻有二十万兵而怕人的国家。"

此时，仅两浙、广东、湖北三路就有人口近五百万，南宋仍然是一个大国。

四年正月初，高宗派龙图阁学士枢密院都承旨章谊出使金国，不仅没有答应金国的要求，还提出了自己的条件：请回二宫及归还河南土地。

就在章谊去云中与金左副元帅粘罕谈判期间，高宗命江西制置使岳飞收复襄、郢二州。

四年六月，收复襄、郢二州的捷报传来。高宗十分振奋，他雄心勃勃地对执政们说："岳飞已复襄、郢，粘罕知道后一定会发怒。现在正是六月下旬，该认真准备防秋了。若金人胆敢南来，朕当亲率诸军杀他个片甲不留，趁势恢复中原。若再避敌海上，将何以立国？"此时的宰相是朱胜非，吕颐浩已不在宰相位上了，所以才有避敌海上将无以立国一说。

襄、郢二州失陷的消息传到开封，伪齐皇帝刘豫可坐不住了。他立刻遣使于金国皇帝完颜晟，希望与金人联手南侵。

金国皇帝完颜晟召诸将征询意见，左副元帅粘罕、左监军希尹以宋金双方正在谈判为由表示反对，右副元帅挞懒则认为应借兵伪齐，联合伐宋。完颜晟本主张伐宋，见粘罕和希尹反对，就撤了他俩的军职，由挞懒代理左副元帅，由右监军曷代理右副元帅出兵伐宋。粘罕和希尹由此就失去了兵权。因为右都监金兀术曾渡过长江，熟知江南地理，故被任命为前将军。

金军计划自泗州渡淮，扼盱眙，据津要，分兵下滁州、和州和扬州，西自采石以攻金陵，南自瓜州以攻京口。

九月，金军骑兵自泗州攻滁州，步兵自楚州攻承州。战报传来，举朝震恐。大臣们又开始纷纷劝高宗遣散百司，出巡避敌。只有御史中丞、御营使赵鼎一人反对，他说："何须如此仓促避敌？打不赢再走也不迟！"

赵鼎的这句话给高宗吃了颗定心丸，他于是决心一战。也就是因为赵鼎的这一句话，高宗决定起用赵鼎为相。

十月一日，高宗决意亲征，他对辅臣们说："朕因为二圣在金国，生灵久遭涂炭，所以不惜屈己讲和，可金人却几次三番入寇。朕决定亲统六军，到大江与金人决一死战！"

十一月六日，高宗第一次下诏公开声讨伪齐逆罪，宣布亲征。言辞激越悲怆："朕与二宫远隔万里，一别九年。虽想迎回二宫，洗雪耻辱，但投鼠忌器，是以甘于屈辱，卑辞遣使，屈己议和，有休兵之议。而叛臣刘豫，惧祸及身，屡为挑动事端，破坏和好，操戈犯顺，大逆不道，以至人神共愤。我大宋军民皆愿挺身效死，不愿与贼共生。今朕亲征，愿刷国家累岁之耻，以慰祖宗在天之灵。"

## 魏良臣出使金营

虽说高宗发出了与金人决一死战的豪言壮语，但这并不妨碍他同时动用外交手段，派使者去金营讲和。谈谈打打原本是极为正常的。

十月四日，就在高宗决意亲征之后的第三天，高宗派吏部员外郎魏良臣、閤门宣赞舍人王绘等出使金营。临行前，高宗特意交代说："和议是不得已的事情，如能使淮南百姓得以安业，可以许金国以岁币，土地就不能再割让了。”

魏良臣等一行人当日出发，十月十日到达镇江。刚刚住下，就接到朝廷旨意，要他们将礼品暂放镇江，只带国书和礼品单尽速赶赴金营。

魏良臣遵旨，于十一日一大早就来到江边，无奈当时风大浪猛无法渡江，一直在江边等到傍晚才渡过长江。当晚，就住在瓜州的宋军军营中。

十二日，魏良臣一行刚刚走到扬子桥，就遇见韩世忠派人令他们尽速赶路，出使金营，不得耽搁。魏良臣等急忙赶路，走到扬州东门外，又遇到大批宋军自城中出来。一问，知道他们是把守渡口去的。

入城，魏良臣等见韩世忠于城门楼上。因是朝廷使者，此时为淮东宣抚使的韩世忠略尽地主之意，置酒款待。席间，有流星庚牌纷纷送到，全是朝廷令韩世忠移扬州之兵回守长江的军令。

魏良臣等见韩世忠军务紧急，加上自己也要急于赶路，便与韩世忠拜别。韩世忠还特意派参议官陈桷送魏良臣等人出扬州北门。

王绘与陈桷是老朋友，分手前，王绘流着泪，将自己的家人托付给陈桷，久久不愿离去。

当晚，他们住在大仪镇。因兵荒马乱，镇中已经全无居民。几个人围坐在一间空屋中，饿着肚子，听着外面猫头鹰的叫声，就像在鬼域一般。

第二天，他们接着赶路。没走多远，迎面就遇到数十骑金兵呼喊着直奔他们而来。稍近，金兵便拉弓射箭。一时间，箭如雨下。

转瞬间，魏良臣的手下便有四五人坠落马下。魏良臣一看不好，急忙吩咐手下赶紧下马，同时大声喊道：“不要放箭，我们是来讲和的!”

听到喊声，金人收起弓箭，一人上前问话。知道他们真是宋朝的使者后，便将他们带往天长县的金军兵营。

路上，金军小头领与魏良臣等闲聊，问道：“大宋皇帝如今在哪里?”

魏良臣说：“在杭州。”

又问：“韩家军在哪里？有多少人马?”

王绘接口道："在扬州。我们离开扬州时，他们撤到镇江去了。"

小头领又试探着问道："他们是否在用计诱我，以杀我不备？"

王绘赶紧撇清自己，说："此兵家事，我们做使者的哪里懂得？"

见言语尴尬，小头领不再说话。

在距天长县还有六七里的地方，魏良臣一行遇到金将聂儿贝勒。聂儿贝勒六十上下的年纪，年纪虽大，但容貌秀整，精神健旺。聂儿贝勒十分健谈，一路上竟谈起靖康年间在金营中见到的高宗，由此谈到高宗的年龄，谈到南下以来在沿途州县见到的高宗减免税赋、禁止强征百姓为兵的手诏，感叹高宗会是一个好皇帝，语气十分和善。

聊了一会儿，聂儿贝勒若有所思地说："你们前来讲和煞是好事，也该做一了断了。"

见聂儿贝勒似乎话中有话，王绘答道："我们当然希望和议尽早成功。其实，只要大国一句话，立刻就能天下太平。"

聂儿贝勒没有马上回话，停顿了一下，忽然问道："秦中丞现在何处？"靖康时秦桧的官职是御史中丞，所以，聂儿贝勒才如此称谓秦桧。

王绘答道："现在温州居住。"

又问："听说以前曾当过宰相，现被免去相职。是因为曾在金国担任过官职吗？"

王绘又说："以前确实当过宰相，后来是自己一定要辞，才被免职的，没有其他原因。"秦桧被免的原因，对于金人来说是十分敏感的，王绘哪敢实话实说？只得含糊搪塞。

聂儿贝勒听出王绘话语不实，但并未深究，而是将头转向魏良臣，问道："韩家军现在哪里？"

金军的小头领曾经问过这个问题，于是魏良臣马上回道："我们从扬州来时，亲眼见他们出东门，往瓜州方向去了。"

王绘因为小头领曾还问过是否是计，心中一动，便赶紧补充说："侍郎不要这么说。用兵和讲和，从来就是两回事。虽然朝廷有旨，要韩家军回镇江防守，但将在外君命有所不受。实际上是回还是未回，别人没法知道。"

聂儿贝勒未曾理会魏良臣和王绘的答话，仍自顾自地说："我家元帅已到高邮，三太子已到泗州，这次大军前来，全是刘总管（即刘豫，是一种鄙视的称谓）所邀。刘总管说韩家军有几万，岳家军有几万，都在淮南。可自打入境，何曾见过一兵一卒？”

见聂儿贝勒鄙视刘豫，王绘借机挑唆道：“大军前来，如取了江南，却要给别人，元帅为何要做这费力不得利的事呢？”

聂儿贝勒果然生气了，说道：“就像有人养了个干儿子，赌钱吃酒，自己快活，却叫别人忙来忙去。”竟将气撒向了自家的皇帝。

魏良臣、王绘和聂儿贝勒就这样边走边聊，眼见天长县城近在眼前，聂儿贝勒便命人安排魏良臣等住下，自己则调转马头，率兵继续南下。

聂儿贝勒听魏良臣讲韩世忠已退兵，也不做多想，就引数百骑直驱江口。

韩世忠确实在魏良臣一行离开扬州北上时从扬州撤兵南下，但他并不是真的撤离。走到一半，估计魏良臣等人已经走远，便又重新北上，连夜奔向大仪镇，在大仪镇外二十余处设下伏兵，就等金兵上当。

金将挞也率数十铁骑充当先锋，远远走在金军的最前列。在距大仪镇五里处，其所率金兵从韩世忠设伏地的东侧经过。韩世忠唯恐自己所设埋伏落空，为诱敌，急忙现身与之战。

金将挞也果然中计，见有宋军出击，便调转马头冲杀过来。金军的铁骑确实厉害，只几个回合，韩世忠就险些被俘。全凭统制官呼延通拼死相救，才得以脱身。不过，此时的金军也已进入到韩世忠布下的伏兵阵中。脱了身的韩世忠急命擂起战鼓，四下里埋伏的宋军听到鼓声立刻冲杀出来，与金军混战在一起。

金军本以为只是小股宋军，根本没放在眼里，也不讲究战阵，肆意冲杀。没想到遇到的不仅是大批宋军，并且还是早有预谋、埋伏好的宋兵。因事出意外，立刻阵脚大乱，慌了手脚，全部被困在阵中。

金军的后续部队见前锋遇到埋伏，急忙赶来助战。金军确实骠悍，舍命冲杀。怎奈双方实力相差太大，几千宋军手持长斧，上砍人胸，下砍马腿，杀得金人只有招架之功，没有还手之力，陷于泥沼之中，疲于应付。只一个时辰，挞也所率的先锋部分全部被歼，挞也被擒；聂儿贝勒所率的后续部分也遭到重创，死伤上百，只抓了几个宋卒，大败而归。

十四日凌晨，天还没亮，就有金人将魏良臣一行叫起，带出城南门外。刚到护城河外的官道边，立刻拥上数百金兵将他们团团围住，拥着他们来到河边，将他们拽到马下，命他们在此等候。

直到巳时，聂儿贝勒才在大批金兵的簇拥下来到河边。有金兵举着刀，推推搡搡地将他们带到贝勒的马前。聂儿贝勒一把抓起头上戴的貂皮帽子摔到地上，另一只手按着佩剑，瞪着魏良臣叫道："你们说你们是来讲和的，又说韩家军已回到镇江，那么袭击我们军队的是谁?"

魏良臣根本不知发生了什么事，只好随口应道："可能是水寨的人不知朝廷遣使求和之议，擅自作为。"

聂儿贝勒回头示意手下带过三个人来，问："你认得这三个人吗?"

魏良臣认出其中有韩世忠手下的人，就实话实说了。

聂儿贝勒大怒道："你们口口声声说是来讲和的，暗地里却设计陷害我，像这样做，叫我怎么相信你们?!"

周围的金兵见贝勒大怒，都举着刀慢慢地向魏良臣等人围拢过来。聂儿贝勒在马上挥了一下马鞭，这些金兵才止住脚步。

魏良臣知道不好，唯恐完成不了皇上交办的使命，急忙高声指天发誓道："我们抛弃父母，不顾性命前来，只为讲和，只为国家百姓。韩世忠既以使者为饵，怎肯将他的计谋告诉我们？望贝勒明察!"

聂儿贝勒听魏良臣说得辞直理顺，气马上就消了。兵不厌诈的道理他不是不懂，要怪也只能怪自己太大意了。于是他承诺依旧让魏良臣等人见元帅挞懒。

魏良臣见事有转机十分高兴，便承诺道："只要见到元帅，交了国书，国事便了。到那时，我再来请死!"

聂儿贝勒闻言笑了，说道："既免你死，何须再来请死？我大金国可没这么做事的。"

于是，便吩咐手下由宝应县送魏良臣等人渡过黄河。

在黄河对岸，早有金军元帅挞懒安排的接伴官萧揭録和李聿兴在岸边等候。来到驿馆，寒暄过后，魏良臣谈到了韩世忠将自己为饵诱金军上当、险使自己丧命的经历。李聿兴笑道："这不正是汉高祖时郦食其之事吗?”

李聿兴本是中原人，曾是宣和三年的进士，后在金国任枢密院令史，熟知中原典故。汉高祖还未一统中原时，儒者郦食其自告奋勇去齐国游说，本已说服齐王降汉，不想韩信不愿郦食其抢去头功，便擅自偷袭全无防范的齐国，打败齐王。齐王田广以为郦食其欺骗了自己，非常愤怒，兵败后，将郦食其活活煮死了。李聿兴就是以韩信将郦食其为饵的事比照魏良臣的经历，说魏良臣就是一个现时的郦食其。

听李聿兴如此说，魏良臣大有觅到知音之感，感慨万千，说道：“田广不察，食其何罪?”

李聿兴又问道：“韩世忠偷袭金军，不知皇帝知或不知?”

魏良臣答道：“皇帝一定不知。”

李聿兴不相信，就说：“皇帝所用之将，怎敢不听皇帝的旨意，擅自做主?”

魏良臣说：“将在外，君命有所不受。临机应变，这也是常有的事。”

李聿兴说：“如此看来，是韩世忠跋扈，不听圣旨。但万一和议之后，再生是非，仍旧败盟，议和还有何意义?”

魏良臣急忙解释说：“如真的议和，皇帝必有约束，不许将帅任意妄为，还须放心。”

李聿兴言归正传，问道：“此次议和，贵方条件如何?”

魏良臣说：“江南（即南宋）欲守现存之地，另外，每年进贡银帛二十五万匹两。”

王绘在一旁补充道：“所谓现存之地，是指龙图阁学士枢密院都承旨章谊今年正月出使金国时所存之地。”

近一年来，宋金（包括伪齐）双方几经冲突，互有得失，疆界一变再变，所以必须明确说明应以何时的边界为准。

李聿兴反驳道：“凡事都要先论个曲直，占理的一方自然理直气壮。淮南州县，我大金国本已交给大齐国治理，却被你们擅自占领。现在，我大金军队前来恢复旧地，韩世忠又趁我未防备突袭于我。是你们不在理。”

魏良臣说：“关于淮南州县一事，原先的约定中只谈到不得屯兵，并未确定疆界，本朝并未违反与上国的约定。"

李聿兴又质问道："襄阳一带，已是大齐国据有之地，你们为什么还要派岳飞侵夺?"

魏良臣说："襄汉之地，在王伦回朝的时候还是属于本朝的，后来李成投降刘豫，总在此地闹事，想裂地称王。本朝怕他包藏祸心，危害本朝，才派岳飞收回此地，决不是无事生非。"

此时，萧揭録插话问道："秦中丞最近可好吗？他原在北军中，真是一个好人。"

魏良臣将回答聂儿贝勒的话又说了一遍。

李聿兴再次回到主题，追问道："你们为什么总是要恢复旧地?"

这次是王绘抢着回答道："失去祖宗陵寝之地，无法祭祀祖宗，何以成国？上国既不想绝我祭祀（不想亡南宋的委婉语)，所以才敢再三恳求，绝不是吝啬。"

李聿兴一听话也在理，便不再追问。随即安排魏良臣等人住下，与萧揭録一起向挞懒回禀去了。

十九日中午，李聿兴派人来传话，说元帅要接见魏良臣一行。魏良臣等人急忙乘马来到宝应县城中见金帅挞懒。

到大堂，见挞懒高坐在桌案之后，身背后的墙壁都钉着芦席，在他的左侧，还用紫色布遮住了部分墙壁。在挞懒的两旁，分别坐着二个人，都身穿粗纱织成的短袍，上用头巾缠头，下穿圆头皮靴。稍远，在大堂的右侧，还站着五十多名或穿纻丝战袍或穿毛衫的军官。

有士卒带着魏良臣等人见过元帅，礼毕，照例是问皇帝安否等一些寒暄的话。寒暄过后，魏良臣将自己来时的经过和使命又详述了一遍，最后说："我由镇江来此，见大军压境，不知是哪里得罪了大国？自古以来，大国伐小国，首先是为了土地，其次是为了臣服。今大国兴师动众，兵马劳顿，所费不菲，得土地却要给别人；而江南诚心为臣却不可得，以大伐小的理由一条都不占。若说以生灵为念，则尧舜汤武的用心也不过如此，那就更不用劳动大军了。大军兵不血刃，而坐享成功岂不美事？愿存赵氏社稷，早结和约。"

挞懒说："本想相信你们说的，但你们此前已多次失信；若不相信你们说的，又怎能全不相信？此次我们举兵前来，只是为了生灵。所以自入境以来，人不曾杀一个，房子不曾拆一间。这也是你们都看到的。如果要讲和，就要有诚意，不可奸诈。像韩世忠那样的小小掩袭，于事有何补益？我这里捉了你们的人不曾杀掉，你们捉了我们的人，也不要杀掉，责任不在士卒。若真想战，可先约定一日，两军堂堂正正地打上一仗，我国只兴仁义之师。若一面讲和，一面又派人来袭，恐江南终将被将臣所误。靖康年间，你家皇帝与张邦昌曾在军前为质，我曾亲口对他说：国家不要听信贼臣言语，就好比有人盖了一幢房子，砖瓦木料都是好材料，盖得也好，但却应当是房子的主人说了算才成。若全听信别人，不用多久房子就会塌了。结果就因为姚平仲劫寨，失去了国家信用，说什么都没人信了，终至二帝受辱。本朝做事习惯，秦中丞全都了解，你若不信我的话，回去可以问他。”

魏良臣说：“失信之事，尽是前朝奸臣误国。皇帝当时虽亲耳听了元帅的话，因他当时毕竟只是亲王，责不在他。自皇帝即位以来，则从未失信于大国。今蒙元帅视察江南，许以和意，实为感幸，岂肯再有虚诈？至于俘虏，我们也绝不会胡乱杀掉。”

挞懒说：“今天说了这许多，是怕你家皇帝位高之后忘了前事。希望你们回去之后，仔仔细细说给皇帝听。还请使者传话给你家皇帝，就说自靖康一别，甚是想念。现天气寒冷，一定保重。”

同时，还将给高宗的一封信交到魏良臣的手上。并最终交代说：“两国当以划江为界，还须犒军数千万。”

魏良臣再三致谢，接过信，与众人一起出门，上马告辞。

十二月一日，魏良臣一行回到平江，此时的行在已迁到平江。在府门外，魏良臣、王绘遇见宰相赵鼎和执政沈与求、胡松年。几个人照例在府衙门口寒暄了几句，然后一起进入府衙。还未落座，宰相赵鼎冲口而出说了一句非常刺耳的话：“金人怎么会放二公（魏良臣与王绘）回来呢?”

魏良臣闻听脸色一沉，回道：“容我仔细向几位禀报。”然后就站在当堂，将身体转向沈、胡二人仔细讲述事情的经过，而将赵鼎冷落在一旁。赵鼎自觉尴尬，便退后几步坐在旁边的座位上。

沈与求发现不妥，忙打圆场说：“大家且先坐下，吃点茶点再说。”

听沈与求让座，魏良臣便止住了说话，找一座位坐下。谁知话头一断，再无人说话，一时倒冷了场。

半晌，魏良臣坐不住了，忽然站起来说："我没死在金营，就是想将我所见所听所想告诉朝廷，没想到惹恼了丞相，改天我愿在都堂请死。"

赵鼎赶紧接口道："都是我不该干预此事，还请参政枢密请二公到阁子中说话。"

王绘见魏良臣真的恼了，怕事情无法收场，也赶紧站出来圆场道："刚才魏侍郎不敢对丞相失礼，只是想详述出使的艰辛，望丞相能容许魏侍郎把话说完。"

既然有人搭了台阶，赵鼎也就顺势下了，说："我知他受了许多委屈，刚才言语唐突，还请不要见怪。"

一番解释，场面渐渐缓和下来。赵鼎等三人看过国书，又问了问情况，就走了。

三人走后，王居正、唐辉、孙近等侍从官听说魏良臣出使回来，也一齐赶来询问情况。魏良臣见有人来，情绪又激动起来，厉声说道："我之所以奋不顾身，只因在廷臣僚皆有父母妻子儿女在，得享天伦；唯有圣上独自一人，苦受煎熬。如朝廷得良臣，焉能如此？"说罢，放声痛哭。

众人不知所以，全都惊呆了。

中午，有圣旨召魏良臣等殿上问话。高宗在内殿亲切接见了魏良臣等，言辞委婉温厚。魏良臣感动得泪流满面。

在简单地问过事情经过之后，高宗婉转地问到敌势如何。王绘说："以臣所见，从天长县至辰州，挞懒共有五座大寨，应有两万人。有人说，三太子、四太子都来了，但不曾亲眼见到。所见船只有三百余艘，大小不一。臣曾听说，汉高祖刘邦在讨伐韩王信之前，曾多次派人刺探军情，大多数人都说可打，只有娄敬认为不行。娄敬的理由是：双方交战，多是炫耀实力以威慑对方，极少有示弱的。但我们在韩王信的军中见到的却全是老弱病残，可见他一定是在故意示弱，以麻痹我们。待我不备之时，再出奇兵以制胜。可惜刘邦不听，被困平城，险些被擒。所以，臣以为圣上万万不可轻视金人的实力。"

高宗答道："卿所言极是。"然后又问道："卿所见挞懒状貌如何？"

魏良臣回道："臣这是第一次见挞懒，他身材高大，面色微红，好像患了风寒。挞懒见我们说起在京城时曾对陛下说起过盖房子的事，他说，盖房子不仅材料要好，还要主人说了算才行。"

听到挞懒说起旧日往事，高宗惊得一时不知说什么才好。作为房子的新主人，他当然明白挞懒说这话的深意。

## 金兵不战而退

就在此时，前将军金兀术率领十万先锋军屯兵扬州竹塾镇。韩世忠这次采用坚壁清野战术，固守不战，等待时机。金兀术前进不得，后退不能，心中十分焦急，即下战书给韩世忠，要决一死战。

战书到时，韩世忠正与众将饮酒看戏。见金人战书到，即派伶人张轸、王愈带着柑橘去金营应战。回信中说："元帅军士辛苦，下谕约战，怎敢不马上回复。请确定日期，一定奉陪！"

但天不作美，此时恰逢大雨雪，粮道不通。加上野无所掠，金军士兵们皆杀马而食，怨声载道。甚至有士兵说："若过江，必抓你们这些当官的献给南朝（指南宋）。"金兀术听得此言，知军心不稳，也不敢妄自出战。

不久，有金国皇帝完颜晟病危的消息传来，金兀术急忙找金将韩常商议对策。韩常说："眼下士兵们全无斗志，若执意过江，难免会发生兵变。而最关键的是我主病危，国内局势随时都会发生变化，我们绝不能袖手旁观。如此关键时刻，只有尽快返回国内才是上策。"

十二月二十六日，金军不战而退，并将撤军的消息通知了伪齐的统帅刘麟。刘麟得到金军撤军的消息立刻乱了方寸，连辎重也不要了，连夜后撤。日夜兼行三百里，至宿州才敢喘口气歇一歇。

金人与伪齐联合南侵的计划就此无疾而终。

# 第十七章　艰难的和议之路

## 暂时的平静

金国皇帝完颜晟的死和新皇帝完颜亶的继位使宋金两国之间的关系发生了微妙的变化。

首先是因高宗杀张邦昌而产生的、金国皇帝和高宗之间的个人恩怨不存在了。完颜晟之所以始终不肯接纳高宗，其中一个非常重要的原因，就是认为高宗冒犯了他的权威，而这是他所不能容忍的。

其次是新皇帝年轻，许多事情都依赖诸帅。刘豫被金国皇帝立为伪齐皇帝，全因当时的左副元帅粘罕大力举荐。所以，刘豫称帝后每年都给粘罕送厚礼，拉拢感情，而对其他诸帅则完全不放在眼里，这叫金国的其他诸帅对刘豫十分不满。粘罕因不同意与伪齐连兵南侵，被罢了兵权。新皇帝继位后，更被冷落在一边。所以，诸帅对刘豫缺乏好感的情绪影响了新皇帝登基后对伪齐的态度，不再将伪齐视为自己的一部分，而仅仅视其为与宋朝间的一块屏障，专心于国内。于是，宋金两国间出现了少有的平静。

绍兴六年（1136 年）正月，高宗在临安（即杭州）。这年的冬天，江南竟也下起了大雪，天寒地冻。高宗坐在生了火的屋子里读书，写字，批阅奏章。没有了战事的烦扰，高宗开始将大部分精力投注到百姓的生活上。

由于连年战事，加上去年夏天的大旱和冬天的大雪，百姓实在是九死一生。在地方州县，大白天在城内就有人行凶抢劫，而城外早已是十室九空。湖南路转运判官薛弼上奏折为民请命，请求免掉本辖区已经指派的军费军粮。

三日，高宗下旨，因百姓缺衣少食，命有司衙门开仓赈济百姓。

四日，高宗对宰相张浚说："朕住在生了火的屋子里还觉得冷，何况穷苦的百姓呢？真叫人惦记。像湖南、江西一些遇到旱灾的地方，应尽早安排赈济。百姓生活艰辛，年老体弱的会死于沟壑，身体强悍的会变成盗贼。朕作为百姓父母，怎能安心？"自前年朱胜非退位之后，张浚于去年拜相。

张浚回道："陛下以己度人，关心百姓，足以感召和气，更何况还要给以实惠呢？"

高宗突然感慨道："朕总因难以弄清事情的真相而苦思冥想，夜不能寐。"

张浚说："眼下正是多难之际，二宫幽处远方，一有不慎，恐生闪失，所以陛下多虑是自然的。不过，听的太多了，有时反而容易被迷惑。如果患得患失，就容易经常改变主意。以易惑之心，经常改变做事的原则，终会导致一事无成。所以，过去的君主从来都是正心修己，坚定信念，仰不愧天，俯不愧地，持刚健之志，排除一切顾虑和怜悯，义无反顾地去做他认为该做的事。陛下圣明，臣愿陛下在万机之暇，澄心静气，遵循大义，身体力行。如此，则中兴大业可成。"

高宗当然知道张浚这是在提醒自己，不要因为有些人的意见而放弃恢复中原的决心。其实，他对此何曾不是念念不忘呢？只是民生艰难也是他所挂怀的。

## 大败刘豫

宋金之间虽然暂无战事，但宋齐之间却摩擦不断。宋朝君臣没有哪一个能够容忍过去的臣子如今分裂疆土自霸一方；而刘豫也始终感受着来自南方的压力。

绍兴六年九月初，高宗下旨，令朝廷文武百官畅论收复伪齐的利弊与可否。他准备在决策之前，听一听众大臣的意见。

左宣教郎遂宁府府学教授程敦厚上书说："敌人势头正盛，我们应宁可不收复二河，也不滥用民力。眼下最应做的是裁减冗兵，节省军费。当今之事，战未必就对，和未必就不对。关键是不要让敌人抓住我要害，制我于被动。”他还说：“宰相有好功之心，非社稷之福。”

程敦厚所说的宰相，不是指左相赵鼎，而是右相张浚。

高宗将程敦厚的奏折拿给赵、张二人看，赵鼎认可程敦厚的看法，而张浚则反对。张浚认为，齐国已失去金国宠幸，士气也早已一落千丈，收复二河，易如反掌。

高宗早就有亲征之心，只是时机总是不好，此次见有张浚支持，十分高兴，立即下亲征诏，并从临安动身，出发北上。

高宗要亲征的消息传到开封，刘豫又一次坐不住了，急忙派出使者再次向金国皇帝借兵求援。如今的金国皇帝完颜亶接到刘豫的求救文书，聚众将商议对策。

以往出兵宋朝，金军将士都是满载而归，当然士气十足。可上次替伪齐收复失地，因齐国是金国的属国，金军无法劫掠百姓，所以士气全无。此次听说又是为齐国而战，将士们从心眼里就不愿意干这种出力不获利的事情。

负责三省事务的宗磐就说：“先帝之所以立刘豫为帝，就是希望刘豫能保境安民，成为我们的屏障。结果现在的情况是，刘豫进不能取，退又不能守。不仅他那里兵祸连年，还要连累到我国军民不得休息。如果我们再答应他，胜了是他得利，败了是我吃亏，太不上算。更何况前年帮刘豫出兵江南，我曾不利于江上，怎么能还答应他呢?”

其他将帅也没有一个愿意出兵帮助刘豫的。完颜亶本就是多一事不如少一事，见众将意见一致，当即决定不派兵支援，而同意刘豫自行讨伐。为防意外，命右副元帅金兀术镇守黎阳，静观其变。

于是，刘豫签乡兵三十万，号称七十万，分三路南下。中路由其子刘麟统领，由寿春犯合肥；东路由其侄刘猊统领，由紫荆山出涡口犯定远；西路由孔彦舟统领，由光州犯六安。三路大军以刘麟为行台尚书，居中协调。

刘豫自知齐兵士气不足，出师前特向金人借了不少金兵的服装让齐国的士兵穿上，假扮金军，以恐吓宋人。

伪齐大军一动，南宋这边立刻便得到了消息。当时，江东宣抚使张俊驻军盱眙，杨沂中驻军泗上，此时已升为京东淮东宣抚处置使的韩世忠在楚州，湖北京西宣抚副使岳飞在鄂州，都距离齐兵进攻的路线太远，远水解不了近渴。只有淮西宣抚使刘光世在当涂，离庐州最近。于是，朝廷急令刘光世遣轻骑据守庐州。而沿江一带皆无兵马，这让左相赵鼎十分忧虑。

右相张浚见事情紧急，立刻向高宗上奏，请求自往江上视师，亲督各军。高宗准奏，张浚即日出发，往镇江督师。

九月底，有谍报说，在河南许多地方，发现有穿金兵服装的军队。刘光世认为，此次北兵南下，仍是金齐合兵而至。于是，以金齐合兵，敌情严重，庐州难守为名，刘光世越过张浚，直接密报于赵鼎，要求退守太平州。此时的张俊已移兵泗州，也认为是金齐合兵南下，于是请张浚增派援兵，并希望命岳飞率兵东下。

张浚接到张俊等人的奏报十分恼火，马上写信警告张俊和刘光世说："贼豫之兵，以逆犯顺，若不剿除，何以立国？若遇到敌情就要撤退，养你们这些兵又是干什么用的？今日之事，只有进，没有退！"

张俊和刘光世见到张浚来信并未死心，又立即向朝廷上奏，请求退保江南，以防万一。

赵鼎以为真是金齐合兵，也因沿江空虚，就以朝廷的名义发下军令，改变以前的拒敌方略，同意退保江南。

与此同时，朝廷上下又开始议论纷纷，要高宗回驾临安，以保万全。

张浚见赵鼎竟然跨过他，以朝廷的名义直接指挥手下诸将非常不满，立即上奏高宗道："淮南是大江的屏障，只有守住淮南，才能保住江南。若诸将退守大江，则淮南必失，长江天险将不再成为我国的屏障。现我军士气正旺，若全力进击，必能制胜；一旦退缩，则大事去矣。另外，岳飞一军不可东下。若岳飞东下，一旦襄阳有警，又该如何办？望朝廷将协调诸将的权力交付于我，使诸将不再心存侥幸，不肯听令。"

高宗见张浚奏报十分高兴，亲笔手诏，夸张浚道："非卿见识高远，出人意表，何以臻此？"并明令："有不用命者，听以军法从事。"

此时，伪齐中路的刘麟率十万大军，已架浮桥渡过淮河，屯兵于濠、寿之间。张浚命张俊出兵据守，并将杨沂中部划归张俊指挥，命杨沂中率部与张俊会合。

十月三日，杨沂中兵至濠州。没想到此时的刘光世已从庐州撤军。杨沂中见宋军已失去南北夹击之势，也不敢冒进，急忙火速上报张浚，请求定夺。张浚见报非常气愤，连夜骑快马赶赴太平州面见刘光世，亲自督刘光世返回庐州。并下死命令说："如有一人胆敢后退，杀无赦!"

刘光世不敢违抗军令，被迫率军队返回庐州。派王德、郦琼率精兵自安丰出谢步，进击齐军。

伪齐士兵皆是由乡兵抽调而来，全无斗志，在下了死命令的宋军面前一触即溃。王德军由此士气大振，接连又在正阳和前羊市连胜两仗。

与此同时，刘猊率领的东路军已过定远县，试图进攻建康。杨沂中率部在越家坊击溃了刘猊的前锋，刘猊见自己孤军深入，恐宋军断其归路，便移师合肥，想与刘麟会合。

十月九日，杨沂中与刘猊在藕塘相遇。当时，刘猊统兵近十万，而杨沂中统兵不过万余。面对杨沂中的进攻，刘猊自知在数量上占有优势，并不急于与宋军决战，而是占据有利地形，背靠大山外向列阵，只用弓箭抵御宋军的进攻。刘猊的如意算盘是，待宋军锐气受挫之后，再发起总攻，一举全歼宋军。

面对近十倍于自己的齐兵，杨沂中非常明白只有速战速决才能取得胜利。他当机立断，要趁齐兵还不十分清楚自己的底细时，出奇兵一决胜负。于是，他命摧锋军统制官吴锡以五千骑兵攻击刘猊的正面，自己则率剩下的骑兵迂回到齐兵的背后进行偷袭。

刘猊的齐兵人数上虽占优势，但并无士气，在宋军骑兵的反复冲击下，渐渐乱了阵脚。就在这时，杨沂中的奇兵从其背后出现，与齐兵稍一接触，便大叫"贼破矣"！惊恐中的齐兵出其不意地遭到偷袭，顿时全懵了。哪知这是宋军的心理战，还以为自己真的败了。人心一散，立刻全线崩溃，再也组织不起有效的抵抗。刘猊一看大势已去，也即带着几名亲兵随从逃命去了。

失去主帅的齐兵眼见主帅远去，茫然不知所措。杨沂中跃马舞枪来到阵前，大声喝道："你们都是大宋子民，还不快快投降?"

没有逃走的齐兵闻声抛下手中的兵器，伏地请降。

此战，杨沂中生擒俘虏上万人。

孔彦舟当时正在围攻光州，听到刘麟和刘猊兵败的消息，立即收兵北去。

刘豫的南侵以大败告终。

见刘豫如此没用，金人萌生了废刘豫的想法。

## 赵鼎辞相

绍兴七年（1137年）正月，张浚从江上回到平江，随班上朝。

张浚统领各军击溃伪齐的南侵令高宗十分兴奋，朝堂之上，当着众位大臣的面，高宗极力称赞张浚道："破敌之功，尽出右相之力！"

张浚闻言赶紧出班跪奏，将击溃伪齐的功劳归之于高宗御驾亲征。高宗见张浚不仅没有居功自傲，反而将功劳归于自己，心下更为得意，面露喜色，溢于言表。

张浚见高宗高兴，于是趁热打铁，更进一步提出要乘胜进攻中原，擒刘豫父子。

其实，自打宋军击溃齐军的捷报传到的那一刻起，高宗心中就动起了收复中原的念头，只是没机会提起，此时张浚的话正好说到了他的心坎上。但高宗并没有马上表态，而是将目光转向了左相赵鼎，想听听赵鼎的意见。

没想到赵鼎竟反对张浚的建议。赵鼎说："此事不妥。刘豫不足虑，他只是砧板上的肉，随时可以处置，关键是他背后的金人。你能保证灭了刘豫，金人不找我们算账吗？与金人相比，现在依然是敌强我弱。只宜守，不宜攻。"

赵鼎的反对令张浚十分不愉快，争执了几句，因话不投机，二人不欢而散。

左右二相意见相左，让高宗十分为难，没法做出最终决策。于是下旨，令文武百官就此事各抒已见，陈述利害。

此时李纲虽被罢相，但在高宗心中，李纲仍是一位有胆有识的重臣。所以，高宗特意专为李纲下旨，向李纲询问此时对付伪齐的策略。

出乎高宗意料的是，以往总是主张收复中原的李纲，此时竟提出了反对的意见。李纲回奏道："打仗就如下棋，只有自己是活棋，才可杀掉对方的孤棋。若自己的棋还生死未卜，就想以此攻击对方，想凭对方失误，凭侥幸战胜对方，不是打胜仗应有的做法。古往今来的制胜之道是：如汉高祖先保住关中，然后向项羽争胜；汉光武帝也是先保住河内，然后出征，尽降赤眉铜马。如今朝廷以东南为根本，倘不先为自固之计，如何能保万全胜敌？又何况将士久战已经疲惫，财用和民力也已捉襟见肘，所有这些都需要料理，使之苏息。即应在防守已固，军政也已整顿好之后，再议征讨。"在奏折的末尾，李纲还给出了建都建康，以扬州、庐州、荆襄为屏障，以待中兴的战略谋划。

正月十五日，参政张守也上奏折言战守之策。张守说："有人说，伪齐既遁，应趁势恢复中原。其实应将眼光放得更远一些：若一战就能确保土地和百姓不再得而复失，那么，这仗就值得打；但若不能保证不再得而复失，那么这'得'就是自困之道，仗就不值得打。要做到确保不再得而复失，以目前的情况看，必须着手解决军旅和军粮两大问题。所谓军旅问题，就是带兵大将权势过重，不听朝廷调度的问题。解决这个问题，须由朝廷直接提拔偏将，每人统兵五千，军令统一由朝廷出。而关于军粮问题，则应约束各路军队，不得侵扰百姓，朝廷要以复业百姓多少作为诸将升迁的标准。只有解决了这两个问题，才可以谈恢复中原一事。"

在高宗的意识深处，父兄始终未能迎回，祖宗陵寝始终未得祭拜，是他多年来始终未能释怀的牵挂。眼下正逢伪齐兵败，高宗十分希望抓住这大好时机，收复中原。但有如此多大臣的反对，令他也不能不慎重处理此事。反复思虑之后，高宗采取了折中的办法，发手诏宣布从平江移跸建康，但未提收复中原。

话虽未明说，但行在既然北迁，决心北伐的倾向还是明确的。加上与张浚意见相左，赵鼎认为再担任左相也没有意义。于是向高宗递交了辞呈："张浚大获成功，应当给他机会尽施抱负。臣不适宜再任左相，现请陛下免去臣左相一职。"

高宗依惯例再三挽留，赵鼎辞意坚决。几个回合之后，高宗接受了赵鼎的请辞，命赵鼎为观文殿大学士，知绍兴府。

## 秦桧出山

正月二十五日，閤门祗侯何藓出使金国回到行在。何藓是绍兴五年五月出使金国向二圣问安的，一直被扣在金国，也从未见到二圣(徽宗早在五年四月已死)，此时回国，带回了徽宗和宁德皇后相继去世的消息。

高宗得知父皇去世，一个人躲到大殿后面的小屋子里，顿足捶胸，嚎啕大哭，终日不吃。

张浚等宰执到小屋中劝解高宗道："天子之孝，异于常人。现梓宫未还，天下生灵涂炭，如此亘古所无的耻辱和仇恨一定要报。不过，眼下还望陛下爱惜身体。"

高宗根本不理张浚等人的劝解，依旧嚎啕不止。

张浚等人也无法，只是拜伏于地，固请高宗节哀。

过了好半天，高宗才止住哭声，喝了点粥。

听到徽宗去世的消息，朝中文武百官纷纷来到行宫西廊为徽宗发丧。因事出突然，本该在这种场合主持丧礼的礼部尚书和侍郎都没到，结果是由秘书省正字孙道夫草定的丧礼礼仪。

这天发生了一件对后来影响深远的事：观文殿学士醴泉观使兼侍读秦桧得知徽宗去世的消息也赶来行宫为徽宗发丧，结果被高宗当场任命为枢密使，并当堂留下议事不许回府，议事时也以对宰相的礼数对待秦桧。

这种任命程序在宋朝极为罕见。按宋朝的任免规矩，凡新被任命的宰执，即使是当朝任命，接到任命后也必须先回自家，写出辞呈拒绝任命，皇上再三挽留才可就任。这是必须的程序，被任命者借以表示自己不贪慕权势的高尚品德。但高宗显然是急于想与秦桧一起商议徽宗死后的大事，不仅非秦桧不可，并且必须是马上。

四年多前秦桧被罢免时，高宗曾公开贴出"永不复用"的皇榜，而如今竟又如此迫不及待地启用秦桧，前后反差之大，实在让人费解。可见，徽宗客死异乡，给以“孝道”为至高理念的高宗带来的是近乎摧毁性的打击。此时的他已痛下决心，为了让父皇的梓宫回到国内安葬，为了让母后在有生之年回到身边，不惜做出任何牺牲。

## 王伦出使

四月，在秦桧的荐举下，高宗命王伦为奉迎梓宫使出使金国。临行前，高宗特意交代王伦要找机会离间金人和刘豫之间的关系。

王伦使金路过齐国时，因刘豫恐怕宋金之间有不利于自己的交易，坚持要看宋国的国书，王伦据理拒绝。刘豫恼羞成怒，便扣下王伦，不让王伦成行，结果王伦在齐国迁延一月有余。最后，在金国的干涉下，才终于成行。

五月，王伦在涿州见到此时的金左副元帅挞懒和右副元帅金兀术，不仅讲了许多沿途所见所闻关于刘豫营私舞弊导致民怨的丑行，还特别强调刘豫试图强看国书，其实是对上国（即金国）的大不敬，恐怕心怀叵测。最后说：“像这种无德无能之徒，宋朝待他那么厚，他都要背叛，难道他就不会背叛上国吗？刘氏何德，赵氏何罪，使上国将中原给予刘豫？上国既不想自己占有，不如将中原还给赵氏，好过给刘氏上万倍。”

左副元帅挞懒曾占据山东，将山东看做是自己的地盘。没想到在立刘豫为帝时，当时的金国皇帝完颜晟竟将山东的大片土地划给了刘豫，这让挞懒感到无法接受。他几次上书完颜晟，提出山东境内的沧州盐场是他所率领的东路军重要的军费来源，不该将膏腴之地割给别人。但完颜晟根本听不进他的劝谏，执意将山东割给了刘豫，挞懒为此事一直耿耿于怀。所以，在绍兴六年刘豫向金国借兵时，挞懒也表示了反对。后来刘豫兵败，挞懒更在新皇帝完颜亶面前大说刘豫的坏话。说刘豫文不能治国，武不能守邦，留之无益，想借机鼓动完颜亶废掉刘豫，收回本属于自己的山东。此时听了王伦的一番议论颇有同感，就试探着对王伦说：“如果我将刘豫交给宋朝处理，你们会要他的命吗?”

王伦没有正面回答挞懒的问话，说道：“我主神武，刘豫犯天下不义之事，我主以顺讨逆，扫除刘豫，何其难哉!”

## 郦琼降齐

虽然赵鼎反对伐齐，虽然重新启用秦桧说明高宗决心与金人议和，但在张浚的劝说下，高宗也并未完全放弃伐齐。所以，在王伦出使之前，在张浚的主持下，伐齐的准备工作仍在进行。

绍兴七年三月，张浚在龟山约见四大将，商讨征伐刘豫的方略。韩世忠坚决主张进攻收复中原；张俊的态度有些暧昧，他的说法是：“唯张都督（张浚）马首是瞻，都督要战则战，都督要守则守”；刘光世是明确反对，认为不该进讨，而应防守；岳飞则提出了完全不同的建议，认为不应征刘豫，而应由商、虢进攻关陕。另外，岳飞还提出合并淮右之兵由他统一指挥的建议。四员大将，只有一人明确支持自己，这让张浚一时很难决策。

岳飞见张浚不认可自己的方略，便径赴行在当面向高宗提出自己的方略。

此时的高宗正徘徊在议和与收复中原之间无法抉择，听岳飞又提出一新的建议，心下便觉不快。但他并未表现出来，而是耐心地询问收复关陕所需时间。当他听说收复关陕需要三年的时间后，心下更是不快，他认为岳飞所谓收复关陕纯粹是托词，本意其实是要扩充自己的实力。

于是说：“朕驻跸于此，全仗淮甸以为屏障。如果使用淮兵指日便能平定中原，朕当然不会吝惜。朕怕的是，中原还未收回，淮甸已经丢失。如此一来，朝廷连落脚的地方都没有了。”

如此责备岳飞，令岳飞无言以对。

张浚和高宗都反对自己的方略，令岳飞心情十分郁闷，便动了再次丁忧的念头。

所谓丁忧，是当时的政府官员在父母去世后辞去公职回家守孝的人事制度。岳飞的母亲在绍兴六年去世，当时正是宋齐之间关系最为紧张的时候，张浚命岳飞调军队驻防武昌。岳飞至孝，不顾朝廷谕令，擅自扶柩回庐山安葬母亲，并连续上表请求丁忧，在朝廷多次催促之下，才不得已回到军队，部署军事。时至今日，守孝期限仍未满，加上进攻关陕的方略被否、心情郁闷，便再一次不辞而别，擅回庐山守孝去了。

张浚得知消息非常气愤，也认为岳飞收复关陕是假，想借机扩充实力是真；而擅离职守，回家守孝，也只是意在要挟皇上，因此建议高宗干脆将岳家军交由其属下张宗元统领。

高宗没有采纳张浚的建议，他认为岳飞人才难得，眼下又正是用人之际，还是应予挽留。于是派参议官李若虚等去江州请岳飞重回军营。

李若虚等在东林寺见到岳飞，传达了朝廷的旨意。最初，岳飞执意不从。李若虚便指责道："岳相公难道真要造反不成？相公本是河北一农夫而已，只因受天子赏识才被委以兵权。就以你现在的实力，能与朝廷抗衡吗？相公若执意不从，还会连累到我等的性命。相公会任由我等无辜受戮吗？"

岳飞再一次无言可答。六天后，他与李若虚等人一同返回行在。

张浚见到岳飞，一边夸他很得高宗赏识，一边又责怪他不该在国家危难之际弃军守丧。岳飞也知道自己错了，于是具表待罪。

用人之际，高宗当然不会真的降罪于岳飞。在岳飞重新上任前，高宗还特意面见岳飞，安慰道："卿前日奏陈轻率，朕实在没有生卿的气。如果朕真的生气的话，一定会治罪的。太祖说过，'犯吾法者，唯有剑尔'。这次朕没有用剑，而是让卿重新执掌军队，就说明朕没有生卿的气。卿不必放在心上。"

在这一年二月，岳飞曾为立储一事向高宗密奏，请正建国公皇子位，高宗以在外统兵的武将不应干预此事为由申斥过岳飞。岳飞知道自己越权了，所以为此事一直忧心忡忡，当时即请过一次辞，但未被获准。高宗此次没有谈及守丧，只谈立储，其实大有深意。听了高宗如此解释，岳飞终于安心了。

与此同时，张浚还解除了刘光世的兵权。

其实，张浚一直就对刘光世不满。刘光世平日里不仅花天酒地，沉迷酒色，并且大吃空额，只知敛财，根本不理军务。更要命的是，他的军队除了扰民之外，全无一点用处，几次与金人作战，全都是不战而溃。所以，张浚早就有免其兵权的想法。只是以前赵鼎认为刘光世是武将世家，树大根深，怕影响士气，不同意免他的职，所以张浚才一直忍着没做处理。此时赵鼎已经去职，再也没有反对的意见了。于是，在龟山会议之后不久，张浚就免去了刘光世的兵权，命王德为都统制，郦琼为副都统制，统领原刘光世的部队。

这是一次非常糟糕的任命，再一次证明了张浚的志大才疏。

郦琼本是河北贼寇，几年前率兵投降了刘光世，自此以后，与刘光世交情甚厚。刘光世此次打了胜仗却被免，叫他心中已有不安。他与王德素有个人恩怨，如今又身处其下，更叫他怀疑其中定有阴谋。所以，自被任命为副都统制以来，郦琼总是疑神疑鬼，颇生猜忌。到了八月份，朝廷又命张俊为淮南西路宣抚使，命杨沂中为淮南西路制置使，将郦琼归为张俊、杨沂中节制。所有这一切，都叫郦琼认为自己终将步刘光世的后尘，被免去兵权，由此心生叛意。

八月底，兵部尚书吕祉整顿军务来到庐州。郦琼知道吕祉是冲着自己吃空额、营私舞弊一事而来，但他恶人先告状，反说王德治军不公，徇私枉法，要吕祉主持公道。吕祉因证据不足，没有当面揭穿郦琼的诡计，反而好言相劝道："张丞相（张浚）喜欢奋勇杀敌的人，如能立功，虽有大过，也可容忍，更何况那些细枝末节?"意在麻痹郦琼，使之不致横生事端。而私下里则使人密报朝廷，说郦琼意图不轨，望朝廷罢郦琼的兵权，召郦琼赴行在问罪。

郦琼哪知吕祉的真实意图，听吕祉说得委婉真切，还以为吕祉真的要自己将功折罪，竟感动得泪流满面。

谁知事有不密。吕祉万万没有想到，自己的书吏朱照竟与郦琼有过命的交情，暗地里将自己唆使别人写密折的事透漏给了郦琼。郦琼闻言大吃一惊，立刻派兵搜查通往行在的沿途驿站，终于搜到吕祉唆使别人写给朝廷的密折。郦琼得到密折，见其中详述自己的种种罪行，并请朝廷降罪，不禁怒从中来。

第二天一早，郦琼事先安排好一切，便去州衙拜见吕祉。

听衙役报郦琼拜见，吕祉也没多想，端坐大堂之上等候。郦琼进得大堂，见吕祉并不见礼，而是径直走向站在一侧的中军统制官张景。郦琼从袖中取出吕祉命写的奏折，质问道："众将士有何罪过，张统制要写此奏折上告朝廷?"

吕祉万没想到，自己叫张景写的密折竟然落到了郦琼手中。大惊之下，无暇思考，更顾不上分辩，便急忙逃命。

郦琼早有安排，此时大喝一声，伏兵四起，立时将州衙里里外外围了个水泄不通，吕祉束手被擒。

事已至此，郦琼再无退路，于是带着自己统领的四万军队和十几万百姓渡过淮河，投降刘豫去了。吕祉誓死不从，被郦琼杀害。

淮西之变，震动朝野。张浚收复中原的计划就像吕颐浩曾经的计划一样，胎死腹中。

赵鼎曾告诫张浚，若免了刘光世，恐有不测。张浚不听，遂有此祸。事出之后，张浚自知责任重大，主动请辞。高宗本想以秦桧继张浚为相，不料遭到张浚的反对。于是，高宗重新启用赵鼎为相。

## 刘豫被废

自刘麟、刘猊大败而归，刘豫便意沮气丧，内心十分恐惧，唯恐宋人趁势进攻，收复中原。过了一段时间，未见宋人方面有什么动静，心情刚刚有些安定下来，却又听说金人有废掉自己的图谋，这一下更是吃惊不小。为验虚实，立刻派皇子府参谋冯长宁到金国皇帝面前请立刘麟为太子。

金国皇帝完颜亶说："先帝之所以立刘豫为大齐皇帝，是因为刘豫有德于河南之民。他的儿子是否有德，朕还未听说。朕会派人询问河南百姓，然后再定。"

话虽没明说，但话里话外，要废刘豫的意思还是很明确的。这使刘豫日夜不得安枕，却也想不出应对之策。

九月，淮西之变事发，郦琼率二十万军民归降刘豫。得到这一消息，刘豫别提有多高兴了，就像天上掉下了一个大馅饼。他吩咐立刻传旨在文德殿接见郦琼，并授郦琼静难军节度使一职，知拱州。

朝堂上，郦琼主动提出要再伐南宋，并愿率本部兵马为先锋，助刘豫完成统一大业。一番话说动了刘豫，刚刚失败的沮丧心情顿时一扫而光。

再次振奋起来的刘豫又一次向金人提出了借兵的请求，并扬言，有郦琼相助，此次一定成功。

刘豫哪里知道，在王伦的劝说下，金左元帅挞懒早已下决心废掉刘豫，收回本属于自己的山东，而将中原部分割还给南宋。

所以，在取得金国皇帝完颜亶的认可后，十一月初，挞懒竟以郦琼率兵投降、想充先锋讨伐南宋恐是奸计，意在收复中原为名，命刘豫遣散郦琼的军队。然后又以出兵助刘豫南征为名，亲自率军队来到开封附近的武城，再派使者约刘豫之子刘麟到武城商议战事。刘麟哪知是计，还以为真要攻打南宋，便兴冲冲赶去赴约，结果是自投罗网，被挞懒扣住不放。

捉住刘麟之后，右副元帅金兀朮带着三名护卫，亲自到开封去捉刘豫。当时，刘豫正在讲武殿习武，金兀朮和三名护卫径直闯入东华门来到讲武殿前，下马就径奔刘豫而去。金兀朮也不搭话，抓住刘豫的手，硬拉着刘豫来到宣德门。在场的众人，包括刘豫本人在内，都被金兀朮的举动吓傻了，不知道金人要干什么，更想不起要反抗。在宣德门外，金兀朮强逼着刘豫骑上一匹瘦马，与他们一起离开开封城，一行人扬长而去。刘豫就这么糊里糊涂地被金人抓走，囚禁于金明池。

第二天，挞懒和金兀朮来到开封，在大齐的朝堂之上宣布刘豫被废一事，同时命张孝纯暂时总领朝廷一切政务。又命女真人胡沙虎为开封留守，还宣布遣散伪齐的军队。

刘豫称帝八年，至此被废为曹王，金人赏给他一块土地过小日子去了，六年后病死。

废了刘豫后，左副元帅挞懒对一直留在金国等待消息的王伦说："好报江南，从此以后，两国间再无阻隔，和议可成。"

## 和议初成

绍兴七年十二月，王伦从金国出使归来，不仅带回了刘豫被废的消息，还带回了金国许还徽宗梓宫及皇太后、许还河南土地的天大喜讯。高宗见和议终于成功，喜出望外，忧喜交集地对辅臣们说："朕以太后未还，夙夜忧惧难眠。若金人真能从朕所求，其余一切皆不必计较。国家但能自治以承天心，岂无复振之日？"

为此，赏赐王伦格外丰厚。

可令高宗万万没有想到的是，就是这样一个天大的好事，竟招来满朝的质疑和反对。

礼部侍郎兼侍读曾开就上书说："女真议和，实为难信。朝廷应慎重考虑，其中可能藏有什么阴谋。望陛下勿忘靖康时的奇耻大辱，勿惑和议。要坚定信念，内修政事，外强兵将，和将不求而自得。"

京东、淮西宣抚处置使韩世忠也上书说："臣愚钝，若如王伦所言，金人果割地讲和，休兵息民，而不是诳赚我朝，则王伦之功，赏以王爵之位也不为过。然臣实不敢深信。"

兵部尚书兼权吏部尚书张焘也说："《传》说：'天将与之，谁能废之？'臣请陛下考人事以验天意。靖康之时，陛下龙飞济州，天命也；即位之后，敌骑屡犯行阙，陛下屡经险境，终保无虞，天保也；刘豫犯难，其势汹汹，然以逆犯顺，一败涂地，天赞也。臣由此得知，陛下上合天意，有天祐之，中兴之期已不远。望陛下诚心修行，布德立政，立足根本，自立自强，以享天心，以听天命，以候天时。时之既至，则何战不胜，何为不成？梓宫何患不还？母后何患不归？宗庙陵寝何患不能修缮？南北之民何患不能混一？今此和议，姑妄听之，不必信也。"

总而言之一句话，满朝文武几乎没有一个人相信金人是真心与宋人议和，全都认为这是一个大阴谋。

见了众大臣的奏折，高宗非常不快，他很反感这种想当然的妄加猜测，就对众臣说："卿等有所担心，可谓是尽忠，朕自然明白，但所发议论，应有根据，不应捕风捉影，无中生有。朕不会被敌欺蒙，只有确认金人确有诚意，我们才会与金人议和的。为防万一，朕再派王伦使金，审问明白。”

于是，王伦回到行在还不足一个月，连年都没过，就在年三十那天，又踏上了去金国的路。

虽有众大臣的反对，但高宗与金人议和的决心却十分坚决。送走王伦后不久，就下诏准备从建康移驾临安，做出了和解的姿态。

但高宗的决心却没有变成大臣们的行动，他们依然我行我素。

因金人已废刘豫，并遣散了伪齐的军队，宰相赵鼎就密令南宋各将帅联络伪齐守将来降。韩世忠、岳飞、吴玠等军闻风而动，纷纷派人招诱伪齐的军民。到绍兴八年（1138 年）正月，就有寿、亳、陈、蔡等各郡守将率部来降。两个月间，共得精兵数万，战马数千。面对如此情景，朝臣们各个喜笑颜开，纷纷议论道：以往数次，我们花费了那么大的人力物力，损失了五六万兵马，仍然是得不偿失；而如今，不动声色就获得了这么大的利益，实在是可喜可贺。我们应趁其瓦解之势，再进一步，一举收复中原。

听了大臣们的这些议论，高宗心中十分焦虑，他怕如此情绪蔓延下去会坏了他的议和大计。如果惹恼了金人，到时候不仅中原收复无望，父皇的梓宫和母后更无回来的道理了。他不能允许出现这样的风险。正月十四日，他召宰相赵鼎入宫面议此事。

赵鼎其实是主张趁势收复中原的，听了高宗的担心后，并未直接表明自己反对和议，而是借他人之口委婉地说：“士大夫多言中原有可图之势，宜进兵。否则，到将来会有人说，朝廷坐失了这大好时机。”

高宗说：“今日之事，势当议和。若不议和，梓宫与母后断无可还之理。”

赵鼎见高宗和意坚决，便也不再坚持。

当日，高宗下诏说：“虽然就像子女归来，做父母的不可能却而不受。但现已遣使与金人议和，沿淮一带或可归来。在此敏感时期，不可擅自派人过淮河招纳，以免引起事端，反为不美。”

此时，王伦已到金国。金左副元帅挞懒就当面责问王伦道：“你们一面派出使者与我议和，一面暗遣细作离间我军民，究竟意欲何为？

是否在欺哄于我，企图进兵?”

王伦忙解释说：“使百姓安居乐业，免遭涂炭，是我主圣上的意思。许是边臣久无战绩，想乘此时占得尺寸之功也未可知，但我主圣上决不知道此事。愿上国相信我主的诚意，与我议和。只要议和，朝廷定会出言约束。到那时，谁还敢乱来?”

不久，传来高宗准备从建康移驾临安并下旨不许招纳伪齐降兵的消息，金人终于相信了宋人的诚意，决定再派使者来宋签订盟约。

## 反对议和的声音

见和议有望成功，高宗非常高兴，特于绍兴八年三月拜秦桧为右仆射、同中书门下平章事兼枢密使，主持和议一事。

五月，金人遣乌陵思谋等前来宋国议和，王伦与之同行。乌陵思谋早在徽宗宣和年间，作为金国的使者就曾来过宋国。

为表示朝廷重视，秦桧特意安排权吏部侍郎魏矼为馆伴，负责接待。谁知魏矼以自己任御史时曾反对议和，因而无法胜任为由，拒不接受任命。

秦桧刚刚当上宰相，主持和议，没想到处理的第一件事就这么不顺利，心中十分不快。于是，秦桧就将魏矼召到都堂，要问个究竟，想知道他为什么反对议和。

魏矼倒也直爽，毫不隐瞒，直言金人不可信，恐其中有诈。

秦桧对这种毫无根据的猜测也不驳斥，只是推己及人地劝道：“你是以智谋揣度敌人，我是以诚挚对待敌人，以诚待人才可以服人。”

谁知魏矼却直筒筒地回复道：“你固然是以诚待敌，但敌人却恐怕不会以诚来待你!”一句话把秦桧噎得半天反应不过来。

见无法说服魏矼，无奈，秦桧只得改派吴表臣充任馆伴。

五月二十四日，朝廷派刑部员外郎李弥逊到平江迎接北使。

二十五日早朝，高宗对辅臣们嘱咐道：“招待北使的规格要稍微优厚一些。早得休兵，免赤子肝脑涂地，才是朕最关心的。”

赵鼎在旁边接口道：“若用兵，不知要花费多少，与招待费简直就没法比。”

高宗又说：“昨天，有人劝朕要注意恤民，朕说：只要不休兵，就不免要取之于民，比如月椿钱之类，就是想免也免不了。而一旦休兵，以往所有取之于民的临时收费，全部取消。”停了一下，又感慨道：“这十几年来，若无军旅之事，专意保民，国家早就富强了。”

赵鼎和秦桧同时应道：“陛下此言，必感动神明，天下太平不会远了。”

两位宰相虽然没有反对议和，却不代表其他大臣不反对与金议和。

枢密副使王庶当时在合肥，听到乌陵思谋要来宋议和后，立刻上书高宗说：“金人无故请和，其中定有阴谋。他们不在徽宗帝死后即报讣音，却在倾国南犯受挫后才报讣音，定是怕我长驱而往，故以此阻我征讨。金人所谓还我土地，不过或以淮河为界，或以黄河为界两策。若以淮河为界，则与我现在实际管辖并无多大出入，没有什么实际意义。若以黄河为界，则经过十多年的战乱，河南之地白骨未敛，几无人迹。我若得了河南之地，十年内无法征税。但如此一来，所需岁币就要由其他诸路取得；另外，我还需派几十万大军驻守在这无用之地。假以时日，不必金人来征伐，我们就会被这些无底洞耗尽钱财而自毙。金人的计谋周密至极，我们不能不熟虑之。”

几乎同时，左宣义郎王之道也上书反对议和。他说：“自靖康以来，国家就失策于议和，结果导致两宫北狩，百姓涂炭。至今已十四年了，仍不觉悟，任由王伦卖国，引贼入室，实在不该。过去，章谊出使金国，使团其他成员皆被拘于中途，只章谊一人到得军前。现在，金使前来，我们应仿此前例，只令其使节一人来行在，而将其他人留在韩世忠军中。一来可以灭灭敌人的锐气，二来可以显示朝廷的尊严。至于议和，则有九不可和一可。九不可是：一、父母之仇，不共戴天，不可不报；二、强敌本性奸诈，盟约不可信；三、靖康之变就在眼前，不可息兵束手待毙；四、刘豫纳岁币不曾有失，一旦失宠即被废，前车之鉴不可不防；五、议和之后，仍得保留军队以防金人叛盟，如此一来，军费之外又加上了岁币，赋税难免更重，此不可不虑；六、多年以来，朝廷屡次进兵终不能得淮北尺寸之地，如今河南之地骤得，朝廷有能力保护吗？此不可得之六也；七、我得河南之地，仍不足以立国，但既已盟约，日后待军力强盛时，还能提出收复全部失地的要求吗？此不可得之七也；八、今天下之权，不在庙堂而在诸将，若不与诸将议，万一金人有诈，谁还会为朝廷战？此不可得之八也；九、既臣事金人，将以何礼待金使？此不可不熟思之。所谓一可，就是没有人会反对金人还我二帝、六宫及祖宗之地。”

没过几天，又有监察御史张戒上书说：“自靖康以来，我从未胜过金人，金人也从未畏惧我们。可金人废了刘豫后，却扬言要还我中原，归我梓宫。这就像无功之赏，必为祸端。以我猜测，若不是要突袭于我，就是怕我趁伪齐不稳袭击于他。我们万万不要幻想不劳力而坐享成功。自古以来，就没有兵不胜而仅凭财货就可以拒敌复国的。”

更有左奉议郎冯时行援引汉高祖刘邦要与项羽分食自己父亲的肉羹的故事，当面劝高宗要大义灭亲，不要为了梓宫和母后与金人议和。不等冯时行将话说完，高宗一边脸色惨然地回应道：“杯羹之语，朕不忍闻。”一边马上就皱着眉头起身走了。事后，高宗在升了冯时行一级官职的同时，将他派到外地去了。

不仅文官反对议和，武将中的韩世忠和岳飞也明确反对议和。岳飞更扬言：“今年若不举兵，则纳节请辞。”

面对如此铺天盖地而来的反对议和的呼声，高宗在雷霆大怒之余也颇觉无奈和不解。他曾向秦桧和赵鼎等大臣诉苦道：“先帝梓宫，若能归还，即使晚个二三年也无妨；但太后春秋已高，朕朝思暮想，希望早日相见。为此，朕不惜屈己议和，众位爱卿怎么就不能体谅朕的苦衷呢？”

秦桧应道：“陛下不惜屈己，与金国讲和，这是人主的孝道；群臣见人主卑屈，心中不平，这是人臣的忠心。可见我君臣的忠孝之心昭之日月。”

赵鼎也劝高宗说：“群臣愤懑之心出于爱君，决无他意，不必太过责问，陛下可委婉回复。非议的人无非是认为金人不可信，而我们的目的是要梓宫和母兄回国。陛下可以向群臣说，只要梓宫和母兄回国，今日回来，明日就可以弃约。这样，我们只有所得，没有损失。群臣知道陛下意在于孝，而不在于和，必能体谅陛下的苦心了。”

高宗听从了赵鼎的建议，在朝堂上委婉地借金太祖阿骨达的口向众大臣表达了自己在议和问题上的态度。他说："前日，王伦曾对朕说，金使乌陵思谋多次对他提到金太祖时宋金两国通好之事。朕记得，当时，像粘罕之辈坚决反对将燕、云之地交与我朝，主张对我朝用兵。只有阿骨达坚持说：我与大宋海上信誓已定，不可失约。如想失约，待我死后再说。结果终于履约。阿骨达真是所谓创世皇帝。由此可见，创业者的想法和做法，必有过人之处。"

高宗的这番话看似闲篇，但柔中带刚，耐人深思。既借阿骨达的口表示了自己和议的决心已下，决不屈服于众议的态度，也没有否定大臣们的拳拳爱君之心。朝中大臣们全都听出了高宗的这双重意思，便不再多言，朝中议论也渐渐平息下来。

六月二十一日，身在外地的王庶见屡次上书无效，再也忍耐不住，专程从淮西赶到行在面谏高宗。这次，除坚决反对议和外，王庶还提出三项应敌之策：

上策是扣押使者，激怒金人，使金人出兵南下。因为金人万万想不到我方会如此强硬，事出意外，金人首先在气势上就输了一筹，所以金人必败。王庶还补充说，乌陵思谋在徽宗宣和年间曾到过当时的北宋都城开封，金人对之非常重用，二圣北狩的主意就是他出的。今天老天给了我们这样一个报仇的机会，让他来送死，就是把他杀了、腌了，都不足以宽解陛下的无穷之怨。我们仅仅是扣留他，实在是太便宜他了。

中策是皇帝不接见使者，一切由臣下处理，随机应变。

下策是姑且示弱，待之以厚礼。等其出境再派兵蹑后，掩其不备，一举而破。

高宗实在听腻了这些不着边际的空话，强忍着怒气，也不作答，拂袖而去，将王庶一个人丢在那里。

## 针锋相对

六月二十五日，金国太原府少尹、河东北路制置都总管乌陵思谋来到行在。

虽说高宗将和议一事交由秦桧主持，但像金使来行在签署盟约这样的大事毕竟还不能完全听凭秦桧一人决断，更何况赵鼎作为左相本身就位居秦桧之上。所以，乌陵思谋来到行在后，高宗就下旨，要赵鼎和秦桧率众执政先在都堂与乌陵思谋谈过之后，自己再与之见面。

乌陵思谋听说要在都堂与众宰执商谈议和之事，而不是在驿馆中单独与宰相商谈，认为有辱自己上国使节的身份，心中十分不满，一再向赵鼎表示反对。无奈，赵鼎坚决不同意乌陵思谋的要求，不得已，乌陵思谋只好到都堂与众宰执议事。

议和还未开始，暗战就已经开始了，谁都想在气势上先占个上风。

乌陵思谋来到都堂，双方以宾主之礼相见过后，赵鼎开门见山地问道："贵使为何而来？"想摆出一副居高临下的态势，语气咄咄逼人。

乌陵思谋马上就感受到了其中的火药味，回复道："应王伦之邀而来。"这句话绵里藏针，意思是说，不是"我"求和，而是"你"求和。

赵鼎见一击未中，语气平缓了许多，又问："准备商议什么？"

乌陵思谋玩起了太极，答道："有好公事要商议。"

赵鼎胸中立时升起了一股无名火，提高了声音说："道君皇帝（即徽宗）梓宫的归期还不得而知，有什么好公事？"

可等了半天，乌陵思谋竟根本没有回答，也根本不想回答。

赵鼎强忍着气，又问两国疆界该如何划分。

乌陵思谋说："在土地问题上，宋朝不可提要求，一切全凭金国处置。"语气中竟还带了些许的轻蔑。

赵鼎一看没法再谈下去，也就不再谈了。

随后，众大臣来到大殿，侍立两旁，阁门使引乌陵思谋等金使上殿面见高宗。

乌陵思谋一行进得殿来，高宗先派王伦传话说："上皇梓宫承蒙上国照管，不知现在太后及渊圣帝（即钦宗）圣体如何？"

王伦传话时，高宗坐在龙椅上哽咽抽泣，举袖拭泪。左右大臣也皆饮泣不已。

乌陵思谋听过王伦传话，并未直接答话，而是朗声说道："三十年旧人无以上报，但望和议早成。"

此时的高宗也平静下来，问道："朝廷数次遣使议和皆无结果，今天贵使却突然来求和，为什么？"

乌陵思谋答道："大金皇帝仁慈，不愿用兵，恐生灵涂炭。望陛下圣断。"

高宗说："兹事体大，还需朝廷议之，贵使可先回馆候之。"

七月初，高宗再派王伦为奉迎梓宫使出使金国。临行前，赵鼎特意向王伦交代了和议的底线：一、高宗登基已久，君臣身份已定，不能以臣下之礼事金；二、以大河为两国边界，这是渊圣皇帝时的旧约，不宜再变。此二事若不成，和议不成。

王伦受之而去。

## 赵鼎辞相

在议和的问题上，赵鼎和秦桧虽都主张议和，但各自的和议底线却有天壤之别：秦桧主张接受金人的条件，以臣事金，赵鼎则坚决不同意。二人为此争执不下，以至朝廷无法形成决策。

一天，早朝过后，秦桧单独留下，与高宗谈到议和一事。

高宗对眼下和议现状十分不满，说："议和一事，大臣之间各执一端，畏首畏尾，如何能成？"

秦桧说："这些人不足与断大事。若陛下决意讲和，望陛下尽早做出决断，即此事只与臣下一人商量，不再许其他大臣干预。不然，此事终将无成。"

高宗十分爽快地同意道："朕同意独与卿议，只望早成。"

秦桧说："这是一个重大的决断，臣望陛下深思熟虑之后再做决定。三日后，臣再问陛下的决断，"

三日过后，高宗仍坚持只由秦桧一人处理和议一事的态度，但秦桧不放心，怕高宗中途变卦，又要高宗再推辞三日再做决定。

就这样又过了三天，秦桧见高宗议和的决心果然十分坚定，这才同意由高宗下诏宣布，今后和议一事由秦桧一人负责，其他大臣不得干预。

赵鼎得知高宗下旨宣布由秦桧一人负责议和一事后，唯恐这是秦桧的阴谋，特地面见高宗提醒道："敌情多诈，现在我朝有人不顾金人多次欺蒙加害于我的事实，一味姑息求安，望陛下明察。"虽然没有说出秦桧的名字，但赵鼎明显是暗示高宗要提防秦桧一味求和，以至上金人的当。

遗憾的是，赵鼎根本没想到，此时迫切求和的是高宗而非秦桧，所以，无论赵鼎如何暗示，高宗都始终不予理会。赵鼎见事已至此，便以有病为名，请求辞去宰相一职。其实，高宗也早就对赵鼎不仅不为自己平息众大臣的议论，反而还多方阻碍和议心存不满，于是降赵鼎为两浙东路安抚制置大使，兼知绍兴府，将赵鼎贬出行在。赵鼎此次为相，前后还不足一年。赵鼎辞相之后，朝廷中就只剩下秦桧一人为相了。

前宰相离行在赴任，高宗还是很给面子的，特意命秦桧率众执政到渡口设宴送行。谁知赵鼎却不领这个情，根本就不入席。与秦桧等执政拱手一一拜别之后，当即登舟准备离去。秦桧挽留道："已得圣旨，要饯送相公，何不稍留片刻?"

赵鼎在船头答道："政见相左，话不投机，留有何用?"

随即转过头去，大声吩咐船夫开船。

秦桧立刻感到脸上有些挂不住，也大声吩咐从人撤席。

二人不欢而散，从此结下了私怨。

## 罢王庶

十一月八日，王伦出使金国回到行在，再次确认了金人曾许下的和议条件。

高宗十分高兴，在朝堂之上对大臣们说："王伦出使归来，金人颇有善意。朕即位十余年来，因敌祸不平，军费浩大，致使重困民力，无惠泽于天下。此次若上天悔祸，敌肯罢兵，休兵之后，朝廷将不仅罢免临时税赋，就是常税，也要有所减免，以苏民困。"

枢密副使王庶一直不相信金人许下的条件是真的，因此反对议和，现在见金人确实不是别有居心，自觉有些下不了台，便开口向高宗请辞道："日前王伦出使议和，臣曾以为和议一定不会成功，王伦一定回不来。现在和议也谈成了，王伦也回来了。可见臣愚暗不明事理，差点坏了陛下的大事。即使陛下以为臣的罪过可以原谅，臣又有何脸面再见陛下？望陛下许臣自免，退归田下。"

高宗见王庶主动认错，很是高兴，也就没有接受王庶的请辞。

谁知过了几日，王庶又故态复萌，再次在朝堂之上老调重弹。王庶说："兵家至论，不过知己知彼而已。现在的敌我情势是敌强我弱，这是连三尺幼童都知道的事实。但王伦却说，和议已成，金人答应尽还旧地。在敌强我弱的情况下，敌人还以如此大度的条件与我和好，这可是从古至今都没有过先例的事情，其中定有奸谋。金人就是再无知，难道会不知道越王勾践的事吗？他们真的会还我土地兵马，让我们强大起来以报不共戴天之仇吗？他们之所以主动讲和，只因老将已死，主幼权分，内部争权夺利；加上淮上荒芜，地无所掠，大江浩渺，天堑难渡。我们千万不要上他们的当。而王伦语言反复，行踪诡秘，也不得不防。"

高宗万万没想到，已经认了错的王庶，居然出尔反尔，仍固执猜忌，不仅猜忌金人，竟连自己派出的使者也不放过，这不明显就是针对着自己的吗？高宗再也受不了了，随即罢了王庶的职，让他回家养老去了。

## 礼仪之争

王伦从金国回来时，金国皇帝本来派了签书宣徽院事萧哲和左司郎中张通古为江南招谕使与王伦一同南来，可是在入南宋边境时，因萧哲等坚持要南宋官员以拜皇帝礼拜诏才肯入境，而京东淮东宣抚处置使韩世忠坚决不肯拜诏，所以王伦来到行在时，萧哲等金使仍滞留在国境的金国一边。王伦来到行在禀明和议成功的同时，韩世忠的奏折也到了朝廷。

十一月九日，韩世忠的第一本奏折到。奏折中说：金使提出要接伴使跪拜接诏才肯入境，这说明金人根本就无意讲和，只是有意为难我方，挑衅生事。金人定有重兵在后，专为挟持，意在不测。韩世忠最后请示高宗，该如何处理。

紧接着，第二天韩世忠又有奏折到，再说道：金使扬言，到行在后，陛下也要易服拜诏。韩世忠认为，陛下若真的俯首称臣，则举国士大夫尽为陪臣，如此一来，人心离散，士气凋阻，实为束手待毙。况陛下是承继大统，应天顺人，决不似刘豫之流由金人立，怎能受此之辱？望陛下收回成命。

见到韩世忠的奏折，高宗是左右为难。韩世忠所说的道理他都懂，也都认为对，他也不愿意屈己议和；但他若不屈已，父皇的梓宫和年老的母后就不可能回到国内，而这对他是更不能忍受的。这就使他既不能驳斥韩世忠，又不能同意韩世忠。万般无奈之下，在好言安慰韩世忠的同时，明确要求韩世忠不得有丝毫懈怠，一定要严戒手下将佐，万勿生事，要保护金使安全。

韩世忠见高宗没有采纳他的意见，于十一、十二日又连续两天上奏，继续反对金使南下。同时提出，希望赶赴行在，当面向高宗解释反对的理由。

如此一天一本奏折，已经搞得高宗头都大了，真要来人，他还不得烦死？高宗真是搞不明白，为了这些虚礼，这些大臣们为什么竟如此固执？和梓宫、母后回国相比，屈一下膝又算得了什么？

但烦归烦，高宗还是亲写手诏，推心置腹地表示了自己坚定议和的态度："朕顺从人心，承继大统。但梓宫未还，母后在远，祖宗陵寝不得洒扫，兄弟宗族不得相聚，十余年间，兵民不得休息。凡此种种，朕日夜思之，痛心不已，所以不惜屈已议和。望卿保护来使，勿致疏虞。"

同时，高宗还特意免除了韩世忠作为地方大员接待金国来使的义务，算做一种妥协或折中的处理方式，使得事情不至于由于一些次要的形式而陷于僵持。

但韩世忠的坚持还是让高宗意识到了礼仪问题的重要性。他清楚地记得，左宣义郎王之道曾说过："今天下之权，不在庙堂而在诸将"，也就是说，解决不好礼仪问题，一旦军队出现问题，甚者可能会使他帝位不稳。他再一次想到了集思广益的办法，希望群臣能替他想出一个两全其美的办法。

十九日，高宗下诏："当金使入境之际，因梓宫、母后未还，祖宗陵寝不得祭拜，军民十余年不得休息，故欲屈己讲和。命在廷侍从台谏之臣，详思所宜，条奏来上。"

二十日，权吏部尚书兼兵部侍郎张焘说："关于金人主动议和的原因，有人认为，是因为金人自知无法自行占有，所以才要议和；也有人说，是因为废掉刘豫之后，人心浮动，怕我来袭，所以才要议和；还有人说，因为契丹有复兴之势，金人此时施恩于我，是为了结无穷之援，所以才要议和；更有人说，金国上下厌兵，希望休息，所以才要议和。凡此种种推测，都有道理。如果金人真的是因为这些而主动议和，可见是老天让他们认识到了自己的罪过，是在顺应老天的意志行事。如此看来，他们一定不会强迫我们行难行之礼，而我们也不必有若不屈己，和议便不会成功的担心。望陛下深思熟虑，不要顺应于敌，而应顺应于天。如果置国家之大耻、宗社之深仇于不顾，不惜屈膝夷狄而臣事之，万一群情鼎沸，王云之事再现，到那时，陛下就是想后悔恐怕也来不及了。"

王云被杀一事，是高宗亲眼所见，当然决不会忘，众怒难犯的道理他也懂。眼下的群情激愤，倒真有些与当年相似。这也正是他要集思广益的初衷，他不愿也决不允许当年的那一幕在现在重演。可他征集上来的意见不仅没有平息群情的办法，反而要他向群情低头，这让他极为不满。

二十二日，高宗专门召秦桧入宫，责问道："近来，士大夫们人心浮动，总是无凭无据妄加猜测，以无为有，搞得人心惶惶。风俗如此躁动不实，朕自然有罪，不过卿等也有责任，都是你们这些身居宰执的重臣们没有做好表率。"

秦桧诚惶诚恐地答道："风俗如此，臣等确实应该承担责任。"

随后匆匆退下，回到都堂与手下商议平息群臣反对和议的办法。

还没等秦桧想出对付群情激愤的大臣们的办法，二十五日，竟有枢密院编修官胡铨上书，公开要求杀王伦、秦桧以谢天下。胡铨在上书中说："王伦本是一奸邪小人，市井无赖（实际情况是：王伦祖上家境显赫，后衰落。年轻时以行侠仗义为己任，往来于开封、洛阳之间，数次触犯法律，皆得免）。只因得到宰相赏识，才被委以重任，出使金国。此人一贯招谣撞骗，欺罔天听，为天下人所切齿唾骂。现在又无故招来敌国使者，以招谕江南为名，实想使我国为金国的臣属。天下者，是祖宗的天下；陛下所居之位，是祖宗之位；怎么能将祖宗的天下变成金人的天下，将祖宗之位变成金国的藩臣之位!？陛下若不觉悟，天下后世将如何看待陛下呢？而今举国上下，万口一词，都想吃王伦的肉。臣也认为，不斩王伦，国将不存。还有秦桧，本是陛下心腹大臣，却劝陛下效仿后晋石敬瑭，割地求生。礼部侍郎曾开曾引石敬瑭的故事说明不可议和，秦桧却厉声责难曾开说：'你知道的故事，难道我就不知道，还需要你来提醒吗?'秦桧狂妄刚愎，专意卖国，已自可见。作为陛下的臣子，我绝不与秦桧等人生活在同一片蓝天之下。望陛下将王伦、秦桧二人的头砍下，挂在竹竿上，立在大街旁。然后羁留敌使，责以无礼，再兴问罪之师。三军将士定会士气百倍，不战而屈人之兵。不然，臣自愿赴东海而死，也不愿留在小朝廷中苟活。"

胡铨唯恐自己的奏折被留中不发，不被天下人知晓，所以在上奏朝廷之前，特意广制副本，在上报朝廷的同时广为散发。一时之间，朝廷内外一片哗然，数日平静不下来。

秦桧见奏折是弹劾自己的，不敢瞒下不报，随即呈给高宗，自己则依惯例上表待罪请辞。

高宗见奏折语言凶悖已是恼火，得知胡铨已将奏折广为散发就更是火上浇油。他认为胡铨表面上是弹劾秦桧、王伦，其实是攻击自己；并且不是要帮自己解决问题，纯粹就是意在惑众，想要博取名声，劫持朝廷。于是，立刻下旨罢免了他的官职，将他发配到昭州编管，还特别强调永不叙用。

同时，安慰秦桧道："朕志已定，卿不必再犹豫。像胡铨这种小官，哪知其中始末原由。他只是肆意攻奸，其实卿何罪之有？时间一长，真相自然大白于天下。"末了，还不无感慨地说："朕本无心称帝，只想奉养母亲而已，没想到却招来这么多议论。"

接到高宗罢免胡铨的旨意，秦桧为难了。他知道朝臣们大多是反对议和的，自己主持议和已是孤立，如果再亲手罢免弹劾自己的胡铨，给人以公报私仇的口实，会遭到更多的攻击。前思后想之后，秦桧向高宗为胡铨求情说："胡铨的奏折中，谈及臣等，若因此被责罚过重，臣等自觉于情义不安，望陛下宽宥。"

顾及秦桧的面子，高宗最终改判胡铨为管理昭州监仓的小吏。同时，为了消除胡铨上书造成的影响，高宗还特意下旨，说明惩处胡铨，不是要堵塞言路，而是惩治别有用心之徒。圣旨中说："陛下为和议一事朝思夕虑，广询博访，兼收并蓄。言有异同，本是正常。但胡铨不是将奏章呈给朝廷，而是私下广为散播。他上谏是假，惑众是真；出谋划策是假，博取声名是真。似这等虚假之徒，必当严惩。"

与此同时，接伴使范同了解到朝廷内的形势，十分担心在陪金使赴行在的途中会出什么事，便上报朝廷，请高宗明示。

二十六日，高宗再次公开表明了自己的态度。他下诏说："只要能使百姓免于兵戈之苦，安居乐业，朕又何必在乎朕一个人的委屈？如果中途出现差错，影响和议，朕当重判你的罪。"

见高宗议和态度如此坚决，大臣们反对议和的矛头便不再指向高宗，而转向具体负责和议的秦桧了。

二十九日，秘书省正字范如圭献书于秦桧："金人总责我狡诈无信，其实他这是贼喊捉贼。自海上结盟，女真借助于我剿灭契丹，契丹既灭，遂背盟犯我开封，其不可信一也；既为城下之盟，依约而退，曾不旋踵，复围太原，其不可信二也；从此以后，讲和的使者项背相望，不曾断绝，而侵犯之兵无岁不有，其不可信三也；既破京城，乃始敛兵议和，诱我二帝出郊，劫之而去，其不可信四也；刘豫为其所立，事之无所不至，一旦失宠，执之如探囊取物，其不可信五也；金人一贯奸诈不可测度如此，怎会偏偏对我诚信相加？相公曾说，如能有助于国家，死亦在所不惜，还怕诽谤吗？相公确实是一片忠心。如果是杀身而有益于君，则志士仁人都会去做；如果是犯众怒而陷君于不义，恐怕就不是谤怨一类的事了。那将是丧身亡国，毒流天下，遗臭万年。只要不是至愚无知、自暴自弃、天夺其魄的疯子，是没人会这么做的。你可别拿圣意坚决、臣下没有办法让陛下回心转意之类的话来搪塞我，我不是三岁的孩子。"

面对如此指责，秦桧实在是无言以答。

群臣如此激烈反对与金议和，与金使自入境以来的所作所为是分不开的。金使一入宋境，便自称带来的国书为诏书，称宋朝为江南（当年，宋太祖赵匡胤就称李煜的南唐为江南），还特别提出，每到一州一县，当地官吏必须以迎接天子诏书的礼节迎接；还说，到了行在之后，高宗本人也必须以臣下之礼接受诏书。这些要求，让从来就有华夷之辨的中原士大夫们根本接受不了，他们无法想象堂堂中国竟会屈膝下拜尚未开化的夷狄。所以，自金使入境以来，从地方官吏到朝廷大臣，抵制朝廷议和的呼声一直十分强烈。

要讲和，因为这是高宗铁定的；同时又要平息大臣们反对议和的愤怒情绪，这让秦桧左右为难，一时不知该怎么办才好。

中书舍人勾龙如渊向秦桧进言道："相公为天下之大计，而群说横起，执意反对，如此下去，大计危矣。何不选主张议和的人担任台官，将反对者尽行劾去？如此则大事可成。"

一句话点醒梦中人。秦桧闻言大喜，知道该如何做了。于是，立刻便升勾龙如渊为御史中丞，掌管台谏大权。朝堂之上，反对议和的声音从此日渐平息。

十二月三日，朝奉大夫冯檝上书道："臣以为，天下事既要坚持原则，又要懂得权宜变化，不能死守教条。因太上皇讣至，朝堂遣使请太上皇梓宫，由此知金人有讲和之意，从而两国使节往返通好。据说，金人答应归梓宫，还土地，但要我朝臣属大金。朝廷为此争议纷纭：士大夫有可杀不可辱之言，诸大将有君辱则臣辱之说，都要举兵以示威。臣以为，若金人无还地归梓宫之意，我们当然不能屈己以奉彼；但如有，则恐此声一出，和议不成，大好的计划就丧失了。陛下的屈己，其实是为父母兄弟、宗庙社稷、祖宗土地、族属臣民而屈的。为父母兄弟、宗庙陵寝而屈是行孝悌；为祖宗土地、族属臣民而屈是施仁慈。陛下屈己而能返父母兄弟、族属臣民于旧都，还祖宗土地于版籍，复宗庙社稷于邦内，一举而兼孝悌仁慈之四德，这是自古帝王也比不上的胸襟。这所谓的屈，真的就是耻辱吗？这只不过是权宜之变罢了。春秋之时，勾践屈于吴王，最终灭了吴国；秦末之际，刘邦屈于项羽，最终打下了汉室江山。这哪里是屈，这不是实实在在的伸吗？另外，兴兵则国虚，国虚则民贫，民贫则上下不亲。这样，敌攻于外，民盗于内，国家必然灭亡；如果和议可成，可裁冗兵、省馈饷、兴农桑、轻课赋、通商贾。如此好事，我们为什么要拒绝呢？臣愿陛下不要受惑于士大夫和诸将的议论，以利多害少为原则，自行决断。”

高宗见到冯楫的奏折非常高兴，就好像暑热天吃了一个冰西瓜，别提有多畅快了。当即下旨，命冯楫与王伦一起处理与金人谈判的事宜。

从此以后，朝堂上关于礼仪的争论也从坚持原则转向权宜变化了。

十二月六日，秦桧上奏道：“我朝应派人与金使商议两国之间礼仪名分之事，应将‘江南’改为‘宋’，将‘招谕’改为‘国信’。另外，关于不受封等事，也应事先说明，免得引起误会。”

高宗准奏。

十六日，勾龙如渊面见高宗说：“昨日，主管殿前司公事杨沂中、主管步军司公事韩世良、主管马军司公事解潜来见臣。他们说，他们刚到都堂递上一本札子，现将副本送到我这里。他们非常担心，万一陛下见金使行屈己之礼，三大将（即韩世忠、张俊、岳飞）责问起来，该如何对答。此话虽隐有挟持之意，但确实牵涉到大利害。万一军民群情汹汹，生出事端，我们不能不早做计议。我当时回复说，诸公不必担心，到时只须以陛下正在守丧为由，让王伦取敌书交到禁中，自然就不会有陛下向金使行屈己之礼的事了。现禀明圣上，若此计可行，望圣上早下谕旨，令使者取敌书送入禁中。”

高宗闻言大喜，没想到很久以来一直困扰他的问题竟能如此解决，不禁失声叫道：“倘若真能如此，那是太好了！”随即吩咐勾龙如渊马上去落实。

二十三日，勾龙如渊到都堂议事。秦桧问：“你建议让王伦从金使手中取来国书，若王伦不肯答应该怎么办？”

勾龙如渊说：“我也正怕王伦借故推辞，所以还请相公和执政们当众与王伦谈妥，使国事早日完成。”

于是，秦桧立刻派人召国信计议使王伦来都堂议事。

勾龙如渊见王伦进了都堂，立刻板起面孔，当着众宰执指责道：“你身为使者，负责与金人谈判，凡事都应在金国与之反复论辩，谈好之后再回国交旨，哪有像你现在这样，条件还没谈好，就和金使一同来行在，使朝廷陷于被动?”

如此劈头盖脸的指责把王伦说蒙了，他没想到费尽心力、舍死忘生的结果竟是招来一顿责骂。心中一酸，他哭着说：“我九死一生，四次出入敌国，没想到中丞还如此责备。”

见王伦如此委屈，秦桧有些过意不去，便宽解道：“中丞没有别的意思，只是希望你将此事善始善终，取了国书交与朝廷，免生枝节。”

王伦自知此事难办，正在犹豫，听秦桧如此说，知道此事已定，多说无益，便应承道：“王伦敢不听命?”

第二天，勾龙如渊和右谏议大夫李谊进宫见高宗，回禀取国书一事的落实情况。高宗得知此事已经落实，心中十分高兴，夸赞了勾龙如渊几句。此次接见金使礼节上的争执圆满解决，使高宗联想到几年前逃难到明州时的事，大为感慨地说：“士大夫们只知为身谋，上次朕在明州拜金使时，就没有人出来为朕说话。”

勾龙如渊恐怕又要扯出什么差头，赶紧解释道：“陛下，今日情势与在明州时有所不同。”

李谊也怕高宗又会想到什么，将来后悔，也以退为进地建议道：“或许应该召三大将来行在，一起商议一下，那样会更妥当一些。”

高宗没有说话。刚才他只是感慨士大夫的势利而已，并不想追究什么。眼下最要紧的是和议早成，如果召三大将再来商量，恐怕只会惹出更多的麻烦。

过了半天，高宗似乎自言自语地说道：“王伦本是和议使者，却到此时还在犹豫；秦桧素主和议，可今天还来请求去职。他走了自然无事，他日金人来只会找朕，哪会找秦桧?”

勾龙如渊见事情已经办完，便与李谊一起退下。

虽说王伦已经答应，但高宗为国书一事总是放心不下。二十七日，又特意将王伦召进宫来，反复叮嘱。

自二十三日答应取国书之后，王伦可谓是夜不能寝，食不甘味。如今又亲许了皇上，王伦更是如坐针毡。出了皇宫，王伦直奔金使住宿的驿馆而来，见金使张通古。先是讲中原皇家守丧的规矩：三年之内不得上大殿处理国家大事；再讲朝中反对议和的阻力。既有据理力争，又有虚言恐吓，说得张通古丈二和尚摸不着头脑，也怕事出意外，最后同意由宰相代皇帝来驿馆拜取国书。

绍兴八年十二月二十八日，王伦入宫回禀高宗事情解决的最终方案。得知金使同意由宰相代自己拜取国书，高宗长长地出了一口气，心里终于踏实了。当即命秦桧去驿馆拜取国书，同时令尚书省张榜宣谕朝廷内外道：“金国使者来，尽割河南、陕西故地，通好于我。并许还梓宫及母兄亲族，全无需索。”

秦桧在驿馆跪受了国书之后，宋金两国之间的和议谈判终于画上了句号。

自靖康以来的十余年间，宋陵间的溪水就一直干涸着。奇怪的是，自金国割地使者来到行在之后，原本干涸的小溪突然涨满了水，这让宋陵旁生活的百姓十分惊叹，立即将这一消息传到行在，认为这是中兴之兆。

## 故土回归

绍兴九年（1139年）正月初五，高宗命同签书枢密院事韩肖胄为国信报谢使，随张通古等大金使者去金国，对许还河南故地向金国皇帝表示感谢。

韩世忠听说和议已成，心中十分不满，决计破坏和约。于是，将手下士兵伪装成红巾军模样，埋伏在洪泽一带，准备在张通古等人返金至楚州时劫杀。

就在张通古和韩肖胄一行来到扬州时，韩世忠手下将官郝卞感觉此事太大，便将此事泄露给淮东转运副使胡昉。胡昉得知此事也是大吃一惊，不敢隐瞒，赶紧密告给韩肖胄。韩肖胄自知其中利害，赶紧禀明朝廷，改道由庐州取道淮西转赴金国。

韩世忠见计谋落空十分气恼，得知是郝卞泄露的秘密，便立刻派人捕杀郝卞。郝卞早有准备，一见风头不对，立刻弃家逃之夭夭。

中国宫廷中的事情总有些让人难以理解。韩世忠不惜以杀使者来破坏和议的事情败露后，高宗不仅没有指责或处罚他，反而将他的官衔由少保升迁至少师。其中的深意，实在令人感慨万分。

九日，高宗非常高兴地对大臣们说：“祖宗陵寝久沦异域，今既已归还，当遣宗室与臣僚前去修奉洒扫。”于是，命大臣将金人归还河南故地一事奏告天地宗庙社稷，同时，升王伦为同签书枢密院事，命他为交割地界使出使金国，并命他迎请梓宫和太后。

十九日，金国皇帝下诏将河南地归还宋朝。诏书中说：“上天不忍泯宋氏社稷，所以才留康王在江南，以安吾南北赤子。如果能偃兵息民，我国岂贪尺寸之地？所以，去年冬天废刘豫，如今又将河南之地重新赐给宋氏。望尔等各安其心，勿忘我上国大恩。虽有大河相隔，尔仍是我的百姓。”

金人割地倒也爽快，到绍兴九年三月，王伦就已将河南故地接收完毕。

故土回归本是一件天大的好事，可朝廷中就是有人看不惯，直到和议生效、土地接收完毕，仍有人上书高宗，表示反对。

右迪功郎杨炜十分认同王庶曾经的观点，说金人还我中原，实际是钓取江南的一大诱饵，目的在于竭我民力财力。他分析说：“河南已成空空之地，所存之人，皆老弱孤寡，已经没有赋税可取。收复河南之后的各项费用，只能从东南数十州的税赋中支取。而东南数十州经十几年的盘剥，已经是骨髓膏血所剩无几，如何支取？有人说，金人这次并无岁币的要求。我劝这些人别太天真了，想当年南唐李煜曾自贬向我大宋称臣，取媚本朝，只为自强。然强弱盛衰之理是天下至理，取媚也改变不了被灭的命运。我太祖太宗做过的事情，难道我们都忘了吗？只是我们现在换做了南唐的位置上。”

秘书省正字樊光远也说：“有无故之福，必有无故之祸。金人灭辽时，燕山六州二十四县本为金人所得，后来给了我朝。本朝竭天下财力，换来的不过几座空城而已。当时以之为福，不想金人一旦变卦，即席卷南下，遂招致无端之祸。望陛下引之为鉴。”

见了这几份奏折，高宗心里别扭得就像吃饭时见到了菜盘中的死苍蝇，食欲一下子全没了一样，收复失地的喜悦，转瞬间就烟消云散了。

# 第十八章　再生波折

## 挞懒遇害

宋人这边为金人归还河南之地闹得不亦乐乎，金人那边也为割还河南之地而明争暗斗。

将河南之地割还给宋朝，其实全是挞懒的主意。挞懒之所以要将河南割还给宋朝，是因他想将山东归为己有。废刘豫，是他的第一步棋；而将河南割还给宋朝，则是他的第二步棋。他的说辞是：刘豫既废，大金的四周很不安宁，军队难免会有枕戈坐甲之劳。再加上以江左为邻，易生摩擦，所以，还不如将河南地赐给大宋，施恩于宋，可保边境无虞。

新皇年小，哪知其中深浅虚实，一听似乎也有道理，便全由挞懒做主了。于是，挞懒便将河南割还宋朝，而将山东留给了自己，并因此而被封为鲁王。

也就是说，宋朝是因挞懒的阴谋而非金国阴谋而获益，宋朝官员们的所谓金国阴谋论实在是无稽之谈。

挞懒达到了自己的目的，得了实惠，当然满意了；可右副元帅金兀术被迫从已经占有的祁州撤走，只有损失，没有收获，当然就不满意了。河南割还之前，他就极力反对；但因挞懒是左副元帅，职位在他之上，他干憋气，毫无办法。河南割还之后，他仍不死心，几次三番以挞懒心怀不轨为名，向幼主完颜亶告密，想以此搬倒挞懒，重新收回河南。但因没有确切证据，完颜亶一直没有表态。

这年七月，秦桧趁挞懒被封为鲁王时写信祝贺，想乘机离间挞懒与金国皇帝之间的关系。不想此信被金兀术得到，当即作为挞懒与宋朝勾结的证据交到金国皇帝完颜亶的手中。铁证如山，可怜挞懒一族八百多口，全被完颜亶给杀了。

## 王伦赴难

此时，王伦接收河南一事已经完毕，正准备再赴金国商议归还梓宫、太后之事。听到挞懒被害的消息后，立刻奏报朝廷，说金廷发生内讧，恐怕事情有变，要朝廷早做准备。可惜王伦的奏报并未引起朝廷的重视，仍命王伦出境。结果，王伦刚到中山府（现河北定县），就被金人给扣押了。

十月，王伦被押到御子林见金国皇帝完颜亶。

完颜亶问："你知道挞懒的罪吗？"

王伦说："不知道。"

完颜亶又问："和议中为什么没有提到岁币，却要割地？你们只知有元帅，还知道有上国吗？"

王伦说："张通古、萧哲带的国书中，许还梓宫、太后及河南地。天下都知道这是上国继续海上之盟的约定，与民休息，派使者通两国之好。"

见在盟约问题上讨不到便宜，完颜亶又转到秦桧给挞懒的信上，说："上次留你在云中，本不想放你回去，后来还是让你回去了。没想到你不仅不知报恩，反而离间我君臣关系，意图不轨。"

于是，便以此为借口，将王伦扣住不放，而命副使蓝公佐回宋，传达金国新的和议条件，王伦则从此再也没有回到宋朝。

绍兴十四年，金国想让王伦担任平滦三路都转运使，王伦始终认为自己是宋臣，坚决不肯接受金国的任命，最后被金人杀害。临刑前，王伦拿出自己的全部积蓄厚赂行刑者缓刑，然后穿戴好宋朝的官服，面对宋朝的方向拜倒，痛哭道："先祖文正公（王伦是真宗朝宰相王旦之弟王勖的玄孙，王旦即文正公）以直道辅相两朝，天下尽知，臣今天怎敢为爱惜性命而担任伪职，辱及先人！"随即从容就死，年六十一岁。

王伦死后，河间地震，雨雹三日不止，人皆哀之。

## 背弃盟约

完颜亶杀了挞懒，金国国内大乱，金国派在淮扬的驻军也纷纷北撤。韩世忠见此是个大好机会，上报朝廷，主张乘虚而入。谁知高宗不同意，说："世忠是个粗人，不识大体。刚刚与金人通好，如果此时趁乱捡便宜，到金国平稳时，还怎么要求他们守信义?"以此驳回了韩世忠的建议。

在金国国内，挞懒既诛，金兀术掌握了金国的兵权。他本就反对割河南地给南宋，此时正好得遂心愿，便积极为收复河南开始了各种准备。

第一个准备是舆论上的，即制造动武的口实。金兀术以挞懒是在条件还未完全谈妥的情况下就擅自割地为由，要求修改已经签订的盟约，提出要增加岁币和南宋必须接受大金的册命、成其藩属的要求。

平心而论，按当时人们的思维习惯，毫无条件地割出已经占有的土地是不正常的。也正因为此，所以挞懒的和议才遭到南宋众多大臣们的猜忌和反对。因为没有人相信这会是真的，没有人相信天上会掉下这么大一张馅饼。但此时再提出这些要求，却又理所当然地遭到了南宋朝廷的拒绝。其实，这也正是金兀术所需要的：国与国之间要发生战争，总还是需要一个说辞。

第二个准备就是整肃军备，秣马厉兵。而这是需要时间的。

绍兴十年（1140年）四月末，金兀术一切准备就绪，以举国之兵集于祁州，计划分四路入侵南宋：一路由聂儿贝勒率领，兵出山东；一路由右副元帅萨里干率领，兵犯陕右；一路由骠骑大将军冀州知府李成率领，兵进河南；最后一路由金兀术亲自率精兵十万，由开封南下。

五月，与金兵一起，金国皇帝完颜亶用武力收回被挞懒割还给南宋的河南诸郡的诏书来到河南。诏书中说："挞懒力请将河南归还宋朝，群臣多不认可。朕以休兵息民之意，断自朕心，许其请。但挞懒不等诏至，擅自割地而不索岁币。事后查明，挞懒包藏祸心，欲自立为主，所以先施惠于宋，以消将来夹攻之患。诛挞懒之后，朕要修改盟约，皆被宋拒。河南中原之地，本为天赐，天与而不取，实为纵敌，为患甚重。今命元帅府领大军数道，并进抚定河南诸郡，并优恤子民。”

五月十四日，葛王完颜亵率数千骑兵来到南京（现河南商丘）城外的宋王台。在金人占领南京期间，南京曾是完颜亵的治下。由于完颜亵的军队纪律严整，秋毫无犯，所以在南京完颜亵深得人心。此次完颜亵故地重回，并未派兵直接进入南京，而是派人进城向军民传话说，此次来南京，绝无杀扰之意，只请路留守出城相见。

南京留守路允迪当然知道完颜亵的意思是让他投降，但作为宋朝臣子，他又如何能向金人投降呢？于是，他穿朝服坐在大堂上，置金使的邀请于不顾。

南京应天府的官吏军民得知消息后，纷纷来到大堂劝路留守出城与完颜亵相见。

路允迪说：“我是朝廷命官，当以死报效朝廷。”

但应天府的官吏军民则以保全百姓为辞，整整劝了路允迪一天。路允迪实在没有办法，只得出城到宋王台会见完颜亵。完颜亵在大帐设酒宴款待路允迪，路允迪为主，完颜亵为客。酒过三巡之后，完颜亵将路允迪送往开封。然后，吹吹打打，率兵进入南京城，秋毫无犯。

据说，路允迪到开封后，七日不食，绝食而亡。

## 能守能战才能和

由于金人败盟，河南诸郡望风而溃，朝堂之上又是一片哗然。朝臣们纷纷指责秦桧一味议和，上了金人的当，瓦解了自家军队的士气，才招致如此惨败。

一日早朝，右正言陈渊上奏高宗说：“臣听说金人尽诛前日主和之人，并尽悔前约，重又提出索取。臣以为，当此之时，和、战二策不可偏执。”表面上说不可偏执，其实是试探着提出战的主张。

高宗一点即通，回应道：“今日之事，不仅不能偏执，还应当以战为主。”

秦桧听了高宗的回话，以为高宗受群臣议论的影响又改变了主和的方略，急忙出班跪奏道：“臣猜想近日一定有许多人说臣有罪，望陛下告知臣下，以免臣下不觉，积成大过。”

高宗马上宽慰秦桧道：“若有人说爱卿有过，朕岂会不让你知？爱卿尽管放心。”

虽然高宗没有承认有人告秦桧的状，但秦桧的心中此时已是七上八下了。

又是一日，给事中冯楫向秦桧建议道：“金人举兵南侵，相公疏于用兵，应早召张浚，以督诸将，挽回颓局。”

正在左右为难，不知该如何决策的秦桧听了冯楫的建议，忽然灵机一动，便想借冯楫的口探一下高宗的真实意图，于是就对冯楫说：“此计甚好。明日早朝，你可向陛下举荐张浚，我相机助你。”

第二天早朝，冯楫向高宗奏本，要求重新启用张浚，督军迎战。没想到高宗听过之后十分生气，竟决绝地说：“朕宁肯覆国，也不再用此人。”看来，高宗因张浚一贯主战致使徽宗客死异乡而深恶痛绝。

知道了高宗的底牌，秦桧心中也有底了。

五月二十五日，高宗对秦桧说：“夷狄之人，不知信义，反复无常，不足为怪。但中原士大夫们不能守节，望风投拜，实在叫人担忧。朕曾听说，能守能战才能和。如果既不能守，又不能战，再信誓旦旦的誓约也不足为恃。先帝真宗朝时，如果没有挞览之死，辽军劣势，何来澶渊的百年之盟?”以战求和的意愿十分明确。

秦桧早就知道了高宗的心思，此时便顺着高宗的思路建言道：“臣听说，德无常师，主善为师；善无常主，协于克一。这是后人评价古时圣人伊尹的话，意思是说，治理国家不可拘泥于一种模式，应适应时势的改变而变换策略。前不久，臣见挞懒有割地讲和之意，所以赞同陛下取河南故土。如今金兀术戕害其叔，变更和议条款，臣则赞同陛下吊民伐罪的策略。臣愿先到江上，勉力诸路将帅通力招讨。望陛下随后也来江上，犒劳将士。效仿汉高祖刘邦，以马上治天下。如臣的建议不可行，望陛下免去臣的官职。”

高宗毫无悬念地接受了秦桧的建议。

第二天，高宗下诏道："去年，金国许归河南及还梓宫、母后，朕作为人子，当以孝悌为先；作为民之父母，当以挽救为重，所以，朕不惮屈己议和，奉表称臣。不想金人出尔反尔，墨迹未干，便复兴兵。河南百姓，休息未久，又遭侵扰。兀术无道，戕害其叔，罔顾人伦道义，天地不容。凡我将帅军民、豪杰之士，有能擒杀金兀术者，若现任节使以上，授以枢柄；未至节使者，委以节度使。其余不论何等职任，能取一路者，即付以一路；能取一州者，即付以一州。并许其可将府库中所有金帛全部赏给兵士。只要竭尽忠勇，视功绩大小，皆有赏赐。朕绝无所惜。"

圣旨一出，宋朝将士士气大振。

## 顺昌大捷

五月中，新任东京副留守刘锜带领一万八千名"八字军"（因脸上文有"誓杀金贼，不负赵王"而得名）从杭州乘船前往东京赴任。行至淮河涡口，听到金人败盟南侵的消息，便舍舟路行，急趋顺昌（现安徽阜阳）。到顺昌时，得到东京已被金人攻克的消息。既然东京已然失守，顺昌知府就挽留刘锜守顺昌城，刘锜欣然应允。

顺昌城矮小简陋，刘锜进城后的第一件事就是修城墙、备战具，整整忙了六天。事情刚刚有点模样，金人就来到了城下。

这是一小股探路的游骑，数量不多，只在城下转了一圈，见顺昌城有防备，转身就走了。

为探知金兵情况，刘锜在城外设伏，捕获了两名金兵。知金兵人数不多，设大寨于三十里外的白龙涡，便派兵夜袭。猝不及防之下，金人被宋军杀得死伤惨重，弃寨而逃。

六月一日，得知顺昌不降的金军都统葛王完颜裒，率龙虎大王两路大军共两万余人来到顺昌城下，发誓要攻下顺昌城。金人来到城下，二话不说，架起云梯蜂拥而上。刘锜气定神闲，指挥神臂弓和强弩弓轮番射敌，挫其锐气，随后再出步兵出城突袭。金人万没想到宋人竟会主动出击，在毫无防备的情况下，纷纷坠入护城河中，大败而归。

初战不利，完颜裒极为恼火，一连几日派重兵强攻，虽不再像第一天那样狼狈，但皆无尺寸之功。

六月五日，久攻不下的完颜裒有些气馁，便移寨于城东二十里的拐李村，想等待后续的大炮鹅车等攻城战具到来再行攻城。

刘锜见金人受挫自撤，便故伎重演，当夜派骁将闾充带五百精兵，在当地人的引导下夜袭敌寨。这夜雷电交加，欲雨未下，闾充借着闪电，摸至寨中，见人就杀。几万人的金军，竟被这几百宋兵杀得东躲西藏，哭爹喊娘。宋兵杀到大寨中间，见一大帅模样的人从毡帐中奔出，一边穿着甲胄，一边大叫道："留我性命，当保天下太平！"话音未落，即被一名宋军砍死。经夜混战，金兵死伤惨重，元气大伤，再也无力攻城了。

远在东京的金兀朮得到顺昌金兵遭袭兵败的消息，立即调集十余万兵马，六七百里的路程，只三日便赶到顺昌。他要牛刀杀鸡。

听到金兀朮将至的消息，刘锜召众将到东城门楼上询问对策。

金人重兵压境，有些宋将还是心中有些没底。便有人提出，敌我兵力悬殊太大，况且我们已经打了不少胜仗，应该见好就收，全军乘船撤退。留得青山在，不怕没柴烧。

刘锜说："虽然敌我兵力悬殊极大，但朝廷养兵十五年，正是为了此时。更何况我军屡挫敌锋，士气正旺，哪有后退的道理？另外，若我军后撤，敌必追击。军中老少一乱，必狼狈挨打。不仅前功尽弃，如果导致敌侵两淮，震惊江浙，则我们平生的报国之志，反而会变成误国之罪。所以，我们不如背城一战，死中求生。"

主帅的决心已下，众将的斗志也都被激励起来了，纷纷主动请战。

刘锜有勇有谋，胆大心细，决不蛮干。他一边安排手下在城外的水源、草丛中撒上毒药，让远道而来的金兵及他们的战马没水喝；一边找来亲随小校曹成吩咐道："一会儿我派探马去城外探查敌情，你二人夹在队伍中。遇到金人，你二人要假装坠马，让金人抓住。敌帅必会向你们问到我的来历，你们就说，我是太平边帅之子，喜好声色犬马，朝廷因为两国讲和，边境无事，所以才派来守东京。只要照我说的去做，必无性命之忧。事成之后，定有重赏。"

交代过后，刘锜即派出探马。行了大半日的路程，宋人的探马果然遇到了金军。探马们掉头便跑，曹成等人假作慌乱，坠下马来。被擒的曹成见到金兀术，依刘锜的吩咐说了。知刘锜是纨绔子弟，金兀术大喜之余，果然没有难为曹成。他随即下令，甩下大炮鹅车等重型攻城战具，轻装前进。

九日傍晚，金兀术率大军来到顺昌城外。见到低矮简陋的城墙，金兀术轻蔑地对诸将们说："如此陋城，有何难攻，我只须轻轻一脚就可以将它踢塌。"

他随即召集众军，下令道："明日早饭过后立即攻城。城破之后，城中成年男子一律斩杀；妇女儿童和财物，全部分给众将士。"还在众军面前折箭为誓，以鼓舞士气。

第二天天刚亮，吃过早饭的金军就开始了攻城。因人和马都喝了有毒的水，战斗力大为消弱，士气也受到了影响。

刘锜这边也好不到哪里去。连日作战的疲劳且不说，单说作战的兵力就实在少得可怜。对外号称两万，但除去老少和受伤减员，此时能够上阵打仗的不过五千人。

不过，由于刘锜使计在先，金人没有带鹅车大炮等重型攻城战具，刘锜整个一上午只坚守不出击，金人一时倒也无计可施。金军的铁甲战马三人为一伍，由苇索相连，齐进齐退，本是战斗力极强，无奈宋军不与之交锋，战马负着重甲，全无用武之地。

就这样双方一直僵持到下午申时。此时正值盛暑，酷热难耐。经过一整天的日晒，敌军早已疲惫不堪。就在这时，刘锜忽然派出一支几百人的小部队呐喊着冲出西门与金人交战。双方军队刚一交手，刘锜马上又派出数千人，悄无声息地出南门直闯敌人阵中，手持长柄锐斧，挥斧便砍。早已疲惫不堪的金军，仓促间组织弓箭手阻止宋军的攻击。无奈宋将赵樽身先士卒，身中数箭仍挥斧杀敌不止。在赵樽的率领下，宋军将士个个拼命厮杀，毫无怯意。面对如此如狼似虎的宋军，金军终于抵挡不住，阵脚大乱，四散逃窜。宋军一阵冲杀，金兀术的三千精锐"铁浮屠"（即亲兵）和号称"常胜军"的拐子马，损失十之七八。

金兀术不愧是金国名将，在兵溃之时，仍能稳住局势，将败军移至城西，重新掘沟建寨以自卫，并想凭借自己在数量上的优势，以围困的方法困住宋军，再取得最终的胜利。

可惜，人算不如天算。当晚，天降大雨，平地水深尺余。刘锜趁雨夜又派兵劫寨，闹得金军整夜不得安宁。

攻又攻不下，围又围不得，金兀朮自与宋军交战以来，第一次在陆战中吃到这么大的苦头，这时他才明白先前围顺昌诸将所说的“如今的南兵决非昔日可比”的意思了。本想牛刀杀鸡的金兀朮根本没有打持久战的准备，坚持了几天之后，见无法迅速取胜，就带着军队撤离了顺昌。

长途跋涉加上几日夜不得休息，金兀朮到泰和县后竟累得躺了两天起不了床。待精力恢复过来之后，金兀朮将围顺昌的众将挨个鞭打责骂了一遍，然后灰溜溜地回到开封。

顺昌大捷的消息传到行在，高宗非常高兴，立刻吩咐大臣们要重赏刘锜。高宗说：“用兵之际，一定要赏罚分明。刘锜以孤军挫敌锋，使兀朮遁去，其功卓然，当委以节钺。”还亲赐手札说：“卿之伟绩，朕所不忘。昔日韩世忠、张俊所建功绩，无法与之相比。”

## 郾城—颖昌大捷

刘锜的顺昌大捷之后不久，湖北京西宣抚使岳飞也收复了蔡州（现河南汝南）。休整了几天后，继续北上。命都统制王贵率主力屯兵于颖昌（现河南许昌），自己则率轻骑驻守郾城（在河南中部）。

金兀朮探得岳飞兵分几处，以为机会来了，便决定集中优势兵力，各个击破。于是，于七月八日，亲率龙虎大王、盖天大王和韩常等部共一万五千多骑兵，直扑郾城。

拐子马是金兀朮手中进攻的重器，除在顺昌之战中没有占到便宜外，在以往的所有战斗中都是战无不胜，攻无不克。此时，金兀朮仍将拐子马作为攻取郾城的重要兵种，列在进攻方阵的正中。

岳飞锐意北伐，对金军战法早已熟烂于心。他深知拐子马的厉害，所以早就准备好了对付拐子马的破解之道。此时在城头之上见金军方阵中身着重甲的拐子马，大笑着对众将说：“金人伎穷矣！”随即吩咐其子岳云率兵出战。并下死命令道："若不胜，杀无赦！"

岳云以步卒为前队，骑兵为后队。步卒皆手持用麻绳捆扎好的长杆快刀，直扑金阵中的拐子马。步卒们并不抬头，挥长刀只砍马腿。拐子马以苇索三三相连，进攻时步步为营，似泰山压顶，坚不可摧。可宋卒的刀柄长，金人刀短够不到宋卒，无法相搏。宋卒挥长刀只需砍断一只马腿，就有三匹马不能行走。失去机动性的骑兵无法进攻，就只剩下了挨打的份。拐子马受此大创，士气大落。宋骑兵乘势而入，金阵于是大乱。

站在远处的金兀术见此情景大叫道："不想我百战百胜的利器，今日竟遇到了克星！"赶紧调派援兵试图稳住阵脚。

此时的岳飞也在阵前观战，见敌军有异动，立即率四十骑亲兵冲入战阵。宋兵见主帅上阵，士气更加旺盛。金兵本已手足无措，遭此一击，顿时瓦解，四下散去。

岳飞知道，金兵虽然受挫，但实力仍在，从郾城败走之后必然再攻颖昌。于是，兵胜回城之后，立即又命岳云率八百亲兵速去颖昌，增援王贵。

果如岳飞所料，金兀术虽然兵败郾城，但并不死心，整兵之后又向颖昌进发。

此时，岳云已赶到颖昌。于是，都统制王贵令董先、胡清守城，自己则带着统制官杨再兴、王籣、高林等出城作战；岳云也带着八百亲兵一起出战。

此战十分惨烈，岳云率亲兵"人为血人，马为血马"，几进几出，杀了金兀术的女婿夏金吾和副统军粘罕索贝勒；统制官杨再兴单枪匹马闯入敌阵，杀敌数百，差点捉住金兀术，最终，不幸中箭身亡。但金军仍然占据优势，双方难解难分打了三个多时辰。幸亏守城的董先、胡清及时率守城军队出城参战，才扭转了战场的形式。金兀术最终败退而去，返回开封。

战后，从杨再兴尸体上取下的箭头竟多达两升。王籣、高林也战死沙场。

郾城—颖昌之战，从七月八日开始至十八日历时十一天，以岳家军的大获全胜而结束。

两战皆胜，岳飞信心大增，认为此时正是乘胜追击、收复中原的大好时机。于是，一边奏请高宗，希望进军开封，收复中原；一边不等高宗下旨，便挥师进军朱仙镇，与金兀朮对垒而阵。朱仙镇距开封仅四十五里的路程。

见收复开封指日可待，岳飞十分兴奋。他激动地与部下约定："直捣黄龙府，与诸君痛饮尔!"

## 高宗的心思

顺昌大捷，郾城—颍昌大捷，两次大捷让高宗心中非常高兴。但他的高兴与岳飞等人的高兴不同，他高兴的不是终于可以用武力收复中原，而是高兴终于有实力可以与金人进行真正的谈判了，是梓宫和母后终于可以回国了。

所以面对岳飞等人的胜利，高宗公开表明了自己的态度："仅仅收复州县，并非良策。因为收复之后，如果要守，则兵分而势弱，易受攻击；如果不守，马上又会被敌人夺回去，不仅没有益处，反使生灵涂炭。攻击敌人一定要深思熟虑，万全之后，再一举而逐敌。到那时，州县皆真正归我所有了，何必仅凭武力一州一县地攻取呢？用兵盖不得已之事，岂可以攻战为乐？朕自始至今，唯以和好为念，兼爱南北之民，以柔道御之。只知恃力而为，也许会取胜，但绝不能成功。"

这只会取胜，不能成功一句，实在耐人寻味。

所以毫不奇怪，在岳飞奏请高宗派师增援，一举收复开封等地时，高宗听从了台官罗振关于宋国兵微将少，民困国乏，若让岳飞继续深入中原，会非常危险的建议，下旨令岳飞班师。圣旨中说："待将来兵强将众，粮草充足，再兴师北伐，一雪前耻，此万全之策。"

其实，在自己的父亲已经含冤客死他乡，母亲又被扣为人质的情况下，深受儒家"万恶淫为首，百善孝当先"思想熏陶的高宗，以"孝"为治国基本理念的高宗，如何会置自己母亲的生死不顾而妄动武力呢？

秦桧深知高宗的心思，所以还在郾城—颍昌战役之前，就命同样取胜的张俊率所部弃亳州，渡淮河退守寿春；后来又将驻守在顺昌的刘锜调往镇江；而让岳飞抽调兵力回防顺昌。其目的，就是要实现高宗的战略：以战守求和。

也就是说，岳飞的郾城—颖昌之战，是在没有友军配合的情况下，由岳家军单独进行的。虽然胜了，但从大局上看，是非常危险的。

可就在这种十分危险的情况下，岳飞见了朝廷要其班师的旨意后，不仅不准备执行，反而还上了一道言词十分激烈的《乞止班师诏奏略》，坚决反对班师。奏折中有“今豪杰向风，士卒用命，天时人事，强弱已见。功及垂成，时不再来，机难轻失”的句子，强烈要求武力收复中原。

打了胜仗，高宗当然高兴，但不听指挥，却是高宗绝不能允许的。见岳飞如此固执，高宗十分生气，他绝不能让岳飞坏了自己的大事。在强压怒气写了一封措辞委婉的亲笔诏后，又在一天当中接连亲笔签发了十三道金牌，在每道金牌上都写着“飞孤军不可久留，令班师赴阙奏事”的圣旨，强令岳飞班师。

岳飞毕竟是朝廷的命官，岳家军毕竟是朝廷的军队，面对如此强硬的旨意，再固执的岳飞也不得不屈服。更何况岳飞是孤军深入，金军在数量和装备上都远远超过自己，仅从军事的角度看，也不允许岳飞久留朱仙镇。为防金人尾随追击，岳飞故意假言要继续进兵深入，待金人退避之后，才突然传令回军。

金人得知岳飞撤军，随即出兵南下，在陈州附近追上岳飞。此时，金军和岳家军之间攻守异势。面对金军的攻击，岳飞几不能支。紧急之下，急忙向刘锜求援。在刘锜的配合下，才安然撤回防地。就这样，颖昌、淮宁、蔡州等诸州，皆又被金人所取。

如此狼狈班师，让岳飞十分气恼。他越想越窝火，还未回到防地，便上奏朝廷要求解除兵权。并不等高宗批复，再一次擅自前往庐山，到母亲的墓前去了。

高宗见到岳飞的辞呈，仍不许岳飞请辞，而是命他立即赴行在述职。没有办法，岳飞只好又一次从庐山赶赴行在。

七月二十二日，高宗在行在召见岳飞。此次召见气氛十分冷淡，高宗一再向岳飞垂问对金的对策，而对高宗十分不满、早已失去信心的岳飞再也不准备出谋划策了，只是拜谢不答。高宗知道岳飞仍在对朱仙镇撤军一事心存不满，便委婉地申斥道："作为大将，其实有贤将与才将之分。贤将识君臣大义，知遵朝廷的旨意和礼制，以安天下社稷为己任，不应过于追求战功。至于才将，则专致于战胜攻取，一意于功名爵赏，而未必识朝廷大体及社稷久远利害。追求战功是士卒们做的，如果只凭战功才给大将加官进爵，这不是把大将当士卒对待了吗？"

岳飞知道这是对他不从朝廷法度，抗旨不班师的批评，但他也正因这班师而对高宗不满。所以他既不答，也不辩，始终克制着自己，只是一再拜谢而已。

召见过后，高宗对岳飞更加不满。但一时也未发作，只是让他重返鄂州防地去了。

事后，高宗对张俊说："唐朝大将郭子仪统兵时，国家多难。他虽统兵在外，但对朝廷忠心不二。只要有旨，他马上就会启程赴京，决无半点迟疑。所以他不仅终身荣华富贵，并且荫及子孙。现在，卿所管的兵是朝廷的兵，如果你能像郭子仪那样忠于朝廷，也不仅可保终身富贵，同样可以荫及子孙。若认为手握兵权就可以轻视朝廷，有令不行，不仅子孙会无福可享，恐怕自身还会有不测之祸。卿应该有所警惕。"

如此以岳飞为反面教材教育其他将帅，除了反映出高宗绝对不允许在岳飞身上出现的情形在其他将帅身上出现外，还反映出他对岳飞本人的极度不满。

## 濠州之战

绍兴十一年（1141 年）正月，金兀术再次调集十余万大军南下，进犯寿春（现安徽寿县）。朝廷闻讯，立即命淮北宣抚判官刘锜率本部兵马自太平州渡江以解寿春之围。当时，刘锜统步兵不足两万，战马也只数百而已。同时，朝廷还命淮西宣抚使张俊赴建康拒敌；命殿前都指挥使、淮北宣抚副使杨沂中带禁卫师三万人从临安赶赴淮西前线。

二十五日，刘锜率兵来到庐州（现安徽合肥巢县）城下。当时，寿春守臣孙晖与统制官雷仲已经弃城逃走，金人陷寿春后已进兵淮上；而庐州帅已死，城中一无守臣，二无防御器具，官吏军民也已逃遁殆尽。刘锜军队刚到，辎重尚远，而金人游骑已到附近。权衡过后，刘锜在庐州连城都没进，当即率兵原路返回。

二十六日，金兵进入庐州，并遣数千轻骑追袭刘锜。当晚，金兵在西山口附近追上刘锜的军队。当时，天正下着小雨，刘锜的军马连日行军，早已人困马乏，实在无力再战。刘锜便亲率数百亲兵殿后，守住山口，而让其他将士饱食战饭，然后列阵以待敌军。

金兵追至近前，见刘锜大军阵容整齐，旌旗不乱，也不敢贸然进击，只停在远处观望。两军一直相持到天黑，才各自退兵结寨休息。

第二天，刘锜依然井然有序地撤军。到东关后，依水据山安下营寨。金人仍然不敢贸然进攻。

由于刘锜军队就在身边，所以金人虽然占了庐州，但因恐怕刘锜断其归路，所以一直未敢渡江，江南的局势稍缓。

二月初，朝廷命淮西宣抚使张俊、淮北宣抚副使杨沂中和淮北宣抚判官刘锜，合军并力攻击金军。

二月四日，张俊奉旨从采石渡江西进，七日在含山县东与金兵相遇，击败了金兵。

刘锜得知张俊已经出兵渡过长江，作为配合，也出兵清溪邀击金军，并收复了巢县。此时，张俊的先锋部队已到含山一带，庐州界内的金兵得知这一消息全部北撤。

十四日，宋军收复了昭关。

十八日，三路宋军共八万人在巢县北面的柘皋镇打败了十万金军。

二十四日，宋军收复了庐州。

捷报传来，高宗非常高兴。他颇为自得地对宰执们说：“因为金人逼近长江，中外议论纷纷，皆以为忧。只有朕独自静坐，思索良策。只有各种利害都看得清清楚楚，才能以静制动，确保万全。若心中没有定见，人云亦云，随物而转，怎么可以应变？现在，就是放开镇江一路不派兵守护，叫他们渡江来攻我，他也不敢来！”

众宰执们异口同声地应道：“陛下英明，臣等自愧不如。”

高宗又说："此次祸首是金兀术，要告知诸将，只要抓住金兀术就可以了，不要滥杀士卒。当年澶渊之役，挞览死后，真宗就命诸将按兵不动，放契丹兵退去，也不追杀。这是朕的家法，兼爱南北之民，少害生灵。"

众宰执又齐声承诺，并将高宗的旨意传到前线。

收复了庐州之后，张俊就收到了濠州（现安徽凤阳）守臣王进的告急文书，说濠州已被金人围困，情形十分危险，请求增援。张俊接到告急文书后，即与杨沂中、刘锜各率本部继续北上，增援濠州。

三月五日，他们来到寿春附近，聚兵一处商议下一步的作战计划。因不知金军虚实，决定先派出探马，然后再定。探马还未派出，就有从濠州逃难出来的百姓对张俊说，金人已经渡淮而去，濠州之围已解。张俊听到这个消息后大喜，以为金人经柘皋镇一败，士气全无，见濠州久攻不下，已经知难而退。当即与杨沂中商议，决定撤军回江南。当然，因为王进曾有告急文书在先，他还要象征性地去濠州例行一下公事。于是，张俊设酒席款待刘锜，席间向刘锜交代说："相公手下都是步卒，久战在外，实在辛苦。现濠州之围已解，相公就不必再长途跋涉去增援了。相公可由采石渡口径回太平。我和杨太尉到濠州炫耀一下实力，安抚一下百姓，然后我取道宣化回金陵，杨太尉由瓜州回临安。"

张俊是顶头上司，刘锜如何会有异议？酒席过后，刘锜即统兵先行。随后，张俊和杨沂中也统兵奔濠州而去。

六日平明，张俊和杨沂中拔寨继续上路。刚走不过数里，就接到金人攻打濠州甚急的谍报。张俊简直就不敢相信自己的耳朵，他怎么也想不明白，刚刚撤走了的金人，怎么又回来了？他的第一个反应就是打硬仗少不了刘锜，于是马上派人通知刘锜，立即调转马头，尾随在张、杨两军的后面，向濠州进发。

因事发突然，仓促间，刘锜的军队只准备了十天的粮食。

九日，张俊、杨沂中、刘锜来到离濠州只有六十里的黄连埠。在这里，他们得到了濠州城已经失陷的消息。谍报说，金人杀了王进，尽掠城中百姓，已经掘毁城池而去。

张俊召杨沂中和刘锜商议对策。刘锜问："两府想如何对策？"

张俊没有答话。

杨沂中脱口而出道："打呗！相公与张太尉在后，我在前。有进无退，定能取胜。"

刘锜说："我军虽锐，但纪律稍有不足。并且我军此行的目的是解濠州之围，如今濠州已经失守，这对我军士气打击很大，人心思归。另外，我们粮食将尽，又身处旷野，如果贸然进攻，一定很危险。在我看来，我们应先扎下营寨，固住根本，然后再出兵袭击。望两府采纳。"

张俊采纳了刘锜的建议，安下营寨，选出精锐，准备来日再战。

当晚，张俊派出数批探马前去侦察敌情，回来都说濠州城内没有金兵。有人就分析说，可能是金人破城之后，因为无所凭借，又怕宋朝大军前来攻击，所以已经撤走了。张俊仍不放心，又派了数百探马前去探寻，仍没见到金人。

张俊这回彻底放心了。于是派人通知刘锜说，已不需相公出兵了。

时至四更，杨沂中与统制官王德率两千骑兵从黄连埠出发前往濠州，另有军中选出的万余精锐随后策应。

十日午时，杨沂中、王德率领的骑兵来到濠州城西的岭上，还未列好阵型，就见城南方向烟尘大起，有万余骑金兵风驰电掣般疾驶而来。

杨沂中一见不好，知道中计了，张口便问王德："怎么办？"

王德哪愿承担责任？便说："王德不过一统制官，怎敢参与决策？一切唯太尉是瞻。"

仓皇之中，杨沂中举马鞭指着军队说："那回……"

整句话还未说完，众将便以为是下令撤退，于是立刻调转马头，乱纷纷顿作鸟兽散。跟在骑兵后面的步卒根本不知道前面发生了什么，见骑兵四下散去，也跟着拼命逃窜。步卒毕竟比不上马快，金兵战马追上宋军步卒，宋军步卒死伤惨重。

驻扎在黄连埠的宋军闻败，皆拔寨而起，向南退去，刘锜率本部兵马殿后。金人见刘锜殿后，也不追赶，任由宋军撤离。

此次濠州之战，高宗本来也命岳飞参战，可是岳飞一直对朱仙镇撤军一事耿耿于怀。接旨后，先以粮草不足为名驻兵淮西不肯出兵；

后来又否定高宗将金人挡在长江以北的方略，希望由自己或长驱京、洛，直捣金军空虚的大后方；或自蕲州、黄州绕到敌军背后，与张俊等三路大军形成夹击之势，把金军围歼于江、淮之间。

高宗一开始不同意岳飞的方略，无奈岳飞坚持己见，反复申辩，高宗催促十七次都不起作用。最后，高宗终于答应岳飞由蕲、黄绕到敌后，与张俊夹击金军。为此，高宗还亲降手札说："社稷存亡，在卿此举。"岳飞这才出兵。但因耽搁时间太久，直到金兵从濠州全部撤出，岳飞的兵才来到蕲州境上。

张俊和秦桧由此皆恨岳飞见死不救，高宗也从此萌生了杀岳飞的想法。

## 收兵权

濠州之战虽然以宋军战败告终，但自此次金人渡淮南侵以来，金人却遭遇了顺昌、郾城—颍昌和柘皋三次败仗。所以，总的来说，宋军在军事上似乎更占上风，这使信奉能战能守才能和的高宗心中有了底。但在这一系列的战役中，岳飞几次抗命，都是连下了十几道谕令之后，朝廷的意图才得以执行。这又让高宗感到了十分的不安，感到了收回兵权的迫切性。

这期间，翰林学士汪藻也曾上书提醒高宗说："自古以来，兵权交给别人太久就没有不成祸害的。放权容易收权难，枢密院已经指挥失灵了，陛下万不可掉以轻心。"

其实，早在两年多前，监察御史张戒就和高宗谈过诸大将兵权太重的问题，建言以提拔偏将的方式削弱诸大将的兵权；左宣义郎王之道也曾说过"今天下之权，不在庙堂而在诸将"的话；后来，御史中丞勾龙如渊还特意提醒高宗，如三大将在议和问题上不予合作，可能会带来很大的麻烦；而韩世忠等人也确有违逆圣意破坏和议的举措。所有这一切，高宗都忍了，因为他觉得时机还不成熟，他还没切实感受到来自三大将的威胁。

但岳飞这几次抗命，使高宗第一次明确意识到自己的权威受到了严重的挑战，收回兵权一事再也不能拖延了。于是，便命秦桧着手实施。

秦桧接旨后十分头疼，他知道这是一件十分棘手的事情，弄得不好，可能会闹出大乱子。给事中范同向秦桧献计，要秦桧以朝廷论功行赏为名，召张俊、韩世忠、岳飞赴行在，以明升暗降的方式剥夺他们的兵权。

召三大将来行在的旨意是以高宗的名义发出的，诏书发出后，张俊和韩世忠如期而至，唯有岳飞迟迟不到。秦桧本就对岳飞极不放心，此次闻诏不至，更叫秦桧寝食难安，生怕哪里会出什么纰漏，引起岳飞的猜忌，以至功亏一篑。提心吊胆地过了几天之后，秦桧实在绷不住了，便去找参知政事王次翁商量。王次翁认为，以公开设宴款待张俊和韩世忠为饵，消去岳飞心中的疑忌，岳飞一定会来。秦桧闻言，欣然采纳。

于是，在四月的西子湖上，出现了几只雕花漆木、鎏金涂彩的大舟船，在宽敞明亮的船舱里，秦桧大摆筵宴，款待张俊和韩世忠，还美其名曰："姑待岳少保来矣。"虽整夜整夜地睡不着觉，但在白天，秦桧却总以淡定闲暇示人。丰盛的酒宴一直摆了六七天，直到四月二十二日，岳飞才来到行在。

岳飞的到来，让秦桧终于将一颗悬着的心放回到了肚子里。

二十四日，论功行赏的仪式在西子湖上举行。庆功宴上，粉黛起舞，丝竹悠扬，举杯畅饮之际，秦桧宣读了高宗的三道圣旨：升韩世忠、张俊为枢密使，岳飞为枢密副使。并宣布，从任命之日起，各枢密使、副使，立即赴本院上任。也就是说，从宣布圣旨的那一刻起，韩世忠等三大将连返回军队向后任交接职责的权力都没有了。

皇帝的圣旨是金口玉言，绝无更改的可能。事已至此，三大将闻诏，当场拜受。

第二天，高宗召见了三大将，冠冕堂皇地说："朕昔日委卿等一路宣抚之权，实在是大材小用。现朕委卿等以枢府本兵之权，望卿等团结一心，勿分彼此。似这样各路宋军拧成一股绳，如金兀术之类，何足挂齿！"

二十七日，高宗正式下诏，取消各路宣抚司，明令如遇出兵事宜，一律临时向朝廷请旨。所谓朝廷也不仅仅是本该署理军务的枢密院，而是由三省和枢密院共同署理。同时还下旨，各宣抚司的统制官等将校都加“御前军”的头衔，各率一军，互不统属。所谓“各率一军，互不统属”，其实质是大大地加强了这些将校们的权力。众将校获此意想不到的好处，无不欣然受命。由此，朝廷完全割断了三大将与原属将士的联系，根本消除了发生兵变的隐患。

剥夺三大将兵权的举措，就这样不动声色地在明升暗降的转换中完成了。

高宗对秦桧的所作所为非常满意，六月，拜秦桧为左仆射、同中书门下平章事兼枢密使，并进封庆国公。

## 岳飞之死

升了岳飞等人的职，其实只是收回兵权的第一步。两个多月后，彻底收回兵权的第二步就又开始了。

七月十六日，此时的御史中丞何铸首先发难，上本弹劾岳飞，说岳飞在援淮西时，肆意抗旨，不按时发兵，结果造成张俊等军濠州大败，要求朝廷罢免岳飞枢密副使一职。

在岳飞援淮西的问题上，高宗对岳飞也是极为不满，但因高宗最终还是同意了岳飞的方略，所以高宗虽然马上就公开表态责怪岳飞，但他没有提及淮西的事。

高宗的表态明显就是一种暗示，于是，朝廷中对于岳飞的谤议一时四起。

岳飞一身是胆，却总是不得施展，心中早有功成身退的想法；虽也曾几次不辞而别，却皆因高宗一再挽留而留在任上。此次见高宗也流露出不满，便又一次上表请辞。八月九日，高宗免了岳飞枢密副使一职，岳飞便回庐山闲居去了。

也该出事。

在朝廷收回三大将兵权，命各宣抚司的统制官互不相属时，还有一条命令，即命这些统制官分批到行在听旨。所谓到行在听旨，其实就是先将统制官和他们所统领的士兵分开，然后对其中部分统制官进行筛选清理的委婉表述。

八月中旬，也就是岳飞被罢官之后不久，朝廷命岳飞原部下、鄂州副都统张宪赴行在听旨。

当时，鄂州都统制王贵赴镇江枢密行府述职不在鄂州，鄂州的一切军务都暂由张宪负责。岳飞刚被罢了官，朝廷就召张宪去行在听旨，这叫张宪有一种不祥的预感，就与手下众将商议如何定夺。

据后来鄂州前军副统制王俊的供词说：张宪当时主张率兵赴行在，请皇上允许岳飞重回军中统兵，并说这是岳云的意思；但有人不同意，认为不如率兵渡江撤往京西，这样朝廷一定会派岳飞来安抚军队，这么做既安全又能达到目的；后来又有人提出，应以金人侵犯为由，直接上书请旨，希望由岳飞重新掌兵。最终，张宪采纳了最后的建议，上书朝廷，希望岳飞重返军队。

张宪密谋此事，当然只在几个心腹中进行。但不知是谁走漏了消息，此事竟闹得全军上上下下人心惶惶。待王贵从镇江返回鄂州后，王俊立刻向王贵禀告了此事。王贵闻言大吃一惊，当即以传达军情为由召诸统制来大帐议事。张宪被蒙在鼓里，随众统制来见王贵，结果被王贵当场擒获，并立即被送往镇江枢密行府。枢密使张俊见到王俊的供状也是大吃一惊，不敢怠慢，立刻又将张宪送往大理寺，交由朝廷处理。同时，还将岳云也抓捕入狱。

统兵官居然想以军队要挟朝廷启用已被罢免的命官，这与谋反有何区别？秦桧等人本就对岳飞不满，总认为他对朝廷有二心，如今在此事中竟有岳云参与其中，于是认定，这一定是岳飞被免之后心怀不满，在幕后主使所为。于是，便上报高宗，请求捉拿岳飞入狱审问。高宗准奏。

既得圣旨，秦桧便派殿前都指挥使杨沂中去庐山召岳飞到朝廷候旨。此时的岳飞全然不知张宪、岳云被抓一事，所以接旨后立刻随杨沂中赶赴朝廷。

十月十三日，岳飞一行刚到临安，秦桧派人传下话来，要岳飞径到朝廷听旨。杨沂中借故回府，只岳飞一人随传旨官继续乘轿前行。岳飞在轿内心中忐忑不安，不知朝廷究竟为何要将他召来。待他打开轿帘向外看时，惊愕地发现自己竟来到了大理寺门口。岳飞脱口而出，向传旨官问道："为何要将我带到这里?"谁知传旨官并不答话，继续引岳飞进到院内，至一客厅前才让岳飞下轿。将岳飞引入房间后，传旨官及所有随行人员全部散去。

岳飞环顾室内，只见室内空无一人，四面的窗户上皆有垂帘遮住了窗外的景色。岳飞找一座位坐下，不过片刻，忽见数名官吏来到室内，对岳飞说："这里不是相公坐的地方，中丞在后厅请相公去核实几件事情。"

此时岳飞已经知道事情不妙，但还不知究竟是为什么，就问："我一直为国效力，为什么会将我带到这里?"

为首的官吏并不答话，只是笑着将岳飞向院后引去。最后来到一室，进得门来，只见张宪、岳云赤身裸体地被绑在木桩上，浑身鲜血淋淋，痛苦地呻吟着。

御史中丞何铸从一旁的座位上站起来，将王俊、王贵告张宪、岳云、岳飞谋反的状纸递给岳飞说："国家有什么亏欠你三人的地方，你们却要谋反?"

岳飞将状纸迅速扫视了一遍，气愤地说："对天盟誓，我决无背叛国家的地方！你们既掌国家法律，就不该陷害忠良。如此无中生有，我就是到了阴曹地府，也要找你们说个明白!"

何铸说："张宪都已经招了，你还嘴硬什么？在天竺寺墙上题反诗的事你还记得吗？这不都是你谋反的证据?"

岳飞有一次游天竺寺时，在墙上写的诗中，曾有"寒门何日载富贵"一句。他不明白，这怎么竟成了谋反的证据？岳飞知道这些人都是秦桧一党，再申辩也无用处，心中一寒，长叹一声："既已落入秦桧国贼之手，我为国的一片忠心，就都付之东流了!"

说过之后，闭上双眼，任其拷打，再不说话。

何铸对岳飞有极深的成见，也曾弹劾过岳飞，所以主审岳飞时尽管岳飞从不认罪，他也毫不容情。但严刑拷打之时，发现岳飞脊背上深入皮肤的"尽忠报国"四个大字，却让何铸为之一震。

而在接下来的审讯过程中，何铸发现此案确实疑窦重重：王俊首供说岳飞曾有信给张宪，却没有证据；说是由岳云转交的，可岳云也拒不承认。在供状中，张宪是认罪了；可在对证时，张宪又一直不服。而在王俊的首告状中，王俊也承认并未见到张宪与岳飞之间有任何人员往来。凡此种种，终使何铸认为此案缺乏定案的依据，应是冤案。

当何铸将自己的审案结论禀明秦桧时，没想到秦桧竟沉下脸来说了这么一句："此上意也。"

秦桧一句话泄露了天机。岳飞谋反与否在此时已不重要了，重要的是高宗已经认定岳飞谋反了。秦桧认为，作为臣下，就应该按着皇帝的旨意办案。

谁知何铸却有自己的主张，宁肯拂逆上意。他说："铸岂肯仅为区区岳飞鸣冤？只是强敌未灭，无故戮一大将，非社稷之长计！"

秦桧没想到何铸竟连皇上的旨意也敢不从，气得他瞠目结舌，说不出话来。没办法，只得免了何铸，改由万俟卨主审。

岳飞蒙冤尽人皆知，大理寺的狱卒见他尽忠报国，宁死不屈，也都敬他是条汉子，对他十分恭敬照顾，这给身处绝境的岳飞带来一丝安慰。

可有一天，一个以前一直对岳飞十分恭敬的狱卒忽然面露轻视，倚门斜立，全无了平时的恭敬。岳飞非常奇怪，就问为什么。狱卒说："我平生以岳飞为忠臣，所以服侍岳飞甚谨，丝毫不敢怠慢。直到今天我才知道，岳飞其实是逆臣。"

岳飞更糊涂了，就叫狱卒把话说清楚。

狱卒说："自古以来，君臣之间是不能存有怀疑的。君一旦疑臣，一定要杀了臣；臣一旦疑君，一定会造反；如果臣怀疑被君疑而不造反，一定会被君疑而被杀；如果君怀疑臣而不杀臣，一定会被臣疑而造反。所以，君臣之间如果有了怀疑，必定天下大乱。现在是君疑臣，所以你才被送到这里，岂有再活着出去的道理？如果少保你不死，一旦出狱，定会怀疑君，怎么会不造反？这不都是明摆着的吗？所以我说你岳少保一定是逆臣。"

狱卒的话仿佛是当头棒喝，喝醒了一直以忠臣自居的岳飞，他突然明白了要想做忠臣就一定要死的道理。他仰头望天，半晌无语。思索过后，他向狱卒索要了纸笔，签写了认罪的状纸。

韩世忠一直关注着岳飞一案，认定岳飞不会谋反。曾当面质问秦桧说："说岳飞授意岳云给张宪写信一事并无实证，为何要治岳飞的罪?"

秦桧答道："烧毁证据是极普通的事。岳云给张宪的信虽说没有物证，但这事是可能有（莫须有）的。"

韩世忠大怒道："就凭'可能有'三个字，何以服天下!"

此时的韩世忠虽然还有枢密使的头衔，但说话已经没有了分量。

最后，大理寺认定岳飞的罪名有二：

一、岳飞曾在众将面前说自己与太祖（赵匡胤）都是三十岁即为节度使，这是对太祖的大不敬；

二、在金人犯淮西时，朝廷连发十七道圣旨要岳飞出兵救援，岳飞都以各种借口拖延，此为拥兵逗留。

绍兴十一年十二月二十九日，三十九岁的岳飞死于大理寺狱中。作为忠臣，画上了完美的句号。

# 第十九章　最终的结局

## 和议终成

南侵失败，使金兀术充分感受到了中原民族的英勇顽强，他开始清醒地认识到南宋决不是想象中那个任人宰割的弱者，而是一个必须重视与值得尊重的对手。于是，他萌生了议和的念头。从此以后，他也一改以往好战的立场，在随后的政治生活中，面对金朝中的主战派，他坚定地主张与南宋和睦相处。当然，这是后话。

绍兴十一年八月中旬，也就是在岳飞被罢官之后不久，金兀术放回被扣押在金国的宋朝使者莫将和韩恕，表面上是通知南宋说，他又要举兵南下，背后的意思是希望南宋派人求和。

高宗心领神会，马上派出使者出使金国，探询金国的底细。只半个月，使者就带回金兀术的口信，要南宋派出职位高的大臣前去和谈。得到金国的确切消息，高宗十分高兴。

九月十三日，高宗对大臣们说："现在看来，是上天悔祸，金人有休兵之意了。以朕来看，金人休兵原因有二：一是今春兀术提兵南来，以为我好欺辱，不想有淮南之败，受到了上天的惩罚；二是以前我朝将帅各自为战，不相统一，现在听说朝廷重立纲纪，军政必修，所以望风而畏惧了。朕每次要讲和，并不是怕了金人，而是祖宗有天下二百年，有爱惜生灵、唯恐百姓受到伤害的家法。如果干戈不止，南北之民定会肝脑涂地。天地以好生为大德，朕真心希望两国能消弭用兵之祸。"

秦桧应道："臣愚钝，总恨敌情难保，未能体谅陛下的悯乱之意。"

高宗又说："人主之权，在于独断。金国之主，年纪小而没有独断之权，国事皆决于臣下。往年之和，决于挞懒；今年之战，出于兀术。或和或战，如此大事竟不是由人主做主，这样的国家以什么立国？这样的国家不足畏惧。”

高宗的这段话既是说金国，也是在说本朝。既解释了金国为什么总是在变，也表明了本朝不变的决心。秦桧等心领神会，继续着议和的准备去了。

曾经出使过金国的吏部员外郎魏良臣，如今已是左正议大夫尚书礼部侍郎。十月十七日，高宗再派魏良臣出使金国。国书中写道：“昨蒙上皇帝割赐河南之地，德厚恩深，无之可比。而愚识浅陋，处事乖错，以至获罪大国，虽悔莫及。后遭太保左丞相奉命讨伐，恐惧得不知该怎么办，幸好又得按甲屯兵，事有转机。并知如纳岁币，上国便有继绝之意。今再遣左正议大夫尚书礼部侍郎魏良臣为使，出使上国。上令下行，天经地义。只要是我们能做到的，上国所提出的条件，我们一一照准，决不再犯僭越之罪。只是还先请敛兵，以通道路。”

魏良臣临行前，高宗还特意交代，军前送给金兀术的礼物不可用上等礼物，如给金兀术的礼物是上等的，将来给金国皇帝的礼物就不好送了。最后，还让魏良臣在自己的私库中挑选礼物。

二十五日，送走魏良臣后，高宗感觉就像卸下了一副极重的担子，突然轻松了许多。他大发感慨地对宰执们说：“凡事须熟思而后才能做。朕今年刚刚三十五岁，而头发大半已白，这全是劳心所致啊！”

秦桧等回应道：“陛下圣明天纵，又慎思如此，一定不会有过失的。”

韩世忠一直反对议和，此次听说魏良臣又要出使金国议和，便又上书反对，指桑骂槐地大骂秦桧误国。有言官趁此弹劾韩世忠心怀叵测，高宗留章不出，给韩世忠留足了面子。韩世忠也知高宗的心思，心灰意冷，于是力求闲退。高宗也就顺坡下驴，进封韩世忠为福国公，免了他枢密使一职，算了了此事。

韩世忠从此闭门谢客，绝口不言兵事。整日携酒跨驴，与一二小童游西湖自乐，昔日的部下也极难再见。

十一月七日，魏良臣等人使金回到临安，向高宗奏明金国都元帅金兀术提出的和议条款：一、宋金之间，东以淮水中流，西以大散关为界；另割唐、邓二州及商、秦的一半归金。二、宋向金称臣，每年向金国进贡白银二十五万两、丝织品二十五万匹。

秦桧就和议条款提醒高宗道："自古盟誓，从来都是双方各自提出自己的要求作为盟约的条款，从未有完全按对方的要求写成盟书的，望陛下圣裁。"

高宗说："这些朕都知道。但朕有天下而养不及亲，是朕最不能容忍的。先帝已不可能养了，可太后还在。太后已年过六旬，身居蛮荒之地，每念及此，朕心中绞痛。今天朕虽按金国的要求签约，但朕一定要奏告天地宗庙社稷，如果归我太后，朕不惮屈己议和；如其不然，则此盟约不仅神不承认，朕也不承认。即使再动干戈，朕也不惜。"

十一月十七日，高宗在皇宫内遥拜皇太后；秦桧率百官在皇宫北门外遥拜皇太后和渊圣皇帝（钦宗）。

十一月十八日，随魏良臣一同来到临安的金国使节萧毅等进见高宗。

为了萧毅进见时的礼仪，朝廷也是大费了一番心思。像两国盟约这样重大场合，用军队作为仪仗是必不可少的礼仪，但如果军队全副武装地充当仪仗又恐怕吓着北使（一种委婉的表述，其实是不合事宜），所以就费尽心思地变通了一下，即用一千五百人的军队手持黄旗充当仪仗。这样，既保持了中原大国的体面，又没有炫耀武力的嫌疑。

仪式过后，盟约正式生效。

二十三日，高宗派知閤门事曹勋为使，去金国答谢金国许和。为此，特意召曹勋进内殿叮嘱道："朕北望庭闱已经十五年了，几乎无泪可挥，无肠可断。之所以屡次遣使赴金，屈己奉币，都因为如此。老天爷也一直在默默地看着朕。"

说到伤心处，高宗泣不成声，泪流满面。

曹勋和在旁侍候的内侍们也都热泪盈眶。

高宗又说："你见到金国皇帝，可代朕传言：'你照顾我的亲人这么长时间，我自然感谢。但作为人子，我始终不得孝敬父母，颇感不安。更何况亡者未葬，存者已老，每逢年节，无不北首流涕。若大国使我母子如初，此恩子孙万世不忘。我母在上国，不过一寻常老人而已，而在本国则所系甚重。'金国皇帝天性至诚，朕想他一定会被打动的。”

二十四日，金使萧毅等向高宗辞行。高宗郑重地告诫说：“请转告上国，如果年内太后归国，本朝自当谨守誓约。如年内仍见不到太后，誓文不过是一纸空文。”

绍兴十二年（1142 年）二月，金国皇帝许还梓宫、太后。

四月，太后、梓宫从金国五国城出发。

八月，太后及梓宫到南宋临安。高宗迎母后至临平镇，母子久别重逢，喜极而泣。护卫的将士们齐声欢呼，声震天地。

由二帝北狩到梓宫回国，靖康之变至此才真正画上了句号。

## 功　臣

九月，为表彰秦桧的和议之功，高宗加秦桧太师衔、封魏国公，并赐玉带，命秦桧上朝时佩戴。秦桧受宠若惊，照例推辞。高宗派人传话说：“梓宫归葬，太后就养，全都是卿的功劳。如此赏赐，未及百分之一，不必推辞。”秦桧于是拜受。

十月，高宗觉得仅封秦桧为魏国公不足以表示他的感激之情，又要加封秦桧为秦、魏两国公。这次秦桧以蔡京、童贯都曾是两国公为由拒绝了。

绍兴十三年（1143 年）正月，秦桧的生日，高宗特地为秦桧赐宴。皇帝为大臣赐宴，这可是古往今来都少有的恩宠，秦桧不敢受。高宗又专为此事下旨说：“以不世之英，值难逢之会，其始生之日，可不为天下庆乎?”秦桧只得拜受。从此以后，每逢秦桧生日，四方献寿者，金玉不足为奇，皆搜尽世间珍奇以为礼。

绍兴十五年（1145 年）四月，高宗专门造了一座宰相府送给秦桧，还命宫廷教坊乐队吹吹打打引着秦桧一家入住新宅，真是风光无限。

六月，高宗幸秦桧新宅贺秦桧乔迁之喜，同时还念念不忘秦桧的和议之功，说：“朕记得卿自金归，曾对朕言，如欲天下无事，须是南自南，北自北，于是开始讲和。朕当时就认定须如此。然而，由于众论，此方策久而未决。现南北罢兵，天下果然无事。”

绍兴十八年（1148 年）闰八月，秦桧上书道：“由于两国通和，百姓安居乐业，农田逐年增加，户部财赋大抵够用，望陛下免江、浙、湖南今年的和籴之数。”

高宗见本十分高兴，说：“朕以前在河朔时，曾见过百姓辛苦。朝廷从民间的借贷，为民所用的不足一二。今年正逢好年景，军储大抵够用，能免就免了吧。”

绍兴十九年（1149 年）九月，高宗命宫廷画师为秦桧画像，还亲自为秦桧的画像写赞语。

绍兴二十年（1150 年）正月，秦桧上朝时，在路边遇殿前司军士行刺，未中。从此以后，高宗特别恩准秦桧每次外出时，都有五十名卫士持长枪护卫。

绍兴二十五年（1155 年）十月，秦桧一病不起，已不能写字，就由其子秦熺代笔上书请辞，其本意是想探询宰相的继任者是谁。高宗回旨道：“朕方赖卿父子同心合力，共安天下，岂可让卿父子舍朕而去?”

见高宗避而不答继任宰相人选一事，秦熺再一次上书请辞。

此时，宫中早有秦桧病危的传言，但谁也说不出秦桧的病情究竟如何。不明情况就没法决策。就在秦熺第二次上书的当天，高宗亲赴秦府探病。

得知高宗要来府上探病，一直卧床不起的秦桧，特意穿上朝服与高宗相见。此时的秦桧病得已经连话都说不出来了，只是呆呆地望着高宗，涕泪纵横。见秦桧如此病态，高宗也难过地说不出话来，只取出自己用的红帕递给秦桧，让他擦泪。

秦熺此时最关心的仍是继任宰相人选之事，见高宗如此关切秦桧，就问道：“不知陛下将以谁代理相位?”

高宗冷冷地说：“此事卿不该问。”

又坐了一会儿，高宗就回宫去了。

当天晚上，高宗召兵部侍郎沈虚中连夜起草秦桧父子的退休文书。同时进封秦桧为建康郡王，封秦熺为少师。第二天就将退休文书送到秦桧府上。当晚，秦桧薨。年六十六岁。

至死，秦桧一直念念不忘与金国盟好。他在遗表中说："愿陛下巩固与金国的结盟，深思宗社之大计，谨防国是之动摇，要杜绝邪党的窥探。"

秦桧的死讯传到宫中，高宗对群臣们说："秦桧力赞和议，天下安宁。自中兴以来，国家屡经劫难而复兴，皆其辅相之力，诚有功于国。"

不过，自秦桧死后，就有人攻击和议一事，认为和议是秦桧违背圣意，私通敌国所为；还有传言说，高宗要启用张浚等主战的旧臣。这种议论传到金国，也引起金国朝野不宁。

为平息国内外的舆论，高宗特意下诏说："朕一直认为，偃兵息民，是帝王的大德；讲信修睦，是古今的大利。所以，讲和一事，完全是朕的意志。故相秦桧，只是能赞同朕而已。近来有些无知之辈，妄加猜测，以为议和是秦桧所为，纯粹是一派胡言。这些人鼓唱浮言，以惑众听，竟还有人伪造诏命，说要召用旧臣，甚至想以影响舆论来施加压力，这让朕感到震惊。现在，朕要明白告之天下：朕奉祖宗一贯的方略，信守信睦之国策，南北通好。今后再有妄议者，当重加治罪。"

终高宗一朝，其间虽仍有曲折，但高宗确实一直信守了两国和睦的国策，秦桧也一直是有功之臣。

## 奸 臣

韩侂胄是宪圣皇太后的外甥。孝宗崩后，因光宗有病不能主持丧事，大臣们纷纷主张光宗应内禅，而在皇子中另选一人继位主持孝宗丧事。知枢密院事赵汝愚想立皇子赵扩，但苦于没有门路向宪圣太后进言。因韩侂胄与宪圣太后的亲戚关系，便找到韩侂胄，希望通过韩侂胄向太后转达应以光宗内禅、赵扩继位来解决朝政危机。见有如此立功的机会，韩侂胄当然不肯放过。他进得慈福宫，向宪圣太后禀明原委，使事情有了圆满的解决。

宁宗（赵扩）继位后，赵汝愚被封相。韩侂胄自认有推立之功，但只被晋升为宜州观察使兼枢密院都承旨，心中十分不满，并忌恨赵汝愚。不过由于可以经常见到皇上，加上毕竟有推立之功，所以很得宁宗宠幸。既得宠幸，韩侂胄便开始陷害赵汝愚，排斥异已，窃弄威福。后拜太师，权倾朝野。

嘉泰年间，有人劝韩侂胄：金国已经衰落，可兴师问罪，报靖康之仇，以此立盖世功名，巩固在朝廷中的地位。

权礼部侍郎兼直学士院李壁最初认为宋朝还不够强大，百姓还十分困苦，所以时机尚不成熟，不应操之过急。在韩侂胄的坚持下，他又转而为韩侂胄出主意，认为应先从舆论做起，鼓唱为徽、钦二帝报仇的决心。

李壁说："自秦桧首倡和议，便不再有臣子说为二帝报仇的事，这也使得军队的士气一直不振。所以，除非有大的事变激励士气，这仗是没法打的。臣以为，以欺瞒先帝（即高宗）、私自与金议和为名降罪于秦桧，不仅可以向天下表明当今圣上仇耻必报的意志和决心，还可以振奋军民士气。如此一来，恢复中原就不再有什么困难了。"

韩侂胄闻言大悦，两人便约定由李壁写本上奏，韩侂胄相机策应。

此时的宁宗对韩侂胄是言听计从，有韩侂胄的赞许，宁宗当然一切照准。于是，议和不再是高宗的决策，而成了秦桧的私下作为；秦桧的一切封爵也都被追回。一夜之间，秦桧就由高宗的有功之臣，变成了奸臣，变成了千古罪人。

# 后记

写完《靖康之变》，总觉得有些事情还没交代清楚。对任何事物的认识，只有在比较中才能看得清楚。所以，不得不补充两段与靖康年间的历史有比较意义的史料，希望从这种比较中，发掘出一些更具有普遍性的启示。

南唐国主李煜的爷爷李昪自称是唐宗室建王李恪的后代，居金陵称帝，国号为唐，史称南唐。显德二年，后周皇帝柴荣准备南征淮南。此时李昪已死，南唐国主为其子李景。李景得知柴荣南征的消息十分害怕，几次派人去后周，表示愿割地称臣。可能是因为割让的土地太少，都被柴荣拒绝了。显德四年，柴荣大破南唐军队于紫金山，不久又占领了寿州、濠州和泗州。显德五年，再破楚州、扬州，兵临长江。此时的李景更加害怕了，不仅答应将长江以北的土地全数割给后周，俯首称臣，还加上了数十万的岁贡。或许是因为长江阻隔，渡江作战难度太大，这次柴荣没有拒绝李景的要求，而是很爽快地答应了他的条件，双方缔约和解。

柴荣死后，宋太宗赵匡胤以宋取代了后周。南唐即改向宋称臣，每年照旧进贡大量金银丝绢和土产珍异。

李煜继位之后，随着岭南等地陆续被宋所灭，其进贡于宋的金银等物不仅数倍于其父亲，还主动将国号由“唐”改为“江南”，将朝廷的体制由“中书门下省”改为“左右内史府”，将“尚书省”改为“司会府”，将“枢密院”改为“兴政院”等等，想以此强调自己不再是一个独立的“国”，而只是宋朝的一部分，希望以此换取自己事实上的独立。

当然，李煜就是再傻也不会傻到将自己独立的希望完全寄托在赵匡胤的善意上。在卑躬屈膝的同时，他也在缮甲募兵，潜为战备。

同样，赵匡胤也根本没有被李煜的顺从讨好所迷惑，他从来不相信他想控制而无法实际控制的人的任何言辞。所以，他几次召李煜来朝进见，想借此扣住李煜，从而不费一兵一卒就占有江南。

李煜对赵匡胤的计策也是心知肚明，所以他几次闻诏都是只加送贡品，不肯动身。

戏法总有演不下去的时候。开宝七年冬，赵匡胤烦了，决定出兵讨伐江南。

李煜听说宋朝要出兵江南，慌了，急忙派能言善辩的修文馆学士徐铉去开封向赵匡胤求情。

在偏殿，赵匡胤接见了徐铉。徐铉再三解释说，李煜并非不想来朝进见，只因身体不适，无法长途跋涉；江南无罪，希望缓兵以全江南百姓的性命。赵匡胤闻言大怒，手按佩剑，瞪着徐铉说："不必多说。江南是没有罪，但天下一家，在我的卧榻旁，岂容他人酣睡？"既然弱小本身就是罪过，徐铉知道再说也是无益，只得黯然退下。

开宝八年春，宋兵围困金陵。当年冬，城破之日，李煜率群臣出皇宫，奉表纳降，拜于城下。

李煜被押到开封后，将江南土地全部割给了北宋。赵匡胤没要李煜的命，封了他一个"违命侯"，从此将他软禁起来。李煜最后被宋太宗所害，享年仅四十二岁。

谈到靖康年间的巨变，人们总爱用"靖康耻"来概括、来定性。在惋惜徽、钦二帝乖张命运，痛斥高宗和秦桧卖国的同时，还痛恨金人的残忍暴戾和背信弃义。对于饱受战争创伤的中原百姓来说，这样理解靖康年间的这场巨变无可厚非，也是完全正确的。但对这段历史的认识就到此为止了吗？难道其中就没有更深入一些的意义吗？

因为宋徽宗父子和李景父子的经历中有太多的相似，后世的人们竟然拿宋徽宗和李煜在身形相貌上的相似（不知是真相似还是假相似）及同在艺术上的高深造诣（一个是画家，一个是诗人）做起了文章，说宋徽宗就是李煜的转世，似乎暗示了某种轮回报应的宿命。

其实，宋徽宗和李煜之间最大的相似之处，不在个人形象或艺术造诣上，而在于他们都是亡国之君，都是割地赔款、俯首称臣的亡国之君。金国灭了北宋和北宋灭了江南其实没有什么不同，如果非要找出其间的差异，恐怕其中最大的差异是，金国灭北宋，起码在金人的眼中，他们还占有道义上的合法性（金人总讲宋人失信）；而北宋灭江南，则是一个篡权的君主灭了一个传承有序的王国，毫无道义可言（赵匡胤的“卧榻理论”纯粹就是赤裸裸的强盗哲学）。如此看来，我们又该用什么“耻”来给江南的亡国来概括和定性呢？

其实，对历史的理解，必须放在历史的条件下来进行。在当时的历史条件下，丛林法则是人们思考和行为的基本法则。崇尚实力，追逐权力，战败者向战胜者割地赔款、俯首称臣是当时人们通行的行为准则。只有以这样客观冷静的心态重新审视这段历史，我们才会得到更多的教益。

另一段历史发生在灭亡之前的金国。

在大元帝国的铁蹄之下，大金国奄奄一息，金国末代皇帝完颜守绪不得已派使者向南宋求援。临行前，完颜守绪向使者交代说：“宋人负朕很多，朕自登基以来，总约束边将勿犯南界；边臣有请征讨者，朕总责怪边将；占得宋朝一地，也是马上就交还。不久前，淮阴来归，它要出金币来赎，可朕不仅归还了，还分文未要；清口一仗，生获战俘数千人，也全都发给粮食后放回了。可现在，他乘我疲惫，据我寿州，诱我邓州，攻我唐州，实在是鼠目寸光。大元灭国四十，然后灭了西夏，西夏被灭之后紧接着就是我大金；我大金被灭之后，必然就是宋朝自己。唇亡齿寒的道理古已有之，如果宋朝与我和好，既是为我，也是为他自己。卿应将这些道理让他们明白。”

唇亡齿寒的道理宋理宗当然明白，但他还记得杀父之仇、亡国之恨不共戴天的道理。因此，在这关乎金国生死存亡的关头，宋理宗毅然决然地选择了后者。他不仅没有帮助金人抵抗元人的进攻，反而在危机关头帮助元人消灭了金国的最后一支军队，逼得完颜守绪自缢身亡。

然而，历史再一次重演。失去屏障的宋朝，就像在辽国灭亡之后将自己袒露在金人面前一样，这次是宋朝将自己袒露在更加强大的敌人面前。自金国灭亡之后，宋朝就没过上几天好日子，并最终在元人的暴力面前彻底地灭亡了。

宋朝的最后一幕是：宋朝事实上的最后一任皇帝宋恭帝，派大臣陆秀夫到大元军中称侄纳币，被拒绝了；再称侄孙纳币，又被拒绝了。

最终被迫交出所有土地，上表称臣。元人削去宋恭帝的帝号，贬其为瀛国公。

陆秀夫等大臣不甘心，又立宋恭帝的幼子赵昺为帝。结果被元人追得走投无路，不得已只好仿效高宗要乘海船避难。只可惜小皇帝乘坐的海船还未离开海港，就被元军团团围住。无奈之下，陆秀夫背着小皇帝投海自尽。随小皇帝出海的后宫及诸臣等，也随后投海自尽，死者共十余万人。

与辽人毁约，葬送了北宋的大好江山；与金人毁约，葬送了南宋的所有江山。华夏民族的智慧，就这样被复仇的烈火焚烧得无影无踪了。

历史确实是精彩的，精彩到甚至不需要我们添加任何想象，就足以使我们感到震撼。历史人物的表演也是精彩的，其一举手、一投足，哪怕是一句话，都充满了鲜明的个性和浓烈的时代气息，女真人的质朴强悍和汉族官吏的机敏圆滑，扑面而来。

给我印象最深的，是女真人对中原文明的尊崇和信仰。他们不仅大量任用汉族官吏，就连中原的政治制度和儒家思想也几乎全盘接受，深信不疑。这其实是华夏文明的另一种方式的拓展，是华夏文明的胜利。

在《靖康之变》中，不仅故事情节、人物关系都严格依据正史史料，甚至书中人物的对话，也基本上只是由古汉语转译成了现代汉语。我所做的，只是根据行文和读者欣赏的需要，做了适当的变通和删削。我想展现给读者的，就是一个原汁原味的历史。

最后，说一句题外话。因为燕京等地归属金国在法理上是合法的，所以，关于后来的满清（即女真人）入关一事，似乎应是收复故土，而不是入侵。